Frigga Haug

Rosa Luxemburg und die Kunst der Politik

Berliner Schriften zur kritischen Theorie Band 4
Argument Sonderband Neue Folge AS 300

Gedruckt mit freundlicher Unterstützung
der Rosa-Luxemburg-Stiftung

Die Deutsche Bibliothek verzeichnet diese Publikation in der Deutschen Nationalbibliografie; detaillierte bibliografische Daten sind im Internet über http://dnb.ddb.de abrufbar.

Deutsche Originalausgabe

Glashüttenstraße 28, 20357 Hamburg
Telefon 040/4018000 – Fax 040/40180020
www.argument.de
Umschlagabbildung: Pablo Picasso *La crucifixion (Die Kreuzigung)* (1930)

Satz: Martin Grundmann, www.herstellungsbuero-hamburg.de
Druck: Fuldaer Verlagsanstalt, Fulda
Gedruckt auf säure- und chlorfreiem Papier
ISBN 978-3-88619-350-9

Frigga Haug

Rosa Luxemburg und die Kunst der Politik

Argument

Inhalt

Sechstes Kapitel

Anhang

Vorwort

Das Vorhaben

> »Ich habe das Bedürfnis, so zu schreiben, dass ich auf die Menschen wie der Blitz wirke, sie am Schädel packe, selbstredend nicht durch Pathos, sondern durch die Weite der Sicht, die Macht der Überzeugung und die Kraft des Ausdrucks. Aber wie, was, wo? Das weiß ich noch nicht.« So schreibt Rosa Luxemburg 1899 in einem Brief an Leo Jogiches (GB 1, 307).

Sie arbeitet an ihrer Bernsteinkritik (*Reform und Revolution*) und ist überzeugt, dass diese »jenes große Werk sein muss, das ich zu schreiben habe« (GB 1, 227). Lesen wir ihre Worte als Verlangen nach Charisma, nach der Fähigkeit, andere zu überzeugen, mit Kritik so anzukommen, dass das politische Ruder herumgeworfen wird. Fehlt es ihr nicht an Selbstbewusstsein, braucht es auch die Übersetzung des Wollens in praktische Tat. Nennen wir diese die »Kunst der Politik«, wie Antonio Gramsci eine ihrer Arbeiten später beurteilt. Ihr soll in diesem Buch, das ich für mich und andere, die die Welt verändern wollen, schreibe, nachgespürt werden. Es geht weder um eine Biografie noch um eine Geschichte von Luxemburgs Wirken in der Arbeiterbewegung.[1] Ziel dieser Arbeit mit ihren Texten ist es, die Leitgedanken zur Kunst des Politischen herauszuholen und sie für uns aufzuheben.

Rosa Luxemburg war Kommunistin, Jüdin, Polin, Frau – lauter Gründe, sie nach ihrer Ermordung (1919) als vielfach Unterdrückte in Erinnerung zu halten. Zwar war sie in den staatssozialistischen Ländern nach Lenins Tod zunächst von einem »Ring des Schweigens« umgeben, wie es Lelio Basso (1969) ausdrückt. Die Veröffentlichung ihrer Werke, begonnen von Clara Zetkin und Adolf Warski 1923 – 1925 gab Paul Levi die *Einführung in die Nationalökonomie* heraus –, wurde in der DDR erst in den 1970er Jahren fortgesetzt, der Briefwechsel mit Kostja Zetkin erschien nach dem Zusammenbruch des Sozialismus 1993. Ihr Name bleibt in Erinnerung, ja immer weitere Kreise beziehen sich zunehmend positiv auf sie, in immer mehr Ländern, auf fast allen Kontinenten werden Konferenzen über sie

1 Diese Vernachlässigung scheint mir entschuldbar, wenn nicht gar nötig, um Verdoppelungen zu vermeiden angesichts der umfangreichen Biografie von Annelies Laschitza (2000), in der die Fakten und Daten, die Stellungnahmen und der politische Werdegang Rosa Luxemburgs, ihr Verhältnis zu den Genossen, Freunden und zur Familie, ihre Stellung in der Sozialdemokratie, ihre Stimmungen und Gefühlslagen sorgfältig zusammengetragen sind, erschlossen aus Briefen, Zeitungsartikeln und auch mittels Einfühlung in den möglichen Alltag dieser Frau.

abgehalten.[2] Der Name, der lange Zeit mit Gewalt, Blut und Dogmatismus assoziiert war, wurde zu einem Hoffnungswort, verbunden mit der »Freiheit der Andersdenkenden«, mit Demokratie, mit einem alternativen Sozialismus gar. Es ist für mich an der Zeit, mich näher mit ihr zu befassen.[3]

Das Studium ihrer Schriften ist nicht eben leicht. Es gibt nur wenige größere Werke – ihr Buch über *Imperialismus*, ihre Dissertation zur *Industrialisierung Polens*, die Auseinandersetzung mit Bernstein (*Reform und Revolution*), ihre grundsätzliche Kritik an der Politik der Sozialdemokratie *(Krise)*, umfangreiche Aufsätze zum *Massenstreik* und dann die unendlich vielen kleinen Zeitungsartikel, jeweils aus aktuellem Anlass, die sie fast Tag um Tag für die linke Presse und für Konferenzen schrieb – dieses war ihre Lebensarbeit.

Daher kommt man nicht sonderlich weit, wenn man wie gewohnt vorgeht und sich nur der gewissenhaften Lektüre der größeren Arbeiten widmet. Sie sind in der Zielsetzung zum Teil Vergangenheit; in ihnen nach Ergebnissen zu suchen, die man auf heute übertragen kann, ist nicht immer von Erfolg gekrönt. Im Gegenteil: Immer wieder wird die Lektüre gestört durch Behauptungen wie »Das Proletariat wird siegen«, die »eherne«, die »eiserne Logik«, die »ehernen Gesetze der Geschichte«, welche die Geschichte schon gerichtet hat. Wie also kann man dem Geheimnis ihres Wirkens, der Faszination, die sie für viele zunehmend hat, auf die Spur kommen?

Mein Vorschlag ist, nicht ergebnisorientiert zu suchen und zu lesen, sondern ihr Vorgehen herauszuarbeiten, von Rosa Luxemburg zu lernen, wie sie die Weltereignisse studiert, wie sie über sie berichtet, mit welchen Methoden sie die Geschehnisse zerlegt, wie sie die Lehren mit den gewöhnlichen Gedanken in der Bevölkerung verbindet und so zum kritischen Selberdenken ermutigt. Zu analysieren ist also ihre Methode der Darstellung, der Volksbildung und der Agitation.

2 Gilbert Badia (2002), aufgefordert, auf einer Konferenz im Jahre 2000 etwas zur Luxemburgrezeption zu sagen, antwortet: »Da hätte ich Hunderte von Büchern und Tausende von Artikeln in allen Sprachen der Welt lesen müssen« (174). Er konzentriert sich auf Frankreich und Deutschland und kommt für die Zeit nach 1980 zu dem Ergebnis: »[…] habe den Eindruck, dass die Wahrnehmung des Werkes von Rosa Luxemburg sich in den letzten Jahren geändert hat. Einerseits verdunkelt der falsch gedeutete Satz über die Freiheit und die Demokratie [vgl. dazu Kap 5 in diesem Buch] die Revolutionärin, die kämpferische Sozialistin, die in den ersten Tagen des Jahres 1919 die deutsche kommunistische Partei mitgegründet hat. Ich fürchte sogar, dass Rosa Luxemburg nach und nach für viele und vor allem für politisch aktive Bürger zu einer historischen Figur wird, die man zwar ehrt und bewundert, die jedoch zu einer anderen Epoche gehört.« (188f)

3 Jörn Schütrumpf geht davon aus, dass »Denken und Werk« Rosa Luxemburgs heute (2006) weitgehend unbekannt seien, und stellt ein kleines Buch zusammen, das als eine Art Lehrbuch für die sich neu formierende Linke gedacht ist. Mit seiner Auffassung, Luxemburg habe die Aktion an die Stelle der Theorie gesetzt, vermeidet er bedauerlicherweise den Versuch, den theoretischen Zusammenhang ihrer Arbeit aufzuspüren.

Jede Arbeit mit Luxemburg muss sich zunächst durch das Dickicht hindurcharbeiten, das in Gestalt unzähliger Vorurteile und ungeprüfter Meinungen ihre Werke vorab umstellt und die Lektüre weiter erschwert. Mit ihrer Person verbinden sich Befürchtungen und Abwehr genauso wie Hoffnung oder gar kultische Verehrung. Vielleicht kann man verkürzt sagen, dass sie zur Folie wurde, in die Einzelne ihre eigenen Biografien hineinprojizierten: so Hannah Arendt; ihre eigenen Entwürfe hineinlasen: so Christel Neusüß; ihre eigene Politik mit ihr begründeten: so Raya Dunayevskaya.

Auch ich habe mich Rosa Luxemburg mit eigenen Fragen genähert, wollte aus ihrem Vorgehen für meine Arbeit und Politik lernen. Zunächst ging es mir um den Bereich, in dem ich mich theoretisch und praktisch-politisch bewege: Politik für Frauen. Auch wenn die verbreitete Auffassung weiß, dass von Luxemburg nichts Nennenswertes für eine solche Politik zu holen ist, die sie bekanntermaßen ihrer Freundin Clara Zetkin überließ, ging es nicht an, eine der wenigen Frauen in der Geschichte, die auf der politischen Bühne agierten, als uninteressant für Frauen links liegen zu lassen.

Exkurs: Aktualität von Feminismus

Auf einer der Luxemburgkonferenzen, die in den letzten Jahren (von der Luxemburgstiftung) international organisiert worden sind, entspann sich eine Diskussion, ob Luxemburg »Feministin« war und, wenn ja, wie dies aus noch unbekannten polnischen Quellen neuerdings zu begründen sei. Der Behauptung, »der bisher erschienenen deutschen Literatur ist das überhaupt nicht zu entnehmen« (Wittich 2006, 245), wurde energisch widersprochen. Manfred Sohn verwies in seiner Replik (2006) auf ein Buch aus den Kämpfen des bundesdeutschen Feminismus (Neusüß 1985) als Beleg dafür, dass der Feminismus der Rosa Luxemburg ja längst bewiesen sei. Bemerkenswert an diesem Hin und Her ist für mich zwar auch der Umstand, dass meine grundsätzliche Kritik und Zurückweisung der neusüßschen Behauptung (von 1988), die im folgenden ersten Kapitel nachzulesen und zu prüfen ist, dem streitbaren Autor ganz unbekannt geblieben ist; wichtiger noch scheint mir allerdings der unbedachte Umgang mit dem Begriff »feministisch« in dieser Debatte. Unhistorisch benutzt, muss er geradezu beliebig das bedeuten, was jeweils aktuell opportun scheint. Der Kampf fürs Frauenwahlrecht wurde zu Zeiten von Rosa Luxemburg als »feministisch« etikettiert; die Bezeichnung wurde von den eben dafür streitenden Feministinnen/Suffragetten jedoch wieder abgelegt, sobald dieses Wahlrecht errungen war.[4] In den Reden und Artikeln von Luxemburg gibt

4 Vgl. dazu etwa Virginia Woolf, die sich zeitlebens für Frauenrechte einsetzte, sich aber nach der Gewährung des Wahlrechts selbst nicht mehr als Feministin bezeichnete.

es klare Aussagen dazu: Politische Rechte, zu denen das Wahlrecht zählt, brauchen diejenigen, die eine »wirtschaftliche Funktion in der Gesellschaft ausüben« (3, 411)[5] – die »bürgerliche Frau« also nicht, die »Proletarierin« wohl, gleich »wie der männliche Proletarier«. Aus dieser Bestimmung folgt für Luxemburg, dass »das Frauenwahlrecht nur zusammen mit dem ganzen Klassenkampf des Proletariats« siegen oder unterliegen kann.

> »*Bürgerliche Frauenrechtlerinnen wollen politische Rechte erwerben,* um sich dann im politischen Leben zu betätigen«,

diagnostiziert sie distanziert, aber die

> »proletarische Frau kann nur der Bahn des Arbeiterkampfes folgen, der umgekehrt jeden Fußbreit tatsächlicher Macht erringt, um dadurch erst die geschriebenen Rechte zu erwerben. *Im Anfang jedes sozialen Aufstiegs war die Tat*« (412).

Mit anderen Worten: Luxemburg vertritt die Auffassung, dass auch innerhalb der bürgerlichen Klasse (auf der Basis des Eigentums) die Frau in Bezug auf ihre politischen Rechte zwar benachteiligt ist und der Kampf darum sich für sie daher lohnt, er aber auch »possenhaft« ist, weil die bürgerliche Frau »die fertigen Früchte der Klassenherrschaft genießt« (411).

> »Die Forderung nach weiblicher Gleichberechtigung ist, wo sie sich bei bürgerlichen Frauen regt, reine Ideologie einzelner schwacher Gruppen, ohne materielle Wurzeln, ein Phantom des Gegensatzes zwischen Weib und Mann, eine Schrulle.« (ebd.)

Die Mehrheit der Frauen jedoch muss überhaupt erst das Fundament erkämpfen, von dem aus sie um politische Rechte streiten kann. Das Primat liegt also auf dem Klassenkampf.

Luxemburg schreibt selbst dort, wo sie ausdrücklich allein über Frauen spricht, mit starken Worten immer vom Klassenkampf:

> »Die Werkstatt der Zukunft bedarf vieler Hände und heißen Atems. Eine Welt weiblichen Jammers wartet auf Erlösung. Da stöhnt das Weib des Kleinbauern, das unter der Last des Lebens schier zusammenbricht. Dort in Deutsch-Afrika in der Kalahariwüste bleichen die Knochen wehrloser Hereroweiber, die von der deutschen Soldateska in den grausen Tod von Hunger und Durst gehetzt worden sind. Jenseits des Ozeans, in den hohen Felsen des Putumayo, verhallen, von der Welt ungehört, Todesschreie gemarterter Indianerweiber in den Gummiplantagen internationaler Kapitalisten. Proletarierin, Ärmste der Armen, Rechtloseste der Rechtlosen, eile zum Kampfe um die Befreiung des

5 Die Luxemburgzitate beziehen sich auf die Werkausgabe, zitiert in der Folge nur mit arabischen Ziffern; oder auf die Briefausgabe, zitiert als GB mit Ziffer.

> Frauengeschlechts und des Menschengeschlechts von den Schrecken der Kapitalherrschaft.« (1/1, 412f)

Auch wo sie sich positiv zum Kampf ums Frauenwahlrecht äußert, geht es ihr um die Unterstützung des Klassenkampfes:

> »Die jetzige kraftvolle Bewegung der Millionen proletarischer Frauen, die ihre politische Rechtlosigkeit als schreiendes Unrecht empfinden, ist ein [...] untrügliches Zeichen, dass die gesellschaftlichen Grundlagen der bestehenden Staatsordnung bereits morsch und ihre Tage gezählt sind. [...] Auch durch den Kampf um das Frauenwahlrecht wollen wir die Stunde beschleunigen, wo die heutige Gesellschaft unter den Hammerschlägen des revolutionären Proletariats in Trümmer stürzt.« (3,165)

Luxemburg erwähnt im Kontext des Frauenstimmrechts den Zusammenhang von Frauenunterdrückung und geistigem Zustand der Partei und kritisiert dabei die Zustimmung der männlichen Mitglieder zur Einhegung ihrer Frauen in die bürgerliche Familienform (vgl. Erstes Kapitel). Die Belege aber sind äußerst karg. Auch wenn sie verschiedene Male, so im Spartakusaufruf (1918), die »völlige rechtliche und soziale Gleichstellung der Geschlechter« (4, 446) fordert und an anderer Stelle[6] »von der Benachteiligung der Frauen durch die Herrschaft des männlichen Geschlechts« spricht, die im Sozialismus überwunden sein müsse (2, 43), kann man sie im oben genannten historischen Sinn kaum als Feministin bezeichnen.

Was würde es an Erkenntnis bringen, das Feminismusurteil neuerlich zu fällen? Für Christel Neusüß hatte es den Sinn, sich gegen den Marxismus abzusetzen und zugleich Luxemburg aus ihm zu ›retten‹, wie dies auch Hannah Ahrend mit genau entgegengesetztem Urteil tat. Man kann beides in den folgenden Kapiteln überprüfen. Für Sohn soll es in der Debatte in UTOPIEkreativ dazu dienen, Feminismus und Marxismus endlich zueinanderzubringen. Das ist sicher zu begrüßen; allerdings kennt er die inzwischen umfangreiche Bibliothek dazu nicht, sondern behauptet, es gebe sie nicht und daher natürlich auch nicht das *Historisch-kritische Wörterbuch des Feminismus*, in dem das meiste in Kurzform gebracht nachlesbar ist (zit. als HKWF 2003).

In der gegenwärtigen Zeit hat der Begriff Feminismus wieder eine ganz andere, zumeist anrüchige Bedeutung, die sich zudem stets weiter verändert. Feminismus hat kein bestimmtes leicht erkennbares Wesen; der Begriff ist niemals unhistorisch zu gebrauchen. Im 21. Jahrhundert assoziieren einige Männerhass, andere denken an die Akademisierung der Frauenbewegung, wieder andere begreifen als feministisch den Kampf für

6 Was wollen wir? Kommentar zum Programm der Sozialdemokratie des Königreichs Polen und Litauens, 1906.

gleiche Rechte von Frauen in allen Positionen des öffentlichen Lebens, und wieder andere verknüpfen damit sogar die Perspektive einer alternativen Gesellschaft. Neuerlich, im Jahre 2007, wird gegen solches Veränderungswollen ein ›konservativer Feminismus‹ als letzter Schrei ausgerufen.[7] Daher gibt es stets auch einen Kampf um und im Feminismus. So wird etwa neuerdings (2006) in den bürgerlichen Medien (*Frankfurter Allgemeine Zeitung* oder auch *Berliner Tagesspiegel*, September) wiederholt zur endgültigen Beerdigung des Feminismus aufgerufen und das postfeministische Zeitalter eingeläutet. Prüfen wir also nicht, ob Luxemburg zu irgendeiner Zeit als Feministin bezeichnet werden könnte, sondern vielmehr, ob aus ihren Kampfschriften für allgemeine Menschenrechte Besonderes für die Befreiung von Frauen zu gewinnen ist, und damit, ob in ihrer Politik eine spezifische Wahrnehmung für das besondere Unrecht, das die Frauen in der Welt erfahren, zu finden ist und was daraus für eine zeitgemäße Politik für Frauen zu lernen ist.

Zu den einzelnen Kapiteln dieses Buches

Das erste Ergebnis meiner Arbeit mit Luxemburg war ein längerer Aufsatz, *Rosa Luxemburg und die Politik der Frauen* (1988), der alsbald ins Schwedische (1989), Englische (1992) und Spanische (1994 u. 2001)[8] übersetzt und mehrfach im Deutschen wiederveröffentlicht wurde (zuletzt 1996). Seinetwegen wurde ich nach Japan eingeladen (1991), wurde Teil der internationalen Luxemburgforschung mit Reisen und Vorträgen in aller Welt. Für den vorliegenden Band habe ich den Text überarbeitet, erweitert und aktualisiert. Als erstes Kapitel enthält er neben einer knappen Einführung in Luxemburgs Leben und Arbeit auch einen Abschnitt zur Rezeption und einen autobiografischen Teil meiner Aneignung von Luxemburg.

Von aktueller Brisanz bleibt Luxemburgs politische Strategie, die sie selbst »revolutionäre Realpolitik« nennt. Geht es doch darum, eine Politik zu begründen, die sich zugleich in den aktuellen parlamentarischen Tageskampf einlässt und doch das sozialistische Ziel nicht verliert. Der Begriff taucht plötzlich auf. Luxemburg führt ihn nicht durch eine politiktheoretische Abhandlung ein, es gibt keine klare Begriffsbestimmung, keine Anleitung. Es bleibt die schwierige Aufgabe, das Gemeinte aus ihrer tatsächlichen

7 Als konservativer Feminismus wird probeweise die Politik der CDU-Ministerin von der Leyen bezeichnet, mehr Kinderkrippenplätze zu schaffen, damit Frauen berufstätig sein können. Zur vielfältigen Bedeutung von Feminismus in historischen Kämpfen vgl. umfassend das Stichwort »Feminismus« im HKWM 4, aufgenommen in HKWF 2003, 156–180

8 Veröffentlicht in Spanien und in Kuba; vorgetragen in Havanna und auf der Luxemburgkonferenz in Tokio 1991.

Politik, aus den zahlreichen Zeitungstexten, den Kritiken und Aufrufen herauszuarbeiten. Ich habe erste Überlegungen zu einem Vortrag zusammengefasst: *Standbein und Spielbein*[9]. Er war freilich für das vorliegende zweite Kapitel nur Ausgangspunkt und wurde für die erneute Veröffentlichung vollständig umgearbeitet und um eine knappe Rezeptionsgeschichte erweitert. Das Kapitel kann aktuellen Überlegungen für eine linke Politik dienen, ausgearbeitet und korrigiert werden.

Zwei weitere Kapitel verdanken sich der Aufforderung, auf internationalen Luxemburgkonferenzen neuere Forschungen vorzustellen. Innerhalb des tradierten Marxismus, insbesondere des regierenden Marxismus-Leninismus, war es schwierig, wenn nicht unmöglich, Fehler und Irrtum öffentlich zu diskutieren und in eine Korrektur von Politik und Erkenntnis umzusetzen. Die Rolle von *Fehler und Irrtum* bei Rosa Luxemburg musste ein wichtiges und umstrittenes Forschungsfeld werden, da sie eine ungewöhnlich kritische und selbstkritische Marxistin ist. Gerade dies ins allgemeine Bewusstsein zu heben erscheint mir notwendig, um die selbstreflexive Seite eines erneuerten Marxismus, der mit Rosa Luxemburg zu erarbeiten ist, greifbar zu machen. – Dass dies noch immer ungewohnt ist, erfuhr ich sogleich bei der öffentlichen Vorstellung meiner Überlegungen[10]. Die Veranstalter kündigten fast verlegen an, ich wolle Luxemburg Fehler und Irrtümer nachweisen. Sie hatten die Wendung ins Selbstreflexive nicht verstanden. Bei der Ausarbeitung des damaligen Vortrags für dieses Buch stellte sich schnell heraus, dass ich die Bedeutung der Thematik selbst unterschätzt hatte: dass nämlich an ihr Luxemburgs Auffassungen von Partei und von Arbeiterbewegung, von marxistischer Theorie und schließlich ihr eigenes Schicksal hingen. Die Arbeit an diesem Kapitel brachte mich dazu, den Buchtitel, den ich zunächst *Von Rosa Luxemburg lernen* genannt hatte, in die anspruchsvolle Formulierung *Die Kunst der Politik* zu wenden.

Das Kapitel zum Verhältnis von Theorie und Empirie[11] erhielt seinen Anstoß aus meinen Forschungen in anderen Kontexten, ein Fragezusammenhang, der mich politisch, in der Frauenforschung und auch in der Arbeitsforschung, notwendig beschäftigte und bis heute nicht losgelassen hat. Über dieses Verhältnis nachzudenken ist ja nicht einfach eine akademische Frage. Das Ergebnis bestimmt, wie man forscht, wie man vor allem das theoretisch Gefundene mit praktischem Leben verbindet. Konkret geht es auch um Luxemburgs widersprüchliches Verhältnis zu Marx, den sie

9 Vorgestellt auf einer Konferenz zunächst in Peking 1994, ein erweiterte Fassung in Dresden 2001.

10 Luxemburgkonferenz in Berlin 1999 zum 80. Jahrestag ihrer Ermordung.

11 Vorgestellt zunächst auf der Luxemburgkonferenz in Warschau 1996.

einerseits sakrosankt aus jeder Kritik ausnimmt, andererseits gerade unter Anwendung marxscher Reflexion kritisiert.

Im fünften Kapitel sammele ich all die losen Fäden, die bislang unbeantworteten Fragen, auch ein Unbehagen mit Unfertigem, Ungesagtem, Unmachbarem und schürze es zu einem Versuch, eine Linie von Luxemburg zu Antonio Gramsci zu ziehen. Dieser Spannungsbogen macht es mir möglich, eine Kritik an Luxemburg so zu formulieren, dass Gramscis politiktheoretische Entwürfe als Fortsetzung von Luxemburg lesbar werden, sie selbst also als jemand auftaucht, die vieles gewagt und begonnen hat, das fortgeführt werden konnte und weiterzuführen ist. In dieser Weise erscheint sie bei mir nicht eingeschreint und unveränderbar als Heldin, sondern als eine von uns: experimentierend, irrend, und vor allem als notwendige Politikerin in einem sozialistischen Projekt, das neu angegangen werden muss. Das Kapitel ist, wie gesagt, ein erster Versuch.

Das sechste Kapitel zu Hannah Arendt verlässt die Form, aus Rosa Luxemburgs Schriften nützliche Lehren für aktuelle Politik und Erkenntnis zu gewinnen. Es arbeitet umgekehrt an der Freilegung des Raumes, der solche Rezeption erst möglich macht. Hannah Arendt gehört zu den wenigen erfolgreichen, bis in die Gegenwart fortwirkenden politischen Philosophinnen. Nach 1989 scheint sie den Platz einzunehmen, den der Zusammenbruch des Sozialismus als moralisch-intellektuelle Leerstelle hinterließ. Mit ihr werden Hoffnungen auf Zukunft genährt. Ihre Vorschläge zu Macht und »herrschaftsfreier Politik« gewinnen weiter an Akzeptanz.[12] Sie schreibt aber auch selbst über Rosa Luxemburg in einer Weise, die – bliebe sie unwidersprochen – es unmöglich machen würde, mit Luxemburg einen lebendigen Marxismus zu erarbeiten. Sosehr Arendt sich persönlich mit Luxemburg identifiziert, so polemisch gerät mein Versuch, sie ihr wieder zu entreißen, eben der allgemeinen Hoffnung wegen.

Wo das kollektive Gedächtnis schläft, sind äußere Denkmäler nötig. Ein solches für Rosa Luxemburg in Berlin zu errichten hat mehr als symbolischen Wert. Versucht es doch, in der ehemaligen Hauptstadt des Kalten Kriegs nach dem Zusammenbruch des Sozialismus einer Sozialistin in der Stadt ihrer Ermordung einen sichtbaren Standort zu geben. Ich war in die Diskussionen um ein solches Denkmal verwickelt, bis ich wegen einer Krebsoperation aus der Initiativgruppe ausscheiden musste, gerade als die Bemühungen Früchte zu tragen schienen. Noch in der Woche vor der Operation verfasste ich eine Rede für das erste öffentliche Ereignis[13], das zur Preisausschreibung für die Bildhauer führen sollte. Ich habe sie stark gekürzt und aus sentimentalen Gründen in dieses Buch aufgenommen. Sie

12 Vgl. meine Kritik 2003.

13 Eine Tagung zur Vorbereitung eines künstlerischen Wettbewerbs vom 13.11.1999.

soll vor allem dazu beitragen, eingreifende Formen zu suchen, um das kollektive Gedächtnis zu stützen.

Raya Dunayevskaya, ehemalige Sekretärin von Trotzki, humanistische Marxistin im Chicagoer Exil, schrieb ein Buch zu Luxemburgs Revolutionsvorstellungen im Vergleich zu denen Lenins. Ihre ungewöhnliche Weise, Rosa Luxemburg für die Frauenbewegung zu erschließen, bewog mich, ihr Buch auf Deutsch herauszugeben – mein Vorwort schließt diesen Band ab.

Alle Beiträge sind, soweit sie Vorträge waren, aus der ursprünglichen Form mit ihrer rigiden Umfangsbegrenzung herausgenommen, überarbeitet, stark erweitert, aktualisiert, ja kritisch revidiert, um neu aufgekommene Fragen und Überlegungen ergänzt. Es lassen sich dabei verständlicherweise die einzelnen Stationen der Denkvorschläge nicht so sorgfältig voneinander trennen, dass nicht Vor- und Rückgriffe, manchmal Doppelverwendungen von Textstellen nötig sind. Immer geht es um den Zusammenhang des Denkens, der verständlicher wird, wenn er in seiner Anwendung zerlegt vorgeführt und wieder zusammengefügt wird wie ein Puzzle. Hierfür habe ich viele Schriften der Rosa Luxemburg erneut gelesen, habe Neues entdeckt – man kann sie immer wieder mit Gewinn studieren. Dabei wurde mir aber auch immer deutlicher, dass ein solcher Versuch der Aktualisierung von Rosa Luxemburg mit Überlegungen zu Sprache und Erkenntnis bzw. über die Einlassung der Sprache ins Alltagsbewusstsein und in herrschende Ideologie und den geschichtlichen Wandel der politischen Sprache beginnen müsste. Man kann kaum über Luxemburg sprechen und sie zitieren, ohne sogleich in einigen Fußnoten anzufügen, was mit den jeweiligen Worten anders gemeint ist, als es für unsere Ohren klingt, was daher für uns unverständlich wird oder sogar erst gar nicht gehört werden will, solange wir es nicht übersetzen. Das beginnt schon bei dem Wort *Sozialdemokratie*, bei dem wir zwar wissen, dass es sich um eine Partei mit langer Geschichte handelt, aber kaum die Liebe und die Verzweiflung nachvollziehen können, die Luxemburg in ihrer Kritik an dieser Partei empfand, die für sie die Partei von Marx und Engels war. Es gehört einige Kraft dazu, jedes Mal, wenn das Wort auftaucht, an eine revolutionäre Partei zu denken und die Tendenzen zum Reformismus nachzuzeichnen, wenn man stets die Sozialdemokratie des 21. Jahrhunderts, bestenfalls sozialliberal und aufs Regieren eingestellt, vor Augen hat. Ich habe mich entschlossen, statt eines solchen sprachhistorischen und sprachkulturkritischen Kapitels in den Texten Erläuterungen zu den gebrauchten, für uns heute anders verwendeten Worten und den damit verbundenen Gefühlen zu geben. Es bleibt unvollkommen schon deswegen, weil man sich bei der Arbeit mit Luxemburg auf eine Weise in ihre Sprache einliest, dass einem die fremden Konnotationen für heutige Leser und vor allem in ihrer ›selbstverständlichen Männlichkeit‹ für die Leserinnen nicht mehr so auffallen. So bitte ich um Nachsicht.

Danksagungen

Ich danke allen denjenigen, die das Buch in vorläufigen Fassungen gelesen, kritisch geprüft, zum Teil sorgfältig lektoriert und mit mir diskutiert haben. So vor allem Ulrike Gschwandtner, Thomas Marxhausen, Jutta Meyer-Siebert, Silvia Nossek, Nora Räthzel, Klaus Weber. Dank sei auch Andreas Novy und Evelin Wittich, die mich mit ihren Kommentaren zur Weiterarbeit anregten. In besonders gründlicher Kritik bewahrte mich Thomas Weber vor der Veröffentlichung einer Reihe von nicht sorgfältig durchgearbeiteten Passagen. Herausfordernd wie immer waren Kritik und Ermutigung durch Wolfgang Fritz Haug. Ohne die Hilfe von Christof Ohm wären viele Quellen im Dunklen geblieben.

Frigga Haug
Los Quemados, Januar 2007

Erstes Kapitel

Politik der Frauen

Biographische Notiz

Rosa Luxemburg wurde im Jahre 1871 als fünftes Kind einer jüdischen Holzhändlerfamilie in Polen geboren. Sie besuchte ein Mädchengymnasium in Warschau und arbeitete schon während ihrer Schulzeit in der illegalen polnischen Arbeiterbewegung. Noch nicht ganz achtzehnjährig floh sie als politisch Verfolgte in die Schweiz. Dort studierte sie Naturwissenschaften, Mathematik, Staatswissenschaften, Nationalökonomie und promovierte 1897 mit 26 Jahren mit einer Arbeit über die industrielle Entwicklung Polens. Ein Jahr später ging sie nach Berlin, um in der deutschen Sozialdemokratie mitzuarbeiten. Bereits als Zweiundzwanzigjährige hatte sie im Exil zusammen mit Leo Jogiches, Julian Marchlewski und Adolf Warski die erste polnische sozialdemokratische Zeitung herausgegeben. Ihr erster wichtiger Eingriff in die deutsche Sozialdemokratie war die Schrift gegen Bernstein, *Sozialreform und Revolution* von 1899.

Zehn Jahre lang vertrat sie die Sozialdemokratien Litauens und Polens im Internationalen Sozialistischen Büro in Brüssel. Über sieben Jahre lehrte sie an der Parteischule in Berlin[14]. Mit sechs anderen Parteilinken, darunter Franz Mehring und Clara Zetkin, gründete sie 1914 aus Protest gegen die Bewilligung der Kriegskredite durch die Sozialdemokratie die Gruppe Internationale, aus der 1916 der Spartakusbund hervorging. Sie kam zunächst 1915 für einige Monate, dann ab 1916 wegen ihrer Antikriegsagitation in »Sicherheitsverwahrung«. Im Gefängnis schrieb sie die *Krise der Sozialdemokratie*, die von Freunden herausgeschmuggelt als *Juniusbroschüre* zunächst anonym veröffentlicht wurde, sowie ihre Stellungnahme zur *Russischen Revolution*. Sie wurde am 8. November 1918 zu Beginn des Spartakusaufstandes entlassen; war Mitgründerin der Kommunistischen Partei Dezember/Januar 1918/19. Sie wurde am 15. Januar 1919 in Berlin von Regierungstruppen festgenommen und ermordet. Da war sie 48 Jahre alt. Der Mörder wurde freigesprochen.[15]

14 Hier lehrten u. a. auch Rudolf Hilferding, Anton Pannekoek, Franz Mehring.

15 Diese äußerst knappe Darstellung ihres Lebens soll an dieser Stelle genügen. In diesem Buch geht es um den »Zusammenhang ihrer Gedanken«. Es ist ein anderes Forschungsfeld.

Wenn wir uns nicht selbst befreien, bleibt es für uns ohne Folgen. (Peter Weiss)

Was können wir von Rosa Luxemburg für die Frage nach einer eingreifenden Politik von und für Frauen lernen? 1902 schreibt sie in der Leipziger Volkszeitung:

> »Auch in ihr [der Sozialdemokratie] politisches und geistiges Leben müsste mit der politischen Emanzipation der Frauen ein starker frischer Wind hineinwehen, der die Stickluft des jetzigen philisterhaften Familienlebens vertreiben würde, das so unverkennbar auch auf unsere Parteimitglieder, Arbeiter wie Führer, abfärbt.« (1/2, 185)

Damals ging es zunächst ums Frauenwahlrecht. Heute streiten wir um die Quotierung und immer noch darum, die gleiche Stickluft zu vertreiben, die so unverkennbar die männlichen Vertreter der Parteien umweht und die Politik in einem Maße bürokratisiert und in einen Nebel persönlicher Vorteile hüllt, dass jede kämpferische Orientierung verloren geht. Würden Frauen die Parlamente, Parteispitzen, Gewerkschaftsführungen besetzen ebenso wie alle anderen öffentlichen Bereiche der Gesellschaft, dann müsste es – so hoffen wir trotz aller Unzulänglichkeiten unseres Geschlechts – möglich sein, eine andere Politik zu machen: näher an den Bedürfnissen der Menschen, weniger technokratisch, herzlos, verschwenderisch, kriegerisch. Hinter solchen Vorstellungen steckt nicht der Gedanke, dass Frauen ›von Natur aus‹ warmherzige, weiche, freundliche und friedliche Menschen seien – im Gegensatz zum anderen Geschlecht –; unsere Hoffnung auf die Frauendimension in der Politik stammt aus der Analyse der geschlechtlichen Arbeitsteilung. Diese beruht im Kern auf der kapitalistischen Abspaltung eines Bereichs von Tätigkeiten aus der gesamtgesellschaftlichen Arbeit zu Profitzwecken – die Lohn- oder Erwerbsarbeit – und deren dominanter Zuweisung an Männer; aus der Überlassung aller übrigen Tätigkeiten – vornehmlich der Sorge um die Menschen selber – an Frauen zur unentgeltlichen, aber durch Erwerbsmänner geschützten Wahrnehmung[16]; und

16 Es ist offensichtlich, dass sich diese Sichtweise noch auf eine Arbeitsteilung bezieht, in der der männliche Ernährer und die Hausfrau relativ unangefochten das Familienleben bestimmen; es geht also bei solcher Bestimmung um die Zeit vor dem Ende des Fordismus und der durch neoliberale Globalisierung bestimmten Lebensweise. Allerdings hat der Neoliberalismus zwar dem lebenslangen männlichen Ernährer mit sicherem Arbeitsplatz ein Ende bereitet, nicht jedoch dem Traum von demselben. Zudem erfolgt der kulturelle Umbruch bis in die einzelnen Familien hinein ungleichzeitig, sodass gleichwohl im Nachgefecht solcher Arbeitsteilung Politik gemacht werden muss. Im Übrigen wird sogar noch das Konzept von der grundlegenden Arbeitsteilung hochgehalten – Frauen sollen sich wieder mehr um die Kinder kümmern, den Männern nicht die rar gewordenen Arbeitsplätze wegnehmen; in Österreich soll die Frauenministerien auf Kritik zur ›Pensionssicherungsreform‹, die nun 40 Jahre Durchrechnungszeitraum für die Berechnung der Pensionshöhe

der weiteren Abspaltung der Regelung dieses so geteilten Gemeinwesens in einen Bereich professionalisierter Politik gegen Entgeltung und daher wiederum in eine Domäne für Männer. In diesem Zusammenhang dachten wir, Frauen in der offiziellen Politik könnten nicht nur die Erfahrungen aus den konkreten Bereichen ihrer Zuständigkeit einbringen und so das Politische aus den Höhen von Paragraphen und lebensfeindlichen Entschlüssen herunterholen; wir wussten natürlich auch, dass ein Einstieg in die männlich dominierten Strukturen zunächst zur Aneignung und Verinnerlichung der herrschenden Verhaltensweisen führen müsste, doch hofften wir dennoch auch, dass weiblicher Einzug in diese Männerdomäne auch die Struktur der Arbeitsteilung auf eine Weise durcheinanderbringen würde, dass die allgemeine Reproduktion von Herrschaft und Unterdrückung nicht in gleicher Weise sicher ablaufen könnte.[17]

Um solche Gedanken mit konkretem Leben zu füllen, wollten wir[18] auch Rosa Luxemburg studieren – die Art ihrer politischen Eingriffe –, uns der Herausforderung stellen, die ein so politisches Leben für uns bedeuten musste.

In der Frauenbewegung der 1970er Jahre tauchte ihr Name zunächst kaum auf. Sie fiel unter das Verdikt der ›vermännlichten Frauen‹, also einer Gestalt, die alles Weibliche verleugnen musste, sich anpasste an eine Männerwelt, um in ihr überhaupt zurechtzukommen. Wo immer Frauen in der Geschichte hervorragen, fallen sie im Grunde unter dieses Urteil. Die Frauen in der Bewegung suchten die Stärken der Frauen in ihrer spezifischen Schwäche und Unterlegenheit, nicht in ihrem Auftauchen in den Männergalerien gesellschaftlicher Bedeutung.[19] Diese Logik ist nachvollziehbar und doch steckt in unserer Vorstellung von einer anderen, von Frauen gemachten Politik hier und heute auch die Annahme, dass jede Frau, die tatsächlich politisch eingreift, also nicht bloß eine Repräsentationsfigur in vorhandenen Strukturen ist, diese historische Arbeitsteilung der Geschlechter auf eine Weise durchbricht, dass die Bereichstrennung so

vorsieht, was dazu führt, dass Frauen mit Erziehungspause keine sie im Alter erhaltenden Eigenpensionsansprüche mehr erarbeiten können, verkündet haben, dann müssten sie eben schauen, dass sie über einen gut verdienenden Partner versorgt sind.

17 Ganz ähnlich wie der Einzug von Frauen in die Bundeswehr, dieser mächtigen Instanz für die Erziehung von ›Männern‹, die Reproduktion herrschender Männlichkeit in Frage stellt.

18 In einem Frauenseminar an der Universität Hamburg 1987/88. Wenn im Folgenden in diesem Kapitel von »wir« gesprochen wird, so ist einerseits zunächst die Gruppe gemeint, die sich in diesem Seminar unter meiner Leitung zusammenfand; zum anderen habe ich das *wir* beibehalten, auch wenn ich in eigenem weiteren Studium die Fragen weitergetrieben und jetzt aktualisiert und neu geordnet habe.

19 Vgl. etwa Heintz/Honegger 1984.

nicht mehr aufrechterhalten werden kann. Sei es, dass sie unsere Bilder verändert, die wir uns als Frauen von der Welt machen, sei es, dass ihre eigenen Bilder von der Ordnung der Welt die Frauenbereiche einbeziehen[20]. Darum also wollten wir auch Rosa Luxemburg lesen.

Gewarnt durch viele Studien zur ›männlichen Geschichtsschreibung‹ und eigene Erfahrung mit Vertretern der Arbeiterbewegung, wollten wir Luxemburg auch als Theoretikerin und Kämpferin für die Befreiung der Menschen nicht einfach den Annalen einer männlichen Arbeiterbewegung und ihrer Geschichtsschreibung überlassen. Wir gingen auf Entdeckungsreise, um eine feministisch-politische Aktualität an ihr zu finden, so dies möglich wäre.

Rezeption

Rosa Luxemburg hatte in meiner eigenen politischen Sozialisation in den Jahren vor und in der Studentenbewegung keine Rolle gespielt. Wir hatten gerade begonnen, die marxistischen Klassiker für uns zu entdecken; als Frauen kamen wir bis zu August Bebels *Die Frau und der Sozialismus* (1883)[21]. In der schnell wachsenden Frauenbewegung war die Abkehr vom gerade erst gefundenen Marxismus so vehement, dass unsere Festhalteversuche sich an den gewohnten Klassikern (neben Bebel auch Engels' *Ursprung der Familie, des Privateigentums und des Staates* und ein wenig Clara Zetkin) orientierten. Eine Frage wie die, ob die Frau Rosa Luxemburg einem sozialistischen Feminismus etwas geben könne, hätte uns in jeder Weise überfordert. Als Sozialistinnen ›wussten‹ wir, dass sie theoretisch nicht viel geleistet hatte, dass sie die ›Massen überschätzte‹ und die ›Partei unterschätzte‹. Als Feministinnen ›wussten‹ wir, dass sie nichts für die Frauen getan hatte. Ihr Ruf war schlecht und wir hatten ohnehin zu viel zu lesen und zu erarbeiten. So sparten wir uns diese elf Bücher ihrer gesammelten Schriften, Reden und Briefe.

Mit der Mitte der 1970er – mit dem Eurokommunismus – einsetzenden Rezeption Antonio Gramscis in der Linken und mit der zeitgleich erschienenen großen Geschichte der *Ästhetik des Widerstands* von Peter Weiss kam neue Bewegung auf, auch um Rosa Luxemburg. An vielen Orten in der gesamten Welt – auch in China, Japan – gab es Kongresse und Initiativen und sogar die

20 Diese Fragen lassen uns nicht los. Im 21. Jahrhundert treten zunehmend Frauen auf die öffentliche Bühne und zwingen uns, über die weibliche Präsenz im öffentlichen Leben bei unseren Analysen über Frauenunterdrückung und auch über deren Bedeutung für die Reproduktion herrschender Gesellschaft grundlegend neu nachzudenken. So etwa im Fall von Condoleezza Rice oder der Bundeskanzlerin Merkel (vgl. F. Haug 2005 u. 2006).

21 Das Buch erschien 1973 in der DDR in der 62. Auflage.

Gründung eines internationalen Komitees für die Rosa-Luxemburg-Studien in Zürich 1980. Die Themen – Imperialismus, Frieden, Reformismus – zeigen die Aktualität Luxemburgs, aber immer noch keinen Bezug zu Frauen.

1976 veröffentlichte Eva Senghaas-Knobloch in der Zeitschrift *Leviathan* einen Aufsatz, in dem sie Rosa Luxemburgs Auffassung, das Kapital bedürfe zu seiner Reproduktion der ständigen Ausbeutung und Zerstörung nicht-kapitalistischer Welten[22], auf die Hausarbeit der Frauen auszudehnen versuchte. Dieser Gedanke fand in der Frauenbewegung zunächst wenig Beachtung, wurde aber Anfang der 80er Jahre von Maria Mies, Claudia von Werlhof und Veronika Bennholdt-Thommsen aufgenommen, weitergeführt und international propagiert. Die weltweite Hausarbeit/Subsistenzarbeit wurde als der nicht durchkapitalisierte Teil bestimmt, dessen der Kapitalismus für seine Reproduktion bedarf (vgl. F. Haug 2002).

Im Übrigen hatte die Diskussion um die Perestroika (ab 1985), in der eine Reihe von Luxemburgforderungen wieder auftauchen, erneut eine abwehrende Rezeption Luxemburgs in der herrschenden Medienkultur der BRD hervorgerufen. Das 1988 herausgekommene Buch über Rosa Luxemburg von Giselher Schmidt, welches voller ›freischwebender Plattitüden‹ steckt, erhielt sogleich eine wohlwollende Rezension in der Frankfurter Allgemeinen Zeitung (8.8.1988), die als Schulungsmaterial fürs Begreifen der alten Waffen des Patriarchats geeignet ist. Demnach hat Luxemburg »ein mädchenhaft fröhliches Wesen«, ist »körperlich benachteiligt«, führt sich als »jugendlicher Star« in die SPD ein, sagt »hübsch klingende« Sachen und eben »freischwebende Plattitüden« und »erliegt« schließlich der »Verführung«, indem sie »intellektuelle Erfüllung« bei Marx findet. Damit gerät freilich ihre »innere Welt« mehr und mehr aus dem Gleichgewicht.

Bereits 1982 erschien in den USA Raya Dunayevskayas[23] Buch zum Verhältnis Luxemburgs zur marxschen Revolutionstheorie und zur Frauenbefreiung, das allerdings in der Bundesrepublik kaum rezipiert wurde. Sie empfiehlt den Feministinnen, insbesondere die Gedanken zur Organisationsfrage bei Rosa Luxemburg zu studieren und die Revolution so wie sie als mehrstufigen Prozess zu sehen, nicht nur als Überwindung von Altem, sondern auch als Aufbau von Neuem. Dafür brauche es die vielfältige Bewegung der Frauen und die persönliche Betroffenheit von Politik. Wichtiger

22 Georg Lukács hebt in seiner Leninstudie (1924) diesen Fund Luxemburgs bereits als großartige theoretische Leistung hervor (vgl. Kap 4).

23 Raya Dunayevskaya, geboren 1910 in Russland und gestorben 1987 in den USA, gilt als Begründerin einer »marxistisch-humanistischen Philosophie«. Wesentlicher Impuls ihrer Arbeit war der Gedanke, die existierenden Befreiungsbewegungen in eine marxistische Theorie einzubauen und sie von daher selbst mit einer orientierenden Theorie zu versehen. Als wichtige revolutionäre Kräfte in diesem Kontext sah sie die Schwarzen, die Jugend und die Frauen.

aber noch ist ihr die Person Rosa Luxemburg als mögliches Vorbild für Frauen, die sich befreien wollen. Gerade dass sie sich einer Eingrenzung auf die Frauenfrage widersetzte und stattdessen im Sprechen und Schreiben die gewöhnlichen Grenzen des Weiblichen überschritt, zeichne Luxemburg als Vorbild für Frauenbefreiung aus. Dunayevskaya berichtet begeistert, dass Luxemburg schon mit sechsundzwanzig Jahren als leidenschaftliche Rednerin öffentlich auftrat, dass sie wegen eines politischen Dissenses mit ihrem Gefährten brach, also unabhängig urteilte und lebte, und widerspricht den Interpretationen üblicher männlicher Luxemburg-Biografen (etwa Nettl 1966), denen zufolge die Jahre nach der Trennung von Leo Jogiches »verlorene Jahre« waren. Sie zeigt vielmehr, dass Luxemburg in ebendieser Zeit ihre wichtigsten politischen Auseinandersetzungen führte, ihre bedeutendsten Schriften verfasste und zudem einzige weibliche Lehrende in der Parteischule war. Die Frauenbefreiung, so lautet Dunayevskayas These, beginnt dort, wo Frauen sich öffentlich zu Wort melden und widersprechen und in dieser Weise die Grenzen des Weiblichen doppelt überschreiten.

Der Gedanke an politische Vorbilder war für uns zunächst ungewöhnlich, da wir in einer fast ausschließlich männlich besetzten Öffentlichkeit aufgewachsen waren, in der das Fehlen von Frauen so wenig bemerkt wurde wie das Fehlen von Jungen in einer Mädchenschule. Das Studium der Rolle und Rezeption Rosa Luxemburgs in der Arbeiterbewegung jedoch stieß uns darauf, dass die Unsichtbarkeit von Frauen auch in diesem Bereich der politischen Vorbilder eine eigene kulturelle Tat war und ist, der wir entgegenarbeiten wollten. Rosa Luxemburg zu lesen wurde ein immer aufregenderes Unterfangen.

Für unser Luxemburgstudium fanden wir kulturelle Unterstützung. Margarete von Trotta scheint in ihrem Luxemburg-Film (1985) ein ähnliches Ziel verfolgt zu haben wie wir. Sie führt vor allem die Haltung Rosa Luxemburgs vor, trotz Gefängnis und Verfolgung ›lebensbejahend‹ und ›heiter‹ gewesen zu sein, und entlässt auf diese Weise die Zuschauer in eine Aufbruchsstimmung, in der Veränderungswille aus Zorn und eine fast atemlose Traurigkeit, weil man vom Scheitern weiß, sich mischen. Sie zeigt Luxemburg als Revolutionärin, die von allem Lebendigen angerührt ist und von daher die Leidenschaft zu leben nimmt wie die Unerbittlichkeit, die es zum Verändern braucht. Das Eigentümliche an diesem Film allerdings ist, dass er Luxemburg immer wieder als Rednerin zeigt, ohne jedoch ihre Auffassungen, ihre Theorie und Politik wirklich vorzuführen. Ebenso gut hätte es hinsichtlich dieser Problematik auch ein Stummfilm sein können.

In den Zeiten fortschreitender Naturzerstörung fiel die Lektüre der Luxemburg-Briefe auf fruchtbaren Boden. Ihre Freude an jeder Blume, die zärtliche Beschreibung der Vögel im Garten, ihre Liebe zur Katze, ihre herzzerreißende Beschreibung eines gemarterten Büffels waren eine einzige Aufforderung, die kämpferische Sozialistin Luxemburg in eine Frau zu verwandeln, die wunderbare weibliche Gefühle hatte, trotz aller kalten Rationalität. Wir waren von solcher Lektüre nicht unbeeindruckt. Doch störte uns, dass die große Menschlichkeit, die nun ihren Schriften (vor allem ihren Briefen) zuerkannt wurde, sich wenig von dem unterschied, was uns über die Jahrhunderte der Frauenunterdrückung als weiblich zugeschrieben wurde: die Liebe zur Natur, Gefühlsreichtum, die Liebe überhaupt als Hingabe bis hin zur Fähigkeit, dies auch in Briefen auszudrücken. Das Misstrauen gegen solche Lesart hat die Auswahl unserer Lektüre mitbestimmt, das heißt, wir holten die Briefe nicht ins Zentrum unserer Arbeit.

Auch die in der Arbeiterbewegung tradierte Sicht, dass Rosa Luxemburg »theoretisch wenig geleistet« habe, beeinflusste unsere Textauswahl. Wir in unserem Frauenprojekt wollten dem nämlich unbedingt widersprechen. Exemplarisch studiere man Robert A. Gormans Luxemburgartikel im *Lexikon des Sozialismus* von 1986. Hier finden wir eine ausführliche Biografie, die ebenso von ihren körperlichen Gebrechen wie von ihrer »hervorragenden Intelligenz« und ihrem Mut und Einfluss handelt. Nach der Lektüre weiß man auch, dass sie aus »politischem Opportunismus« (es ging ums Staatsbürgerrecht) einen Herrn Luebeck geheiratet hatte. Theoretisch wird sie als schwach bezeichnet und als zweitrangig, weil Lenin sie »ablehnte« (202). Im Durcheinander offenbar widerstreitender Motive des Autors werden sodann ihre Agitation gegen den Weltkrieg und ihr »strategisches Kämpfertum« hervorgehoben. Immerhin gibt es eine knappe Skizze des Akkumulationsbuches. Im weiteren Widerspruch zu der Aussage, sie sei keine Theoretikerin gewesen, wird das Buch als wissenschaftliche Erhellung und Verifikation marxscher ökonomischer Theorien bezeichnet, mit dem Schwerpunkt der Selbstzerstörungskräfte des Kapitals. Im Anschluss wird behauptet, sie sei Engels und Kautsky tief verbunden gewesen, sodass sie die orthodoxe Verurteilung von Reformismus und Nationalismus geteilt habe. Darüber hinaus wird ihre Betonung der Spontaneität des proletarisch revolutionären Massenbewusstseins skizziert. Ihre Auffassung, eine revolutionäre Partei könne eine Revolution weder hervorrufen noch verhindern, wird mit der fragwürdigen, angeblich auch luxemburgischen Begründung versehen, dass die Partei eben den menschlichen Geist nicht kontrollieren könne. Es folgt die Erwähnung ihrer Ausführungen zum Massenstreik als nützliche Form revolutionärer Aktion. Schließlich wird sie zur Kronzeugin für das »bolschewistische Versagen« gemacht. In diesem Kontext wird behauptet, sie sei bis zum Schluss orthodox geblieben und habe gleichzeitig die einzige Institution, die die Orthodoxie realisierte, die leninsche Partei, abgelehnt – ein lebendiger Widerspruch. Sie habe an die Determination der Geschichte ebenso geglaubt wie an die Spontaneität der Massen. In einem impliziten Hegelianismus habe sie die Subjektivität als Lücke im Bolschewismus erkannt. In dieser Weise habe sie die scharfsinnigeren Arbeiten von Lukács, Korsch und Gramsci vorweggenommen. – Eine solch inkohärente, teils falsche, teils widersprüchliche, jedenfalls Luxemburg verfehlende Darstellung kommt auch in diesem Fall immer noch aus dem Umfeld von Arbeiterbewegung fast 70 Jahre nach Luxemburgs Tod.

Gehen wir in der Geschichte zurück, liest sich das Echo anders: Von Franz Mehring wird sie als der »genialste Kopf unter den Erben von Marx und Engels« (1906/1907, 507) gefeiert. Lenin bezeichnet sie zunächst (1922) als »Adler« und nützlich »bei der Erziehung vieler Generationen von Kommunisten der ganzen Welt« (LW 33, 195); Karl Radek schreibt, sie sei »der größte, tiefste theoretische Kopf des Kommunismus« (1921, 25), und Georg Lukács kennzeichnet sie (in *Geschichte und Klassenbewusstsein)* als einzigen Schüler von Marx, der sein Werk wirklich weitergeführt habe (1923, 44ff) und als »große geistige Führerin des Proletariats« (56). Aber schon ein Jahr nach Lenins Tod legte sich ein »Ring des Schweigens« um sie (Basso 1969, 8). Die Sozialdemokratie ging nach rechts und druckte nur die wenigen Schriften, die sich kritisch mit der Russischen Revolution befassten. Unter Stalin verdammte die erweiterte Exekutive der Kommunistischen Internationale eine Reihe ihrer Thesen. Ein Neudruck ihrer Schriften war unmöglich geworden. Ihr Name wurde nur zusammen mit schmählichen Urteilen genannt. Unter dem Begriff »Luxemburgismus« wurden alle Äußerungen von ihr, die Lenin widersprachen, zusammengetragen und als Fehler systematisiert. In einer Replik auf eine ultralinke Inanspruchnahme Rosa Luxemburgs schreibt Ruth Fischer (1924), »die Ultralinken wollten den brandlerschen Tripper durch die luxemburgschen Syphilisbazillen heilen« (zit. nach Kinner 2002, 194; vgl. auch Abendroth 1976, 72). Gab es so heftige Auseinandersetzungen innerhalb der Komintern und der KPD um das Erbe Rosa Luxemburgs, so kam all dies »mit der Verdrängung der sogenannten Rechten zum Erliegen« (Kinner, 195). Ab 1928/1929 bezog man sich inhaltlich nicht mehr auf Luxemburg. »Die kommunistische Bewegung hatte sich mit ihrer stalinistischen Erstarrung den Geist Rosa Luxemburgs um den Preis der eignen Sterilität ausgetrieben.« (199)

Nach Stalinismus und Faschismus wurde vierzig Jahre nach ihrem Tod von kommunistischer Seite mit dem Neudruck ihrer Schriften in Polen begonnen. Die DDR-Ausgabe wurde 1970 angefangen. Mit solchem Interpretationsgepäck begannen wir also damals unsere Lektüre.[24]

24 Diese Rezeptionsgeschichte ist subjektiv gefärbt. Gesucht wurde, was unserer Generation überliefert war, oder anders, woher wir unsere Vorurteile und Meinungen hatten. Eine systematischere Geschichte, geordnet nach den verschiedenen Phasen des Aufs und Abs des Luxemburgbildes findet man bei Gilbert Badia (2002), der auch die öffentliche Wirkung einiger Texte, die Zahl der Übersetzungen, das Echo bei einer Reihe von Literaten – Döblin, Brecht, Rolland –, die Nachdrucke etwa durch den begeisterten Karl Krauss, do-

Eine Frau, die fast die gesamte Zeit ihres Lebens in der täglichen Politik, mit Reden auf Versammlungen und dem Schreiben von Zeitungsartikeln verbringt, wollten wir an ebendiesen Orten ihrer Taten studieren. Wir beschlossen also, uns zunächst nicht hauptsächlich auf ihr theoretisches Hauptwerk, *Die Akkumulation des Kapitals,* zu konzentrieren, sondern die vielen kleinen Schriften, Reden und Artikel ebenso in den Mittelpunkt unserer Arbeit zu rücken wie die einflussreiche *Juniusbroschüre* und die Artikel zum Massenstreik.

Die Frau Rosa Luxemburg

Erste Leseerfahrungen – die Sprache

Luxemburgs Sprache mutet uns einiges zu. Eigensinnig werden Worte benutzt, die uns zuwider sind. Militärische zunächst – da steht die Partei in *vorderster Front,* in *Reih und Glied, Mann für Mann* – und das, obwohl Luxemburg als leidenschaftliche Friedenskämpferin in unsere Geschichte einging. Als *Kämpferin*? Immerhin, wir gebrauchen sie auch, die kriegerischen Worte – aber nicht so häufig und nicht so unumwunden, scheint mir, und selten männlich. Obwohl wir in den Zeiten der Frauenbewegung sensibler geworden sind für die selbstverständlichen Männlichkeiten in der Sprache, wissen wir doch nicht, was an die Stelle der Herr/Knecht-Metapher zu setzen wäre. Wendet man sie, wie Rosa Luxemburg, so umstandslos auf das Proletariat an, welches sich zum »Herrn des eignen Schicksals« machen soll, werden unter der Hand auf die gleiche Weise Frauen ausgeschlossen, wie dies durch die von Marx verwendete Sprache im *Kommunistischen Manifest* geschieht.[25] Aber damit nicht genug, hängt bei ihr die

> »Zukunft der Kultur und der Menschheit [...] davon ab, ob das Proletariat sein männliches Kampfschwert mit männlichem Entschluss in die Waagschale wirft« (4, 62).

Schreiben wir solchen Sprachgebrauch auf das Konto der Arbeiterbewegung, in der Luxemburg sich und Clara Zetkin einmal als die »beiden letzten

kumentiert; über die Rezeption in KPD und Komintern berichtet Klaus Kinner (2002). – Fritz Keller und Stefan Kraft stellen ihrem Buch *Denken und Leben einer internationalen Revolutionärin* (2005), einer Sammlung von Luxemburg-Texten, die sie nach Schwerpunkten thematisch bündeln, einen Einleitungsessay voran, der Luxemburgs umkämpfte Stellung in der Arbeiterbewegung bis in die Jetztzeit herausarbeitet und im Einzelnen belegt.

25 Da heißt es bekanntlich u.a.: »Aber die Bourgeoisie hat nicht nur die Waffen geschmiedet, die ihr den Tod bringen. Sie hat auch die Männer gezeugt, die diese Waffen führen werden – die modernen Arbeiter, die Proletarier.« MEW 4, 468.

Männer der deutschen Sozialdemokratie« bezeichnete?[26] Diese Wendung dient immer wieder dazu, Luxemburgs Selbstbewusstsein zu zeigen und auch die Mittelmäßigkeit der übrigen Partei und ihrer Führung. Meine Zustimmung bleibt gespalten, denn unüberhörbar scheint selbst in diesem trotzigen Auftrumpfen die Erhöhung des Männlichen zum Maßstab von Ausgezeichnetheit, Mut und Entschlossenheit festgeschrieben, wenngleich auch der Ausschluss der sozialdemokratischen Männer aus dem männlichen Geschlecht unbedingt subversiv zu hören ist.

Ihre Sprache ist im Übrigen voller Bilder und scharfem Witz, der seine populäre Anziehungskraft häufig daraus gewinnt, dass Theorien, politische und wirtschaftliche Taten mit Worten und Szenen aus dem Haushalt oder sonstigen ›weiblichen Bereichen‹ bezeichnet werden. Da gibt es »Hausmittel« der Staatskunst (4, 98); und die französischen Professoren unterscheiden sich von dem »deutschen Professorenquatsch« dadurch, dass sie »leicht genießbar – etwa wie Schlagsahne« sind (1/1, 357).

Sie arbeitet mit Sprichwörtern, die sie zugleich in ihrer einfachen Richtigkeit wie ihrer herrschaftlichen Verwendung vorführt. Die Wendung z. B.: »Wenn das Haus brennt, muss man da nicht vor allem löschen, statt nach dem Schuldigen zu suchen, der den Brand angelegt hat?« (4, 132), diente nach ihrer Auffassung dazu, die Benutzung der Arbeiter »als Kanonenfutter« in den gesunden Menschenverstand zu pflanzen. Der österreichische Imperialismus tritt als »Zwillingsbruder« des deutschen auf, und es geht für den Letzteren darum, die »erzherzöglichen Leichen zu benutzen, solange sie frisch waren« (4, 105). Der Imperialismus wird weiter charakterisiert als einer,

> »wo sich Faden an Faden mit der Notwendigkeit eines Naturgesetzes knüpfte, bis das dichtmaschige Netz der imperialistischen Weltpolitik fünf Weltteile umstrickt hatte – ein gewaltiger historischer Komplex von Erscheinungen, deren Wurzeln in die plutonischen Tiefen des ökonomischen Werdens hinabreichen, deren äußerste Zweige in die undeutlich heraufdämmernde neue Welt hinüberwinken« (137).

Sie bevorzugt auch Metaphern aus dem Bereich von Familie, Sexualität und Fortpflanzung: In der Kritik an Bernstein (*Sozialreform und Revolution*)

26 Als Anekdote berichtet bei Paul Frölich, 1939/1967, 222 (Frölich entnennt leider die Mitarbeit seiner Frau, über sie erfährt man bei Wikipedia: Nach der Ermordung von Rosa Luxemburg erhält Rosi Wolfstein – nach Eheschließung 1948 Rosi Frölich – von deren Erben den Nachlass, den sie gemeinsam mit ihrem Lebenspartner Paul Frölich bearbeitet. Die Biografie *Rosa Luxemburg – Gedanke und Tat* erschien 1939 in Paris unter Frölichs Namen. Zeitlebens beschäftigte sich Wolfstein mit dem Thema Rosa Luxemburg. So stand sie auch Margarethe von Trotta für den 1985 uraufgeführten Film *Rosa Luxemburg* zur Seite); der Satz über die »einzigen Männer« wurde ferner aufgenommen von Flechtheim 1985, 72; von Schütrumpf 2006, 24.

spitzt sie zu, dass seine Behauptung, es gebe keinen ökonomischen Boden für den Klassenkampf, die gesamte Sozialdemokratie unbegreiflich mache, man verstehe sie nicht mehr »als legitimes Kind der kapitalistischen Gesellschaft, sondern als Bastard der Reaktion« (1/1, 437).

Oder:

> »Die Reservistenzüge werden nicht mehr vom lauten Jubel der nachstürzenden Jungfrauen begleitet«, stattdessen gibt es »Heiratsvermittlung für die Witwen der Gefallenen« (4, 52).

Der wirtschaftliche wird mit dem sozialen Kampf »vermählt« (54); und

> »die südrussischen Unternehmer, die Schoßkinder der Regierung, wissen auch, womit sie sich ihre Gunst zu weiteren Zollerhöhungen und allerlei Liebesgaben erhalten können« (1/1, 281).

Solche bildhaften Verdichtungen, die sie zur Veranschaulichung von Zahlenmaterial oder von theoretischen Zusammenhängen benutzt, haben zum einen den großen Vorteil, die schwer zugänglichen Geschehnisse der Weltpolitik oder ihre theoretische Durchdringung unmittelbar in die Erfahrungswelt alltäglicher Haushalte und entsprechender Beweggründe zu holen. Das macht das Lesen lustvoll, Begreifen einfach. Zum anderen aber hat dieser Umgang mit Bildern aus der Frauenwelt den Effekt, dass man beim Lesen nicht merkt, dass von ebendiesen Bereichen in ihren Texten sonst überhaupt nicht die Rede ist, die Vorgänge im Häuslichen als selbstverständlich vorausgesetzt werden.

Lesen wir sorgfältig jenes ungeheuerliche Bild, das sie von der bürgerlichen Gesellschaft in der Verzweiflung nach dem Ersten Weltkrieg malt:

> »Geschändet, entehrt, im Blute watend, von Schmutz triefend – so steht die bürgerliche Gesellschaft da, so ist sie. Nicht wenn sie, geleckt und sittsam, Kultur, Philosophie und Ethik, Ordnung, Frieden und Rechtsstaat mimt – als reißende Bestie, als Hexensabbat der Anarchie, als Pesthauch für Kultur und Menschheit, so zeigt sie sich in ihrer wahren, nackten Gestalt.« (4, 53)

Die mitreißende Heftigkeit der Worte lässt das stillschweigende Einverständnis übersehen, das die verwendete Sprache bei der Verurteilung des Opfers von Vergewaltigung als »geschändet, entehrt« bereithält.

Befremdet über die Sprache suchten wir in den Schriften Rosa Luxemburgs nach Texten, die unmittelbar von Frauen handeln, an sie gerichtet sind. Es ist ja inzwischen allgemein bekannt, dass die Frauenbewegung für sie kein politischer Ort war. Nicht einer von Luxemburgs Beiträgen in Parteitagsdebatten handelte von Frauenfragen (Niggemann 1981, 234). Wie aber steht es mit ihren journalistischen Texten? Wir fanden insgesamt vier kleinere Schriften: zum Internationalen Frauentag, zu Frauenwahlrecht und Klassenkampf, zu Frauen- und Kinderarbeit, zur Proletarierin[27]; sie umfassen dreizehn in einem Gesamtwerk von fast viertausend Seiten. Kein Zweifel: Die Frauenfrage war für Rosa Luxemburg kein eigener Gegenstand von Politik, kein Grund, sich extra damit zu befassen.[28] Wenn überhaupt von Frauen die Rede ist, dann in der Form, die traditionell in der Arbeiterbewegung präsent war. Da geht es um die Frauenlohnarbeit und deren verheerende Wirkung auf die Familie:

> »Über 50 000 Frauen und Kinder des Volkes wurden im Laufe eines Jahres durch den eisernen Besen der Proletarisierung aus dem Familienheim auf den Arbeitsmarkt, den Markt der lebendigen Ware gefegt; mehr als 50 000 Frauen und Kinder der Arbeiterklasse, die noch ein Jahr zuvor von dem Verdienste ihrer Männer und Väter leben konnten, werden nun auf der eigenen Hände Arbeit angewiesen sein […] sind Familienleben, Gesundheit, Sicherheit der Existenz nun zu leeren Worten geworden.« (1/1, 291)

Das klingt noch ganz unangefochten durch die spätere Einsicht in »die stickige Familienluft« (1/2, 185) und »die kümmerliche Geistlosigkeit und Kleinlichkeit des häuslichen Waltens« (3, 164).

Es folgen die bekannten, bei Marx ausgeführten Argumente, dass Frauenarbeit den Lohn der Männer senke, dass qualifizierte durch unqualifizierte (weibliche) Arbeit ersetzt werde bis hin zur Aufforderung zum Klassenkampf (1/1, 291f).

Eine besonders lehrreiche und widersprüchliche Zumutung stellte für uns die Lektüre des kleinen Artikels *Die Proletarierin* (3, 410ff) dar.[29] Der Text wirkte auf uns unzeitgemäß, er gab uns trotz seines Pathos keine Möglichkeit zur Identifikation, die wir suchten, ja wir fanden die Wortwahl und die Bilder im Grunde frauenfeindlich. Am meisten störte uns der Passus:

> »Für die besitzende bürgerliche Frau ist ihr Haus ihre Welt. Für die Proletarierin ist die ganze Welt ihr Haus, die Welt mit ihrem Leid und ihrer Freude, mit ihrer ganzen Grausamkeit und ihrer rauen Größe. Die Proletarierin wandert mit dem Tunnelarbeiter aus Italien nach der Schweiz, kampiert in Baracken und trocknet trällernd ihre Säuglingswäsche neben Felsen, die mit Dynamitpatro-

27 Frauen- und Kinderarbeit (1 Seite), Unterkapitel von *Wirtschaftliche und Sozialpolitische Rundschau* von 1898, 1/1, 291f; Rede bei der I. Internationalen Konferenz sozialistischer Frauen am 17. und 19. August 1907 in Stuttgart (2 Seiten), 2, 233f; Frauenwahlrecht und Klassenkampf (7 Seiten) von 1912, 3, 159ff; Die Proletarierin (3 Seiten) von 1914, 3, 410ff.

28 Vgl. auch die Kontroverse in der Einleitung zu diesem Buch.

29 Die Wiedergabe unserer Arbeit mit diesem Text geschieht unter Verwendung einer Seminarvorlage von Anja Weberling.Der erste Satz aus dem zitierten Passus von Luxemburgs Artikel diente später (2006) als Ausgangspunkt, anders als gewohnt über weibliche Migration nachzudenken (vgl. *Das Argument* 266: *Migrantinnen, Grenzen überschreitend*).

> nen in die Luft fliegen. Als Saisonlandarbeiterin sitzt sie im Frühjahr im Lärm der Bahnhöfe auf ihrem bescheidenen Bündel, ein Tüchlein auf dem schlicht gescheitelten Kopfe, und wartet geduldig, um vom Osten nach dem Westen verladen zu werden. Auf dem Zwischendeck des Ozeandampfers wandert sie mit jeder Welle, die das Elend der Krise von Europa nach Amerika spült, in der buntsprachigen Menge hungernder Proletarier, um, wenn die rückläufige Welle einer amerikanischen Krise aufschäumt, nach der heimatlichen Misere Europas, zu neuen Hoffnungen und Enttäuschungen, zur neuen Jagd nach Arbeit und Brot zurückzukehren.«

Wir lasen diesen Text zunächst in der Suche nach einer Art Frauenleitbild. Das Gefundene ärgerte uns: In diesen proletarischen ›Ideal‹-Frauen, die, »ein Tüchlein auf dem schlicht gescheitelten Kopfe«, »trällernd« und »geduldig«, also so brav, ungerührt und unanstößig sich in den elenden Bedingungen einzurichten verstehen, wollten wir uns nicht wiederfinden. Uns fehlten darin die frechen, die aufbegehrenden und wehrhaften Linien – die listigen Unruhestifterinnen und sabotagefreudigen politischen Strateginnen, willens, Sand ins Getriebe zu streuen und das Dynamit für andere Zwecke zu entwenden. Unsere Vorstellungen von Frauenpolitik waren darin nicht zu entdecken; stattdessen scheint umgekehrt als Tugend gefeiert zu werden, was einer Erkenntnis aus der Frauenbewegung zufolge Frauenunterdrückung reproduziert: Die Geduld der Frauen ist die Macht der Männer.

Eine erste Irritation erfuhr unser Zorn, als wir entdeckten, dass diese besonders weiblichen Zuschreibungen, denen sie blindlings zu folgen schien, wie Geduld, Bescheidenheit und die abwartende Hoffnung, bei Luxemburg ebenso üblich für die männliche Arbeiterklasse verwendet werden. Hier macht sie also keinen Unterschied zwischen den Geschlechtern. Die Tugenden sind solche der Proletarier überhaupt. Wir wollten unseren unsicheren Ärger produktiv wenden und beauftragten eine von uns, die geschilderte Szene für uns umzuschreiben, also die von uns erwarteten Haltungen und Taten in die Figuren einzubauen. Das Ergebnis war lehrreich. Die Schilderung der Umstände war sehr düster ausgefallen, die Welt war unbewohnbar für unsere Proletarierin, deren größere Widerständigkeit dementsprechend hilflos wirkte. Wir fanden keine Brücke zwischen den von uns vorgestellten starken Frauen und der schlechten Welt. Kurz, was wir an Rosa Luxemburg vermissten, war eine radikale, aber unpraktische Rhetorik. Es wurde klar, dass wir bei aller Kritik noch gar nicht herausgefunden hatten, was sie genau als Stärke der proletarischen Frauen vorführt und wie sie dies tut.

Eine erneute Lektüre zeigte: Luxemburg beschreibt gar nicht, wer die Proletarierin ist, sondern sie führt sie in drei Situationen vor, wie sie sich in großen, internationalen, ja interkontinentalen Räumen bewegt. Die Orte haben keine besonderen Funktionen, vielmehr trifft die Proletarierin an jedem von ihnen mit gleich großer Wahrscheinlichkeit und Selbstverständlichkeit auf »Leid und Freude«, »Hoffnungen und Enttäuschungen«. Heimat und Familie, die wir gegen alle Erfahrung auch als Orte der Zuflucht zu denken gewohnt sind, tauchen so erst gar nicht auf; umgekehrt spielen Ausland und Öffentlichkeit nicht die Rolle einer feindseligen Fremde. Denn die Proletarierin ist überall, wo es Arbeit gibt, gleichermaßen fremd und gleichermaßen zu Hause. Wir kamen zu dem für uns überraschenden Ergebnis, dass Luxemburg in diesen wenigen Zeilen die Trennung des Privaten vom Öffentlichen überschreitet und die übliche Zuständigkeit gesellschaftlicher Instanzen wie Familie als Ort der Wärme, des Wohllebens und der Ruhe verneint. Stattdessen legt sie uns nahe: Seid menschlich an jedem Ort in eurem Tun; und in ebender ganzen beschriebenen Geduld steckt zugleich doch die Aufforderung, nicht auf den anderen Ort, die andere Aufgehobenheit zu warten, sondern lebensbewusst und -freudig hier und jetzt zu sein, auf Bahnhöfen, Ozeandampfern, in Steinbrüchen.

Die Ungeduld, die wir beim ersten Lesen ihrer Beschreibung der proletarischen Frauen verspürten, richtete sich gegen uns selbst, die wir spontan etwas als sein Gegenteil lesen, Schwäche vermuten, wo von Stärke die Rede ist. Mit der zweiten Lektüre fühlten wir uns einverstanden. So stellten wir uns die Frage nach der Wirkung ihrer Worte in der politischen Agitation. Wir kamen zu dem Ergebnis, dass ihre Rede auch optimistische Züge trägt, die Zuhörerinnen wahrscheinlich ermuntert und stärkt, wenngleich die Orte ihres Wirkens: Arbeit, Familie, Politik, gar nicht explizit erörtert werden.

Die Familie ist praktisch im zweiten Absatz ihrer Rede erledigt durch die Feststellung, dass der Kapitalismus die Frau aus ihr herausgerissen habe. In der hier noch erwähnten Trennung von öffentlichem und privatem Bereich erscheint die »häusliche Enge« gleichermaßen inakzeptabel wie das »Joch der gesellschaftlichen Produktion« (3, 410). Im weiteren Text ist die Familie bereits überwunden, und jetzt wird klar, wie Luxemburg Frauenbefreiung fasst und welche Politik daraus folgt: Die Proletarierin, »in der das Weib erst zum Menschen wird« (411), wird allein über die Teilhabe am gesellschaftlichen Prozess bestimmt. Das Weibsein ist Knechtschaft als Vorenthaltung menschlicher Wesenskräfte. In der Befreiung zum Menschen tritt die Proletarierin gleich dem männlichen Proletarier als potenzielles Subjekt einer gesamtgesellschaftlichen Emanzipation auf.

Die Politik wird am Ende des Textes genannt, wenn die Frauen »im politischen Leben durch ihre Betätigung auf *allen Gebieten* festen Fuß fassen« sollen (412). Luxemburg appelliert an die Selbsttätigkeit der Frauen für ihre Befreiung – nicht für die ihrer Männer oder Kinder. Indem sie die Arbeiterfrau als »Ärmste der Armen« (413) kennzeichnet, sieht sie sie folgerichtig auch als »Vorkämpferin der Arbeiterklasse und zugleich des ganzen weiblichen Geschlechts« (410).

Wir sind es gewohnt, dass Reden an Arbeiterinnen ihnen zumindest ihre zweifache Unterdrückung als Arbeiterin und als Hausfrau vor Augen führen, um so ihre Empörung und womöglich kämpferische Auflehnung hervorzurufen. Nichts davon bei Rosa Luxemburg. In der Art, wie sie die Lage der Arbeiterinnen skizziert, ist ebenso viel Kritik wie Perspektivisches. Die Proletarierin hat kein eigenes Haus, aber ihr Haus ist die Welt. Sie hat keine Familie, sondern Ihresgleichen; sie hat keine Muttersprache, sondern bewegt sich im bunten Sprachengemisch der Völker der Welt. Der Wohlstand der bürgerlichen Frauen ist deren Fessel. Die Proletarierin hat beides nicht. Dass sie losgerissen ist, macht, dass sie das andere Ufer erreichen kann. Insofern unterscheidet sich Luxemburgs Agitation radikal von der gewöhnlichen, die die Beschwörung des Elends für eine wirksame Befreiungskraft hält. Sie schreibt auch nicht umgekehrt so, als ob nichts als Stärke und vorwärts stürmende Freude die Unterdrückten bewege. Sie zeigt, dass in dem, was wir gewöhnlich als Elend wahrnehmen, Hoffnung auf Befreiung steckt. Insofern sind ihre Reden auch Zumutungen, weil sie uns zwingen, anders über das Elend und also anders über das uns heute erstrebenswert scheinende Glück nachzudenken. Ihre Negation ist ins Öffentlich-Zukünftige gerichtet und überführt damit unseren spontanen Standpunkt der Kritik als einen, der seine Füße noch nicht über die Schwelle des privaten Heims nach draußen gelenkt hat. Insofern schreibt sie auch nicht populistisch, wie wir wegen ihres populären Gebrauchs von häuslichen Bildern zunächst angenommen hatten. Sie schreibt gegen die Einfühlung ins Hier und Jetzt, welche das Klagen hervorruft. Dagegen sucht sie im Beklagenswerten das Zukünftige. Die Weise der Negation ist befremdlich, aber zugleich vertraut als Hoffnung. Indem sie die Hoffnung auch als Trauer des Losgerissenseins, des eben Nichtzuhauseseins vorführt, ist ihre Kritik wirklich radikal. Sie führt das Voranschreiten nicht als friedlichen Reigen vor, sondern als das, was es ist, als Losreißen vom Gegenwärtigen. Die Kraft, die auf diese Weise in ihre Reden kommt, ist dabei auch eine, die absieht von den Widrigkeiten des Alltags, wofern nichts Zukünftiges in ihnen steckt. In dieser Weise entgehen ihr die Geschlechterverhältnisse geradezu systematisch.

Von daher zugleich aufgeregt und bekümmert über Rosa Luxemburgs Umgang mit der Frauenfrage, können wir nachvollziehen, warum sie bis vor kurzem in den Annalen der feministischen Geschichtsschreibung kaum Berücksichtigung fand. Sie war keine Feministin. Wer aber war sie als Frau unter Sozialisten? Warum wurde sie unter Stalin tabuisiert und welches sind die Kontroversen um sie in der Arbeiterbewegung? Weiter bleibt die Frage, was wir als sozialistische Feministinnen für unsere Wissenschaft und Politik von ihr lernen können.

Zweite Leseerfahrungen – Worte in Bewegung

Die männlich-militärischen Worte und die häufige eigenartige Verwendung von Frauenbildern sind nicht die einzigen Sprachhindernisse, die Luxemburg unseren Köpfen zumutet. Ohne Zeichen der Zurücknahme oder wenigstens des Zögerns stehen da Worte wie »Masse« und »Führer«, die zu gebrauchen uns unangenehm ist und die darum Abwehr hervorrufen. Hinter dem Wort »Masse« steckt Ideologiepolitik mehrerer Jahrzehnte, die die Praxen der Vielen und so auch unsere Gefühle und Haltungen orientiert. Von unserem kleinbürgerlichen Standpunkt aus sind Masse zunächst immer die anderen – eine ungezielte Betriebsamkeit, ein großer Lärm. Zwar wissen wir uns als Teil der Masse und können uns doch jeweils distanzieren, so wir von Masse sprechen. Das Aussprechen birgt ein Doppeltes. Indem wir uns distanzieren, nähern wir uns zugleich auf beängstigende Weise unserer Teilhabe an der Masse, müssen auch wir uns wahrnehmen als Moment eines Gewimmels. Dies ist die widersprüchliche Gefühlslage, die Resultat ideologischer Formierung ist; sie wirkt selbst mit an der Aufrechterhaltung der gleichen Ideologie über die Masse.

Gegen die Massenbewegungen in den ersten Jahrzehnten des 20. Jahrhunderts trat eine neue Disziplin auf den Plan, um die in den Massen liegenden aufsässigen Potenziale zu erkunden: die Massenpsychologie. Sie lehrte auch die Verachtung der Massen als ein Mittel für den Einzelnen, sich jederzeit als überlegen wahrzunehmen. Insofern scheint das Tabu über die Verwendung des Massenbegriffs auch eine Form von Wiedergutmachung für diese Verachtung.

Rosa Luxemburg schreibt gegen unsere Sprachgewohnheiten, die sich darum offenbaren als eingemauerte Denkweisen. Masse – indem wir so nicht sprechen, bleibt der Gedanke doch. Masse, das sind die da unten, für die es Massenkultur gibt, die wir zu kritisieren gelernt haben als Verdummungsmachwerk und der wir uns selbst nur mit schlechtem Gewissen, gewissermaßen bigott hingeben; und Massenkonsum, der entpolitisiert, und Massentourismus, der die schönen Sehnsüchte unserer Urlaubshoffnungen verwandelt … in Massenhaftes eben. Unsere Sprechweisen kanalisieren unser Denken. Was verschweigen wir noch, wenn wir nicht mehr von Masse sprechen?

Über unser erstes Zögern hinweg lesen wir Luxemburgs Begeisterung für die Masse. Masse, das ist das Volk, wenn es in Bewegung ist, wenn es sich sammelt und zur Veränderung schreitet. Zur Masse gehören auch die Intellektuellen, die der Bewegung zur Sprache verhelfen. Die Masse braucht keine Führer, eben weil sie das politisch gewordene Volk ist. Das Wort ist selbst Fleisch geworden. Indem es unmittelbar auf das Volk als tätiges, aufbrechendes verweist, entstehen Bilder von Menschen auf Kundgebungen, Demonstrationen, im Streik, und wir ertappen uns bei der Hoffnung, es mögen viele sein und mehr werden von Stunde zu Stunde. Zu den Bildern kommen Töne, Lieder – statt bloßer Lärm. Unsere Skepsis gegen die Masse als ein Wort für eine Menge, zu der wir nicht gehören wollten, und für das Verderben vormals erhabener Freuden – etwa aus der Kultur, bevor sie ›Massenkultur‹ wurde – hat sich gewendet. Ohne weitere Umstände fühlen wir uns selbst als Moment der Masse, aktiv, hoffend und in Bewegung.[30]

Die Lehren über verdummendes Schweigen sind nicht die einzigen, die uns Luxemburgs Sprechweise erteilt. Auch andere Worte, die wir mit Ehrfurcht umgeben und so vor Reflexion schützen, geraten in Bewegung. Friede z.B. kann ein Wort für Imperialismus und Krieg sein. Und dies ist nicht einfach ein manipulatorischer Trick der Bourgeoisie. Selbst Friedenskonferenzen von Sozialisten werden zu Schwatzbuden, die den vernichtenden Schlag gegen den Frieden vorbereiten. Die Worte verlieren ihre Festigkeit. Und dennoch haben sie eine feste Bedeutung in der Hoffnung der Völker, in der sozialistischen Perspektive. Bis dahin sind sie formbar und in jeder Anordnung von anderer Bedeutung. Moral, Ehre, Reichtum, Gewissen, Arbeiterschutz[31], Verteidigung – es ist fast gleichgültig, aus welchem Bereich die Worte stammen, sie geraten in einen wilden Tanz, dessen Figuren zu entziffern Aufgabe der sozialistischen Intellektuellen wird.

In dieser Weise ist das Werk Rosa Luxemburgs auch eine Sprachschule bzw. ein Vorschlag, wie Sprache zu verwenden ist. Sie schreibt, wie Brecht (im *Me-ti*) später vorschlug: Ihre Worte sind wie Schneebälle, fest und doch jederzeit schmelzbar, in Bewegung, um fallen gelassen zu werden, formbar, um benutzbar zu sein. Lassen wir uns erst ein auf diese Weise, mit Wörtern umzugehen, so werden wir vom Festland der unreflektierten Gewissheiten in den Strudel widerstreitender Interessen gezogen. Die atemlose Bewegung bleibt in unseren Köpfen. So, wenn wir der »Friedensformel des Arbeiter- und Soldatenrats«:

> »keine Annexionen, keine Entschädigungen, ein Friede aufgrund der Selbstbestimmung der Nationen« (4, 275)

30 Die späten Operaisten schlugen als Ersatz für den fragwürdig gewordenen Massenbegriff *Vielheit* oder *Menge* (*Multitude*) vor. Das vermeidet die Vereinheitlichung, die im Wort Masse steckt, und erlaubt von vielfältig Verschiedenen auszugehen, Politik also netzförmig zu denken. Allerdings wird dieser Vorschlag durch die in Mode gekommene Weise, das Gemeinte nicht zu übersetzen, sondern als Kolonialsprache fremd und exotisch aufzunehmen, also Multitude zu sagen, weitgehend unlesbar gemacht.

31 Das Wort heißt heute Arbeitsschutz. Zum Kampf um den Arbeiterschutz siehe weiter unten im Abschnitt Produktivkräfte und Krise.

zustimmend folgen und in schneller Folge dahin geführt werden, dass diese Formel nicht bleibt, wie sie ist, sondern

> »kraft der objektiven Sachlage und ihrer Logik [...] den Interessen des Ententeimperialismus dient« (276f);»und das russische Proletariat kämpft so im Grunde genommen, indem es für den allgemeinen Frieden kämpft, um den Strick für den eigenen Hals« (281).

Die Sprache erteilt politische Lehren: Indem die Worte in den verschiedenen Anordnungen nicht bleiben, wie sie zu sein scheinen, verraten sie uns etwas über Anordnungen, die unsere Sprechgewohnheiten leiten. Sie stiften dazu an, unseren Umgang mit Wörtern genauer zu beobachten. Darüber hinaus zeigt Luxemburg praktisch in jeder Problemstellung, dass es darum gehen muss, nicht einfach nur in der gegebenen Anordnung zu kämpfen, sondern die Anordnung selbst mitzubestimmen, wenn wir nicht zu Spielbällen der alten Herrschaftsverhältnisse werden wollen oder schlimmer, denn jetzt bleibt nichts mehr wie es war:

> »Der internationale Sozialismus fungiert tatsächlich seit Ausbruch des Weltkrieges als der zuverlässigste Wächter der bürgerlichen Klassenherrschaft« (4, 289).

In diesem Kontext benutzt sie Worte wie »treu«, »Verständigung« und »Friede«, die allesamt Wegbereiter für den Imperialismus und ein »Leichentuch« für die Russische Revolution werden.

In der Krise verdichten sich ihre Worte zu ungeheuerlichen Bildern. Die Krise macht der prinzipienlosen Verwandlung aller Worte ein praktisches Ende. Die Gesellschaft zeigt sich, wie sie ist.

> »Der Schutzmann an der Straßenecke [wird] der einzige Repräsentant der Menschenwürde«, und »das im August, im September verladene und patriotisch angehochte[32] Kanonenfutter verwest in Belgien, in den Vogesen, in Masuren in Totenäckern, auf denen der Profit mächtig in die Halme schießt« (4, 52).

Ihre Worte sind mitreißend, ihre Sätze so bewegend, wie die Begriffe selber in Bewegung sind. Es ist diese Leidenschaft, die ihr politisches Engagement bis in die Theoriebildung bestimmt, was einige Frauen dazu gebracht hat, sie unter feministischen Gesichtspunkten neu zu lesen.[33]

32 Luxemburg benutzt hier das alte Wort für das Unterpflügen der abgeernteten Saat auf den Stoppelfeldern.

33 Vgl. auch die 1988 erschienene Biografie von Elzbieta Ettinger, die das ungewöhnliche Leben Rosa Luxemburgs u.a. in ihrer Loslösung von gewöhnlichen weiblichen Fesseln zu begreifen sucht: im Verhältnis zu Familie, Heimat und Sexualität.

Das Lebendige und das Tote

Irene Dölling nennt Luxemburgs Haltung und Schreibweise eine »politische und kulturelle Programmatik«, Mensch zu sein.

> »Sie besaß die seltene Fähigkeit, die Welt mit scharfem analytischem Verstand zu sehen und zu beurteilen und sich diese Welt gleichzeitig und gleich stark emotional mit allen Sinnen zu erschließen. Es ist diese Freude am Leben, das Vermögen, die kleinen Dinge des Lebens zu genießen, mit der Natur und der Kreatur eins zu sein, aus denen Luxemburg nicht nur die Kraft schöpfte, in den komplizierten Zeiten, den innerparteilichen Auseinandersetzungen und den Enttäuschungen über das Versagen der Sozialdemokratie ›fest und klar und heiter zu bleiben‹.« (1987, 633)

Dölling schlägt vor, Rosa Luxemburgs Liebe zur Natur, ihr (Mit-)Leiden mit der Kreatur als einen Quell ihres politischen Engagements und ihrer Widerstandskraft zu begreifen.

Christel Neusüß (1985) geht viel weiter. Angesichts von Atomenergie, Umweltzerstörung und Gentechnologie rekonstruiert sie die Ersetzung alles Lebendigen durch Männlich-Totes im abendländischen Denken. Marx als der Erfinder des »Kopf-Hand-Baumeister-Modells« wird als eine Gestalt neu gelesen, die den toten Dingen, den von Menschen/Männern im Kopf erdachten und dann von Hand hergestellten, historische Dominanz zuwies vor allem Lebendig-Weiblichen, vor Natur und Bauch. So habe er das Wesentliche vergessen, und ihm folgend habe die Arbeiterbewegung dieses Werk einer patriarchalischen Denaturalisierung der Welt fortgesetzt. In diesem Kontext liest sie Rosa Luxemburg neu. Ihr Fazit: »Ihr Blick auf die Gesellschaft ist der Blick einer Frau« (282). Wo sie hinblicke, sehe sie Gewalt. Neusüß rückt sodann Rosa Luxemburg an die Seite des »Natürlichen«:

> »Künstlich-natürlich, diese Gegenüberstellung findet sich schon in den frühesten Schriften. [...] Der soziale Entwicklungsprozess ist keine Maschine, nicht vom Kopfe her nach genauem Plan konstruiert und demnach auch nicht wie eine Maschine kontrollierbar, ein- und ausstellbar, regulierbar und auch gar nicht machbar nach purem Kopfwillen und Plan irgendeines sogenannten Subjekts.« (331)

Ein wenig später konkretisiert sie als Luxemburgs Politikmodell:

> »Ohne Lernen aus der Erfahrung gehe es nicht. Das könne die Partei den Massen nicht abnehmen. [...] Lernen können durch Erfahrung, gerade das unterscheidet ja die Menschen von den Tieren. Gerade deshalb kommen sie ja nackt und bloß, unwissend, hilflos aus dem Mutterleib. Gerade deshalb ist es ja auch notwendig, dass die Erwachsenen sich so lange um sie kümmern, und in der Regel sind das eben die Mütter.« (337)

Es ist ein Verdienst von Christel Neusüß, die Dimensionen des Lernens und der Erfahrung, der Verbindung zu den lebendigen Menschen im Werk Rosa Luxemburgs hervorgehoben und den Feministinnen zur Lektüre empfohlen zu haben. Der Hohn auf Parteiführungen, die Revolutionen bestimmen oder Klassenkampf abstellen wollen, Kampfformen diktieren und den Marxismus als eine dogmatische Doktrin missbrauchen, statt ihn als Ariadnefaden zu sehen, der die Orientierung gibt, ist in allen Texten und Reden Luxemburgs und zu allen Zeiten unübersehbar. So u. a.:

> »große Volksbewegungen werden nicht mit technischen Rezepten aus der Tasche der Parteiinstanzen inszeniert« (4, 148); »Der ›bestvorbereitete‹ Massenstreik kann unter Umständen just, wenn ein Parteivorstand zu ihm ›das Signal‹ gibt, kläglich versagen oder nach einem ersten Anlauf platt zu Boden fallen. Ob große Volkskundgebungen und Massenaktionen, sei es in dieser oder jener Form, wirklich stattfinden, darüber entscheidet die ganze Menge ökonomischer, politischer und psychischer Faktoren, die jeweilige Spannung der Klassengegensätze, der Grad der Aufklärung, die Reife der Kampfstimmung der Massen, die unberechenbar sind und die keine Partei künstlich erzeugen kann.« (4, 149)

So deutlich Luxemburgs Absage an autoritäre Vorstandsbefehle ist, so unüberhörbar auch, dass diese Absage sich aus der komplizierten Analyse der von vielfältigen Faktoren bestimmten Kräfteverhältnisse ergibt, zu denen u. a. auch die Aufklärung der Massen und der Grad ihrer Empörung gehören. Aber die Hinwendung zu den sorgenden Müttern, die sich um die hilflosen unwissenden Kinder kümmern, die Neusüß Luxemburg unterstellt, ist zumindest verwirrend. Bei Luxemburg lernen die Massen, die Bewegung, die Klasse, die Partei. Über Kinder handelt sie nur im Zusammenhang mit Kinderarbeit. Hier geißelt sie die »Misshandlung der proletarischen Kinder« durch die kapitalistische Gesellschaft mit schärfsten Worten:

> »Die Aussaugung der Lebenskräfte aus diesen wehrlosesten Geschöpfen, die Vernichtung der Lebensfreude gleich an der Schwelle des Lebens, die Verzehrung der Saat der Menschheit schon auf den Halmen«; sie zitiert Engels (von 1845), der die Bourgeoisie in diesem Kontext »des sozialen Mordes« anklagt (1/2, 220).

Im 16 Jahre später von ihr geschriebenen Programm der neu gegründeten KPD 1918/19 heißt es knapp:

> »Beseitigung der Fabrikarbeit der Kinder in der heutigen Form. Vereinigung der Erziehung mit der materiellen Produktion usw.« (4, 488)

Die Formulierungen folgen im Wesentlichen Marx und seinen ersten Ausführungen zur polytechnischen Erziehung (MEW 23, 506ff).

Neusüß verschiebt Rosa Luxemburg auf die Seite von Mutter und Kind, von Natur, Tradition und Bewahrung. Dies begründet sie mit der Behauptung, die Entwicklung der Produktivkräfte sei ihr, bis auf ein bescheidenes Maß, ein »Horror« gewesen (282). »Begeisterungsrufe« über die Funktion des Weltmarkts bei der »Entwicklung der totalen Weltgesellschaft [...] gehen ihr nicht über die Lippen« (315). Neusüß belegt richtig, wie heftig Rosa Luxemburg alles Gewalttätige, Zerstörende im Kapitalismus herausarbeitet und anprangert, und behauptet dann:

> »Die Fähigkeit zur Begeisterung über die in der Landschaft sehenswürdigen Resultate der Baumeistertätigkeit geht ihr völlig ab. Wunderwerke rufen bei ihr keine relevanten Gemütsregungen hervor.« (287)

Das Gegenteil ist richtig, wie im nächsten Abschnitt zu lesen sein wird, wenn Luxemburg selbst zu Wort kommt. Wenn aber das eine zutrifft, die Begeisterung für das Lebendige, für Menschen, Lernen, Erfahrung, Kultur, und das andere dennoch auch stimmt, eine ebensolche Begeisterung für die »Baumeistertätigkeiten«, den technischen Fortschritt, und wenn auch noch richtig ist, dass Luxemburg aufs Schärfste die Gewalt und die Zerstörung geißelte, die Kapitalismus und Imperialismus auf ihrem Weg den Völkern bringen, dann, so müssen wir schließen, folgt ihre Denk- und Arbeitsweise offenbar nicht dieser Logik des Entweder/Oder, des Künstlichen oder Natürlichen, des Dafür oder Dagegen.

Lesen wir im Kommenden Luxemburgs Begeisterung für die Produktivkraftentwicklung. Ich möchte in diesem Zusammenhang eine bestimmte Anknüpfung an Marx herausstellen, die ich in dieser Betonung und Dringlichkeit für eine Arbeitsweise halte, die Frauen besonders nahe zu liegen scheint und von der also für unsere eigene Vorgehensweise in der Frauenpolitik zu lernen ist: die Logik der Krisen und Brüche[34].

Produktivkräfte im Widerspruch

Zunächst zwei aus einer Vielzahl begeisterter Wendungen über die Entwicklung der Produktivkräfte. Ich nehme konkrete Beispiele aus technologischen Projekten, über die wir heute in jedem Fall auch dann problematisierender sprechen würden, wenn wir ansonsten Gutes von der Produktivkraftentwicklung erhofften: Schaffung von Wasserstraßen und Eisenbahnlinien.

34 Vgl. dazu meinen Beitrag zum hundertsten Todestag von Karl Marx, 1983. Indem ich dies als bestimmte marxsche Denkweise behaupte, ist klar, dass ich nicht vorhabe, dem Weiblichen als solchem bestimmte Denkmuster anzudichten. Ich finde es nur bemerkenswert, dass in der Tradition der Arbeiterbewegung keine solche Anknüpfung an Marx erfolgt ist und dass diese Betonung der Entwicklung aus Krisen der weiblich-sozialen Erfahrung womöglich mehr entspricht.

> »Einstweilen sind die beiden Riesenunternehmungen [Wasserkonstruktionen: Erweiterung der Wasserstraße zwischen Erie- und Huronsee und Kanalbau, um den Stillen und den Atlantischen Ozean zu verbinden] Kinder ganz platter kommerzieller und kriegerischer Interessen, sie werden aber ihre Schöpferin – die kapitalistische Wirtschaft – überdauern. Sie zeigen auch wiederum, welche kolossalen Produktivkräfte im Schoße unserer Gesellschaft schlummern und welchen Aufschwung der Fortschritt und die Kultur nehmen werden, wenn sie einmal die Fesseln des kapitalistischen Interesses losgeworden sind.« (1/1, 283)

> »Auf die bürgerliche Welt können die großen Verkehrsmittel [Eisenbahnlinien], wie alles, was sie schafft, am Ende nur zerstörend wirken. Aber für den allgemeinen Kulturfortschritt sind sie von enormem und bleibendem Wert.« (287f)

Die Aussagen sind eindeutig. Technologische Entwicklung tritt auf als Fortschritt und im Kontext von Kultur, die es zu bewahren gilt, als wertvoll in einer anderen Gesellschaft. Rosa Luxemburg macht offensichtlich ernst mit dem von Marx herausgearbeiteten Widerspruch von Produktivkräften und Produktionsverhältnissen. Im Schoße der bürgerlichen Gesellschaft, so heißt es bei Marx, reifen die Produktivkräfte heran, die die Form sprengen werden, in der sie hervorgebracht wurden.

> »Mit den materiellen Bedingungen und der gesellschaftlichen Kombination des Produktionsprozesses reift sie [die Verallgemeinerung der Fabrikgesetzgebung] die Widersprüche und Antagonismen seiner kapitalistischen Form, daher gleichzeitig die Bildungselemente einer neuen und die Umwälzungsmomente der alten Gesellschaft.« (MEW 23, 526)

Was Luxemburg von anderen Theoretikern der Arbeiterbewegung trennt, ist nicht, wie Neusüß behauptet, eine Absage an den technischen Fortschritt; es ist die radikale Anwendung des marxschen Widerspruchsdenkens auf den Zustand der bürgerlichen Gesellschaft. Was diese an Produktivkräften entwickelt, sind in ihr und für sie zugleich Destruktivkräfte. Ihre Unvereinbarkeit mit den alten Formen zeigt sich unmittelbar und in dieser Weise vor allem auch für die in ihnen Lebenden, allen voran die Arbeiter selbst und die kolonisierten Völker.

Ferner heißt es bei Marx: Die Fabrikgesetzgebung, die das Kapital daran hindern muss, eine Quelle seines Reichtums, die Arbeitskraft, zu zerstören,

> »zerstört alle altertümlichen und Übergangsformen, wohinter sich die Herrschaft des Kapitals noch teilweise versteckt, und ersetzt sie durch seine unverhüllte Herrschaft. [Sie vermehrt ...] die Anarchie und Katastrophen der kapitalistischen Produktion im Großen und Ganzen, die Intensität der Arbeit und die Konkurrenz der Maschinerie mit dem Arbeiter. Mit den Sphären des Kleinbetriebs und der Hausarbeit vernichtet sie die letzten Zufluchtsstätten der ›Überzähligen‹ und damit das Sicherheitsventil des gesamten Gesellschaftsmechanismus.« (MEW 23, 526)

Ganz wie Marx sieht Luxemburg Gewalt und Zerstörung als Wegbegleiter ebenjener Kräfte, die erst in einer höheren Form der Gesellschaft ihren vollen kulturellen Wert entfalten werden. Und sie betont, dass solch widersprüchliche Verhältnisse zerreißend wirken auf die Arbeitenden selber.

In diesen Verhältnissen, in denen die Kapitalisten zunächst spontan mit dem Fortschritt verbunden sind, während die Arbeitenden auf Seiten der beharrenden Kräfte stehen, entwickelt Luxemburg ihre schwierige und zugleich mitreißende Agitation und sozialistische Politik. Sie muss *gegen* das Kapital schreiben und zugleich *mit* ihm; *gegen* die spontanen Arbeiterinteressen und leidenschaftlich *für* die Interessen der Arbeitenden.

Krisenpolitik

Sie muss also die Arbeitenden gewinnen, gegen ihre spontanen Interessen für ihre langfristigen zu kämpfen. Sie ruft sie an, als säßen sie selbst in der Regierung, und arbeitet so immer auch an der Frage der Übernahme der politischen Macht durch das Proletariat. Jeder Schritt konkreter alltäglicher Politik geht in diese Richtung (vgl. dazu die Ausführungen im zweiten Kapitel).

Mit dieser klaren Bewusstheit der Widersprüche in der kapitalistischen Gesellschaft knüpft sie an eine tragende Figur in Marx' Schriften an, die ich aber sonst nirgends und schon gar nicht in dieser Schärfe wieder aufgenommen fand. Marx beschreibt z.B. das Elend in der Fabrik. Das ist vielfach nachvollzogen und wurde in der Industriesoziologie geradezu zu einem Kanon. Marx kennzeichnet die Arbeiter mit den schrecklichsten Attributen, als verroht, verkümmert, geschunden, vereinseitigt, moralisch verkommen etc. Dann springt er offenbar und baut auf ebendiese Geschöpfe die Hoffnung der Veränderung – Revolution und sozialistische Perspektive. Das Bindeglied zwischen dem Elend und der Hoffnung ist ein Bruch, eine Krise. Dabei kann es sein, dass unsere Gefühle spontan auf Seiten des Alten sind, der Hindernisse gegen die neue Gesellschaft. Man prüfe etwa den berühmten Passus aus dem *Kommunistischen Manifest*:

»Alle festen eingerosteten Verhältnisse mit ihrem Gefolge von altehrwürdigen Vorstellungen und Anschauungen werden aufgelöst, alle neugebildeten veralten, ehe sie verknöchern können. Alles Ständische und Stehende verdampft, alles Heilige wird entweiht, und die Menschen sind endlich gezwungen, ihre Lebensstellung, ihre gegenseitigen Beziehungen mit nüchternen Augen zu sehen.« (MEW 4, 465)

Trotz des eindeutig negativen Kontextes sind es doch Altehrwürdiges, Festes, Stehendes, Heiliges, deren Untergang wir begrüßen sollen. Im *Kapital* sind es die Fertigkeiten, das Geheimnis, das Spezialistenwissen, die auf der Seite des Untergangs stehen. In diesem Wirbel sind unsere spontanen

Gefühle zumindest widersprüchlich. Zur Politik gehört also die Arbeit mit den Gefühlen. Diese zu erziehen, braucht es die wissenschaftliche Durchdringung ihres Gewordenseins. Für die Bereitschaft, das »Heilige« als ideologisch zu verabschieden, genügt nicht die bloße Vernunft. Aber es geht auch nicht ohne die kritische Vernunft. In den Erfahrungen selbst, in denen ein Gefühl eine bestimmte Besetzung erhielt, müssen Gegenerfahrungen mobilisierbar werden, die den Abschied als Freilassung ermöglichen.

Brecht schreibt dazu in seinem Stück *Die Mutter* einen knappen Dialog zwischen der geldgierigen Hausbesitzerin und der Mutter, deren Sohn erschossen wurde:

> »*Hausbesitzerin*: Sie sind also immer noch der Ansicht, dass man alles mit Vernunft machen kann? [...] Aber ich habe ja neulich durch die Wand gehört, wie Sie geheult haben. [...] haben Sie aus Vernunft geheult?
>
> *Pelagea Wlassowa*: Ich habe nicht aus Vernunft geheult. Aber als ich aufhörte, habe ich aus Vernunft aufgehört.« (GW 2, 881).

Die Mutter ermutigt in der Folge eine »arme Frau« zur kritischen Bibellektüre, sodass sie in der *Heiligen Schrift* nicht nur das Heilige verehre, sondern Argumente finden kann gegen die Armut, gegen Ungerechtigkeit, gegen die Reichen.

Die bei Marx aufgespürte Konstellation, die Krise als Möglichkeit von Entwicklung zu fassen erlaubt, wird von Luxemburg aufgenommen und weitergeführt. Sie benutzt die sprachlichen Elemente aus dem Kontext des *Kommunistischen Manifests* immer wieder zur eindringlichen Darstellung der Kriegskatastrophe. So heißt es etwa in dem kleinen Text *Trümmer* (1914):

> »Aber jeder Krieg vernichtet nicht nur leibliche Güter, nicht bloß materielle Kulturwerte. Er ist zugleich ein respektloser Stürmer gegen hergebrachte Begriffe. Alte Heiligtümer, verehrte Einrichtungen, gläubig nachgesprochene Formeln werden von seinem eisernen Besen auf denselben Schutthaufen geworfen, auf dem die Reste zerschossener Kanonen, Gewehre, Tornister und sonstiger Kriegsabfälle lagern« (4, 10).

In den heftigen Eingangspassagen zur *Krise der Sozialdemokratie* malt sie die nämlichen Worte aus dem *Manifest* zum Bild der bürgerlichen Gesellschaft aus:

> »Das Geschäft gedeiht auf Trümmern. Städte werden zu Schutthaufen, Dörfer zu Friedhöfen, Länder zu Wüsteneien, Bevölkerungen zu Bettlerhaufen, Kirchen zu Pferdeställen; Völkerrecht, Staatsverträge, Bündnisse, heiligste Worte, höchste Autoritäten in Fetzen zerrissen; jeder Souverän von Gottes Gnaden den Vetter von der Gegenseite als Trottel und wortbrüchigen Wicht, jeder Diplomat den Kollegen von der anderen Partei als abgefeimten Schurken, jede Regierung die andere als das Verhängnis des eigenen Volkes der allgemeinen Verachtung preisgebend; und Hungertumulte [...] und Pest [...] und Elend und Verzweiflung überall.« (52f)

Aber nicht dieser »Hexensabbat« gilt ihr als die eigentliche »weltgeschichtliche Katastrophe« (ebd.), sondern die »Kapitulation der internationalen Sozialdemokratie« in dieser Anarchie.

> »Und was erlebten wir in Deutschland, als die große historische Probe kam? Den tiefsten Fall, den gewaltigsten Zusammenbruch. Nirgends ist die Organisation des Proletariats so gänzlich in den Dienst des Imperialismus gespannt, nirgends wird der Belagerungszustand so widerstandslos ertragen, nirgends die Presse so geknebelt, die öffentliche Meinung so erwürgt, der wirtschaftliche und politische Klassenkampf der Arbeiterklasse so gänzlich preisgegeben wie in Deutschland. Aber die deutsche Sozialdemokratie war nicht bloß der stärkste Vortrupp, sie war das denkende Hirn der Internationale.« (55)

Die verzweifelte Empörung über die Rolle der Sozialdemokratie bei der Bewilligung der Kriegskredite gilt vor allem der Tatsache, dass durch solche Selbstaufgabe der Partei die steuerlosen Massen in die Arme des imperialistischen Krieges geworfen werden (vgl. dazu ausführlich das vierte Kapitel zu *Fehler und Irrtum*).

An dieser Stelle prüfen wir, wie Luxemburg ›Krisenpolitik‹ betreibt, wie sie also in ihrer Agitation die Krisenmomente nutzt, um gegen Beharrendes nach vorn zu schreiten. Das bewirkt zunächst, dass ihre Argumentation auf den ersten Blick wider vieles geht, was wir spontan für gut und richtig halten. Wir sahen z.B. (weiter oben), wie sie gegen das Zuhause die Welt setzt. Indem alles in Bewegung ist und damit zur Disposition gestellt wird, hält sie fest an Geduld, Ausdauer und Fröhlichkeit, empfiehlt sie, Freude aus dem Leben zu gewinnen. Dieser Halt im Leben ist zugleich eine Haltung. Sie verbindet die Stärken der Freude mit der Empörung über die schlechten Zustände in der Gesellschaft. In dieser Weise vermeidet sie eine Kritik, die Frauen (oder überhaupt Menschen) bloß als Opfer sieht. Sie zeigt, wer mit welcher Kraft wohin geht. Der Weg geht in die Welt, nicht zurück ins Haus. Eben deshalb ist es wichtig, ein klares scharfes Bild von der Welt zu haben, weil sie unser mögliches Zuhause ist; in ihr muss die Perspektive gefunden werden.

Unsere eigene Gesellschaftskritik, die wir dagegenhalten könnten, gerät spontan immer nur negativ, als Aufforderung, dieser Gesellschaft zu entfliehen. In der gesellschaftlichen Entwicklung selbst finden wir keine Stützpunkte, von denen aus befreiende Veränderung begonnen werden könnte. Luxemburg führt im Unterschied dazu vor, dass sozialistische Elemente im Kapitalismus, mit denen zu arbeiten und Politik zu machen wäre, für die Einzelnen eben nicht so einfach als positiv erfahren werden. Dies macht den Kampf für den Sozialismus als Kampf auch mit den Einzelnen langwierig und schwierig.

Schutzgesetze im Klassenstaat

In einer Vielzahl von Reden, Artikeln, Beispielen zeigt Luxemburg, dass die Reformen, die für die Verbesserung der Lage der Arbeitenden gemacht werden, immer auch im Interesse der herrschenden Klasse sind (etwa der Arbeiterschutz)[35]. Schutzbestimmungen bezeichnet sie dabei als »Normierung«, als »Ordnung von Ausbeutung« (u.a. 1/1, 394). Dieses Zusammengehen erreicht einen Höhepunkt, an dem dann die Kapitalisten sich gegen die Gesellschaft wenden. Sie führt das unter anderem am Beispiel von Zollpolitik und Militarismus vor. Selbst dem Militarismus, den wir ausschließlich negativ denken, gewinnt sie dabei noch etwas Voranschreitendes ab:

> »Zollpolitik wie Militarismus – haben in der Geschichte des Kapitalismus ihre unentbehrliche und insofern fortschrittliche, revolutionäre Rolle gespielt.« (1/1, 396)

Luxemburg führt vor, dass der Krieg als Faktor kapitalistischer Entwicklung die vielen Länder aus »Zersplitterung oder naturalwirtschaftlicher Abgeschlossenheit« (1/1, 396f) riss. – Erinnern wir in diesem Zusammenhang auch daran, dass die Entwicklung der Produktivkräfte in großem Maßstab durch militärische Anforderungen und entsprechende Finanzierung vorangetrieben wurde, dass selbst der PC, wie er weltweit als persönliches Werkzeug gebraucht wird, sich der Kriegsforschung verdankt.[36] – Für die Zollpolitik führt sie knapp und analytisch vor, wie diese das Aufkommen der Großindustrie in den einzelnen Ländern möglich machte, Zölle also »Schutzmittel« »einer aufstrebenden kapitalistischen Produktion« (396) waren.

»Vom Standpunkt der kapitalistischen Entwicklung, d.h. vom Standpunkt der Weltwirtschaft« (ebd.) wird es ab einem bestimmten Reifegrad kapitalistischer Produktion, also wenn sie durchschnittlich in den verschiedenen Nationen auf gleichem Niveau ist, gleichgültig, welches Land wohin mehr Waren ein- oder ausführt. Aus der Perspektive der Weltform wird die Indienstnahme von Zollpolitik erkennbar als reaktionäres Mittel der Unternehmer (Kapitalistenklasse) zum Schutze ihres Absatzes. Die Problematik, die Luxemburg am Ausgang des 19. Jahrhunderts vorführt, scheint sich in den darauf folgenden hundert Jahren kaum weiterentwickelt zu haben. Ihre Analyse bleibt aktuell. Es geht beim Zoll nach wie vor um ein

> »unentbehrliches Mittel [...] zum Kampfe der kapitalistischen Produzenten mit der konsumierenden Gesellschaft. Endlich, was am grellsten den spezi-

35 Vgl. auch ihre Diskussion in *Bürgerliche Arbeiterschutzgesetze und die Sozialdemokratie*, 1/1, 791.

36 Vgl. dazu die Forschung zur Genese von Automation, zur Entwicklung der Mikroelektronik des *Projekts Automation und Qualifikation*, 1975, 159–213.

> fischen Charakter der heutigen Zollpolitik markiert, ist die Tatsache, dass jetzt überall die ausschlaggebende Rolle darin überhaupt nicht die Industrie, sondern die Landwirtschaft spielt, d.h., dass die Zollpolitik eigentlich zu einem Mittel geworden ist, *feudale Interessen in kapitalistische Form zu gießen und zum Ausdruck zu bringen.*« (Ebd.)

Jetzt betätigt sich der Staat als Klassenstaat, indem er die Interessen der kapitalistischen Entwicklung (also der Weltwirtschaft) verlässt und die der nationalen Kapitalisten vertritt. Es spitzen sich die Widersprüche innerhalb des Staatswesens zu. Dieses komplizierte Verhältnis ist das Feld der politischen Einmischung. Rosa Luxemburg wendet das Weltgesellschaftliche gegen das im Politischen sich äußernde Klasseninteresse der Kapitalisten. Ihre politischen Analysen führen sie weit weg von einem schematischen Basis-Überbau-Modell. Solche mechanischen Materialisten, so behauptet sie in einer Entgegnung auf den Rezensenten ihrer Dissertation, der solches an ihr kritisiert, gäbe es gar nicht:

> »Materialisten, welche behaupten, dass die ökonomische Entwicklung gleichsam wie eine selbstzufriedene Lokomotive durch das historische Geleise saust und die Politik, die Ideologie etc. bloß wie tote Güterwagen hilflos und passiv ihr nachtrotten, einen solchen Auffasser werden Sie gewiss auch nicht in dem entlegensten russischen Gouvernement vorfinden (und in Russland ist man, wie Sie wissen, in diesen Dingen sehr beschlagen; man wird Ihnen auf Wunsch aus allen alten und neuen Materialisten in fünf Minuten eine solche Omelette bereiten, dass Sie selbst vergessen werden, wo Sie den Kopf und wo Sie Beine haben); und wenn Sie einen solchen Kauz wirklich je finden sollten, so lassen Sie ihn im Panoptikum ausstellen.«[37]

Stattdessen führt sie vor, wie Politik und Recht zu Schutzmauern einer Gesellschaft werden, die in sich selbst widersprüchlich ist und daher nur durch »die Eroberung der politischen Macht durch das Proletariat« (1/1, 400) befreit werden kann.

Wir sind wieder beim Proletariat gelandet und bei seiner historischen Rolle. Aber weit entfernt davon, dies als Gesetz oder gar historischen Automatismus zu fassen, denkt Luxemburg die Notwendigkeit des proletarischen Eingriffs, um die Gesellschaft vor dem Untergang zu bewahren. Letzterer bleibt historische Möglichkeit:

> »Der Sozialismus ist Notwendigkeit geworden nicht bloß deshalb, weil das Proletariat unter den Lebensbedingungen nicht mehr zu leben gewillt ist, die ihm die kapitalistische Klasse bereitet, sondern deshalb, weil, wenn das Proletariat nicht seine Klassenpflichten erfüllt und den Sozialismus verwirklicht, uns allen zusammen der Untergang bevorsteht.« (4, 494)

37 Brief an Robert Seidel vom 15. August 1898, GB 1, 185f.

Die Politik, die *gegen* die spontane Einlassung der Einzelnen gemacht wird und mit ihnen *für* sie ist, ist in sich selbst widersprüchlich und von daher notwendig wissenschaftliche Politik. Die Analyse begleitet jeden Schritt.

Die Anknüpfung an die marxsche Logik der Krisen und Brüche, die damit gegebene unbedingte Einlassung auf die widersprüchlichen Erfahrungen der Einzelnen und die Suche nach der Hoffnung im Elend macht das spezifische luxemburgsche Pathos aus. Diese Politik mit den Erfahrungen, die Übersetzung von Alltäglichem ins Politische, der Umbau von Beharrungsverlangen in Veränderungswillen ist für eine Politik der Frauen auf jeden Fall unerlässlich.

Erfahrungen und Subjekte

Der Versuch, eine Krisenpolitik zu entwickeln, eine Strategie, die in der Destruktion von Traditionen, Kulturen, Sitten und Formen die Stützpunkte für eine andere Gesellschaft sucht und findet, wurde kein Brennpunkt von Arbeiterbewegungspolitik. Er führte Rosa Luxemburg zur Ablehnung einer Gewerkschaftspolitik, die in der Wahrung von Besitzständen ihrer Auffassung nach reaktionär handelte.

Eigentümlicherweise ist nicht diese Wendung ein nennenswerter Konfliktpunkt in der Tradition der Arbeiterbewegung gewesen, sondern die Beurteilung Luxemburgs als jemand, die »die Massen überschätzte«[38]. Dies war der Hauptvorwurf. Er wurde selbst noch von Christel Neusüß übernommen und von der italienischen Feministin Gabriela Bonacchi (1986) wiederholt. Aus Luxemburgs theoretischer Anordnung hätten wir schließen können, dass sie die spontanen Wünsche und Hoffnungen der Massen zumindest politisch hintanstellt im Namen einer Perspektive, die ihnen in den alten Formen noch nicht unmittelbar einleuchtet. Das Gegenteil ist der Fall. Gerade die Einsicht in die Krisenhaftigkeit von Entwicklung macht es ja notwendig, dass die Einzelnen auch gegen ihre unmittelbaren spontanen Interessen handeln. Dies können sie nur, wenn sie selbst dies wollen, die Bewegung durchschauen, in dieser Weise »Intellektuelle« werden, wie Gramsci das später spricht. Mit großer Begeisterung bezieht sich Luxemburg hier auf Marxens *Kritik der Hegelschen Rechtsphilosophie* (MEW 1, 390f) und zitiert die folgende Passage zur Frage nach der Möglichkeit, ›den Menschen‹ als unterdrücktes und misshandeltes Mitglied der Gesellschaft zu befreien:

> »In der Bildung einer Klasse mit *radikalen* Ketten, einer Klasse der bürgerlichen Gesellschaft, welche keine Klasse der bürgerlichen Gesellschaft ist, eines

38 Im Grund findet es sich in fast jeder Biografie oder sonstigen Veröffentlichung zu ihrem Werk.

> Standes, welcher die Auflösung aller Stände ist, einer Sphäre, welche einen universellen Charakter durch ihre universellen Leiden besitzt [...] einer Sphäre endlich, welche sich nicht emanzipieren kann, ohne sich von allen übrigen Sphären der Gesellschaft zu emanzipieren, welche mit einem Wort der *völlige Verlust* des Menschen ist, also nur durch die *völlige Wiedergewinnung des Menschen* sich selbst gewinnen kann. Diese Auflösung der Gesellschaft als ein besonderer Stand ist das *Proletariat* [...] Wie die Philosophie im Proletariat ihre *materiellen*, so findet das Proletariat in der Philosophie seine *geistigen* Waffen, und sobald der Blitz des Gedankens gründlich in diesen naiven Volksboden eingeschlagen ist, wird sich die Emanzipation der *Deutschen* zu *Menschen* vollziehen.« (1/2, 140)

Unverkennbar sind im Satz über den »Blitz«, der in den »naiven Volksboden« »einschlägt«, die Worte enthalten, die Luxemburg 1899 als ihr eigenes Verlangen beschreibt und die als eine Art Motto diesem Buch vorangestellt sind. Sie übersetzt dies in einen Auftrag der politischen Erziehung der Massen. So wird *Schulung* für sie ein leidenschaftlich besetzter Hoffnungsträger, welche die Unterdrückten und Ausgebeuteten befähigen soll, selbst strategisch zu handeln. Auch der Begriff Schulung gehört zu den inzwischen der Ächtung anheimgefallenen Worten, ebenso übrigens Erziehung und Aufklärung. Mit dem historischen Recht, ein von oben nach unten diktiertes Lernprogramm für falsch zu halten, wird allerdings eine Möglichkeit vertan, dem gemeinten Prozess der Instandsetzung der Menschen, ihr Geschick in eigne Hände zu nehmen, eine Sprache zu geben. Prüfen wir genau, was Luxemburg unter Schulung begreift. Zunächst meint sie eben die notwendige Übermittlung von Wissen und die Übung der Fähigkeit, Fragen zu stellen, die zum Handeln nützen. Sie spricht von Erziehung und Aufklärung (vgl. u.a. 4, 482f) und versteht dies als Aufruf nach mehr brauchbarem Wissen. Eine Schülerin aus der Parteischule berichtet über die Weise, wie Luxemburg Wissen lehrte durch die Kunst, durch Fragen zu provozieren, und fährt fort:

> »Wenn alle Voraussetzungen für die eigene Lösung der Fragen durch die Schüler fehlten, gab Rosa Luxemburg zusammenhängende Darstellungen manchmal aus der Soziologie, manchmal aus der Geschichte, auch aus der Physik. Wie sie dabei das Wesentliche, worauf es gerade ankam, kristallklar herausarbeitete, wie sie in knapper Darstellung ohne alles rhetorische Beiwerk rhetorisch geradezu Wundervolles bot, das waren Weihestunden« (Wolfstein, zit. nach Schütrumpf 2006, 48)[39].

In ihren Zeitungsartikeln finden wir als Schulungsmaterial einen großen Umfang von Wissen für die Leser aufbereitet. *Schulung* selbst ist für Luxem-

39 Vgl. auch Regina Gruszka und Anja Weberling 1987, die das Motiv der Wissensvermittlung herausstellen.

burg wie Lernen in erster Linie Selbsttätigkeit der Massen. Dies ist ein weiterer Zusammenhang, der Frauenpolitik nützen kann. Schließlich müssen wir in jeder Politik für Frauen das paradoxe Problem lösen, dass der erkämpfte Einzug in die öffentlichen Bereiche der Politik doch nicht nur das Ergebnis haben sollte, in diese Strukturen einfach hineinzuwachsen, sondern eher gilt, dass Frauen in ihrer Befreiung aus alten Fesseln zugleich die sie unterdrückenden Anordnungen überwinden müssen.[40] Das gilt zwar ebenfalls allgemein, jedoch ist es für Frauenpolitik brennender, hautnaher wegen des langen Ausschlusses von Frauen aus dem öffentlichen Leben. Es geht also nicht um kompensatorische Bildung, wie sie Frauen in der weiteren Geschichte der Arbeiterbewegung zugestanden wurde, nicht um das Aufholen von Defiziten. Luxemburg schreibt:

> »Ich meine, die Geschichte macht es uns nicht so bequem, wie es in den bürgerlichen Revolutionen war, dass es genügte, im Zentrum die offizielle Gewalt zu stürzen und durch ein paar oder ein paar Dutzend neue Männer zu ersetzen. Wir müssen von unten auf arbeiten, [...] dass wir die Eroberung der politischen Macht nicht von oben, sondern von unten machen müssen.« (4, 510)

Eine Schule des Lernens ist die Praxis. Luxemburg knüpft an das berühmte und zumindest als praktische Anweisung an sozialistische Politik in Vergessenheit geratene Marxzitat aus den Thesen gegen Feuerbach an:

> »Das Zusammenfallen des Änderns der Umstände und der menschlichen Tätigkeit oder Selbstveränderung kann nur als revolutionäre Praxis gefasst und rationell verstanden werden.« (MEW 3, 5)

Luxemburg baut diesen Gedanken mit großer Eindringlichkeit wieder und wieder aus. Eine Sammlung ihrer Textstellen zu diesem Thema würde allein ein kleines Buch füllen. Ich begnüge mich mit einigen wenigen.

Ihr Grundgedanke ist: Die sozialistische Umgestaltung kann nur ein Werk der Massen sein, die dafür allerdings geschult sein müssen. So wie man selbst lernt, dass man Wissen braucht und sich selbst überzeugen muss, fasst Luxemburg Schulung als Resultat politischer Praxis durch die Arbeitenden selbst und dabei zugleich als die Übermittlung des nötigen strategischen Wissens durch die Parteiintellektuellen.

Lernen des Politischen durch Praxis bleibt ebenso historische Notwendigkeit wie pädagogisches Konzept.

> »Heute, wo die Arbeiterklasse sich selbst im Laufe des revolutionären Kampfes aufklären, selbst sammeln und selbst anführen muss« (2, 148);

40 Diese Hoffnung hält freilich der Wirklichkeit der Frauen in der Politik selten stand. Die Hoffnung bleibt.

oder:

> »Mit der Psychologie eines Gewerkschaftlers, der sich auf keine Arbeitsruhe bei der Maifeier einlässt, bevor ihm eine genau bestimmte Unterstützung für den Fall seiner Maßregelung im Voraus zugesichert wird, lässt sich weder Revolution noch Massenstreik machen. Aber im Sturm der revolutionären Periode verwandelt sich eben der Proletarier aus einem Unterstützung heischenden vorsorglichen Familienvater in einen ›Revolutionsromantiker‹, für den sogar das höchste Gut, nämlich das Leben, geschweige das materielle Wohlsein im Vergleich mit den Kampfidealen geringen Wert besitzt.« (2, 133)

Die für diesen Prozess bzw. sein Resultat gebrauchte Vokabel heißt *Reife*. Dieses Wort wurde im Diskurs der damaligen Arbeiterbewegungsführung immer wieder als ein Zustand aufgefasst, auf den gewartet werden sollte; Luxemburg aber denkt ihn als eine Art Selbstentwicklung, die in der Bewegung ruckhaft geschieht und von der Partei lediglich unterstützt werden kann. Demgemäß ist diese politische Schulung eine Handlung der Massen selbst, sofern sie in Bewegung sind.

Solche Vorstellungen entwickelt Luxemburg vor allem im Zusammenhang mit Überlegungen zur »Diktatur des Proletariats«. Schließlich geht es dabei darum, dass die bisher Unterdrückten nun Führung übernehmen sollen. Die Schulung, die sie dafür brauchen, wird gewissermaßen experimentell anzueignen sein.

> »Die Masse muss, indem sie Macht ausübt, lernen, Macht auszuüben. Es gibt kein anderes Mittel, ihr das beizubringen.« (4, 509f)

Hier setzt sie auf das Experiment der Arbeiter- und Soldatenräte[41], für das sie die Massen keineswegs als »reif« genug erachtete, wohl aber annahm, sie könnten die Ausübung der »öffentlichen« Gewalt lernen, indem sie es tun. Das Experiment ist gescheitert. Es bleibt aber doch der wichtige Gedanke, dass Lernen aus Erfahrung eine wesentliche Grundlage von politischer Selbstbestimmung sein muss.

Hat sie nun die Massen überschätzt? Das Urteil ist so allgemein, dass eine, wenn auch kurze Überprüfung wichtig scheint. Das vorweggenommene Resultat: Diese Einschätzung entstammt einer dem luxemburgschen Denken fremden Statik über die Bedeutung des Wortes Masse selbst.

Nehmen wir das Urteil zunächst so, wie es gemeint ist, und suchen ihre Worte über die Masse der Arbeitenden oder des Volkes (»Publikums«) zu ihrer Zeit, so finden wir die schärfsten Verurteilungen. In der *Krise der Sozialdemokratie* schildert sie mit heftigen Worten die kriegsbegeisterte Masse, ihren »patriotischen Taumel« (4, 64), ihre Teilhabe an der

41 Vgl. insbesondere ihre Ausführungen zum *Gründungsparteitag* (4, 484).

»Massenschlächterei«, die zum »ermüdenden Tagesgeschäft« wurde (51); und schließlich das Gemälde des Ganzen:

> »Vorbei ist der Rausch. Vorbei der patriotische Lärm in den Straßen, die Jagd auf Goldautomobile, [...] die Straßenexzesse des spionewitternden Publikums, das wogende Menschengedränge in den Konditoreien, wo ohrenbetäubende Musik und patriotische Gesänge die höchsten Wellen schlugen; ganze Stadtbevölkerungen in Pöbel verwandelt, bereit zu denunzieren, Frauen zu misshandeln, hurra zu schreien und sich selbst durch wilde Gerüchte ins Delirium zu steigern; eine Ritualmordatmosphäre, [...] in der der Schutzmann an der Ecke der einzige Repräsentant der Menschenwürde war. Die Regie ist aus. Die deutschen Gelehrten, die ›wankenden Lemuren‹, sind längst zurückgepfiffen. Die Reservistenzüge werden nicht mehr vom lauten Jubel der nachstürzenden Jungfrauen begleitet, sie grüßen nicht mehr das Volk aus den Wagenfenstern mit freudigem Lächeln; sie trotten still, ihren Karton in der Hand, durch die Straßen, in denen das Publikum mit verdrießlichen Gesichtern dem Tagesgeschäft nachgeht.« (4, 51f)

Hier kann von Überschätzung kaum die Rede sein, im Gegenteil: Die Massen sind wechselnden Stimmungen unterworfen, sie sind auch die rauschhafte, unwürdige, mordlustige Menge, wie sie die bürgerliche Gesellschaft hervorbringt. In den *Spartakusbriefen* (1918) heißt es: Nur »die standhafte Kadaverhaltung des deutschen Proletariats« (4, 378) ermöglichte es dem deutschen Imperialismus, die Russische Revolution für sich auszunützen, und die Reaktion konnte sich das gewagte Experiment nur leisten »im felsenfesten Vertrauen auf den unerschütterlichen Stumpfsinn der deutschen Volksmassen« (375). Ja selbst die Arbeiter agieren als »willige Henker fremder Freiheit« (381). So folgt Luxemburg auch nicht dem üblichen Schema, nur auf die klassenbewussten Arbeiter zu setzen – ein solches Vorgehen kritisiert sie im Gegenteil (in ihrer Rede zur Wahlbeteiligung der KPD) als bequeme Haltung (der Gruppe um Otto Rühle, 4, 481f)[42]. Noch in dieser Rede zum Gründungsparteitag der KPD 1918/1919 heißt es: »Wir kennen die Zustände, die in den Massen herrschen, wie sehr sie noch unreif sind« (4, 482). Masse, so lässt sich schließlich folgern, ist für Luxemburg kein feststehender Begriff, kein Aggregatzustand. Die Massen sind immer in Bewegung.

> »Es gibt nichts Wandelbareres als menschliche Psychologie. Zumal die Psyche der Massen birgt stets in sich, wie Thalatta, das ewige Meer, alle latenten Möglichkeiten: tödliche Windstille und brausenden Sturm, niedrigste Feigheit und wildesten Heroismus. Die Masse ist stets das, was sie nach Zeitumständen sein *muss*, und sie ist stets auf dem Sprunge, etwas total anderes zu werden als sie scheint. Ein schöner Kapitän, der seinen Kurs nur nach dem momentanen Aussehen der Wasseroberfläche steuern und nicht verstehen würde, aus Zeichen

42 Zu Luxemburgs Stellung zum Parlamentarismus vgl. ausführlich das fünfte Kapitel.

am Himmel und in der Tiefe auf kommende Stürme zu schließen!« (Brief am 16. Februar 1917 aus dem Gefängnis in Wronke an Mathilde Wurm, GB 5, 176)

Die Masse ist nicht unbedingt jederzeit, aber als Arbeitende sind die Menschen in der Lage, ihr Schicksal in die eigenen Hände zu nehmen. Dies ist für Luxemburg der Inbegriff von Sozialismus und der Sinn, warum es für ihn zu streiten lohnt. Es ist zugleich ihre Vorstellung von menschlicher Gesellschaft:

»*Die gesamte menschliche Kultur ist ein Werk des gesellschaftlichen Zusammenwirkens vieler, ist ein Werk der Masse.* [...] Diese Geschichte [der Menschheit] wimmelt von Heldensagen, von Großtaten Einzelner, sie hallt vom Ruhme weiser Könige, kühner Feldherren, verwegener Entdeckungsreisender, genialer Erfinder, heldenhafter Befreier. Aber all dies bunte und schöne Treiben Einzelner ist gleichsam nur das äußere geblümte Kleid der menschlichen Geschichte. Auf den ersten Blick ist alles Gute und Böse, das Glück wie die Not der Völker Werk einzelner Herrscher oder großer Männer. In Wirklichkeit sind es die Völker, die namenlosen Massen selbst, die ihr Schicksal, ihr Glück und ihr Wehe schaffen« (4, 206).

Man erkennt in diesen Worten leicht die Formulierungen, die Brecht für sein Gedicht *Fragen eines lesenden Arbeiters* (GW 9, 656f) übernommen hat.

»Wer baute das siebentorige Theben ? [...]
Haben die Könige die Felsbrocken herbeigeschleppt? [...]
Wohin gingen an dem Abend, wo die chinesische Mauer fertig war,
Die Maurer?«

Luxemburg entwickelt in diesem Text auch die Konstellation, die Peter Weiss in der *Ästhetik des Widerstands* ausbaute zu einer noch immer unausgeschöpften großen Schule des Lernens aus den Kämpfen der Arbeiterbewegung (1975, 12f). Bei Luxemburg heißt es:

»Nein, die Pyramiden sind in Wirklichkeit das Werk Tausender und aber Tausender geduldiger Sklaven, die in schwerer Zwangsarbeit unter lautem Stöhnen die steinernen Zeugnisse der eigenen Versklavung errichteten.« (4, 207)

Peter Weiss übernimmt das Motiv und arbeitet es um in eine Kritik von Herrschaftsästhetik:

»Die Denkenden aus der Dynastie der Attaliden ließen sich von ihren Bildhauermeistern das schnell Vergehende, von Tausenden mit ihrem Leben Bezahlte, auf eine Ebene des zeitlos Bestehenden übertragen und damit ein Denkmal ihrer eigenen Größe und Unsterblichkeit errichten. Aus der Unterwerfung [...] war ein Triumph adliger Reinheit über wüste und niedrige Kräfte geworden, und die Meißel und Hämmer der Steinmetzen und ihrer Gesellen hatten das Bild einer unumstößlichen Ordnung der Untertanen zur Beugung in Ehrfurcht vorgeführt.« (1975, 8)

Luxemburg blickt auf die Masse, die für sie die Menschen als Opfer und Täter der eignen Geschichte sind.

> »Kein Krieg ist möglich, den nicht die Volksmassen selbst, sei es durch kriegerische Begeisterung oder wenigstens durch unterwürfige Duldung, verantworten.« (4, 207)

> »Die Menschen machen ihre Geschichte nicht aus freien Stücken. Aber sie machen sie selbst.[43] Das Proletariat ist in seiner Aktion von dem jeweiligen Reifegrad der gesellschaftlichen Entwicklung abhängig, aber die gesellschaftliche Entwicklung geht nicht jenseits des Proletariats vor sich, es ist in gleichem Maße ihre Triebfeder und Ursache, wie es ihr Produkt und Folge ist. Seine Aktion selbst ist mitbestimmender Teil der Geschichte.« (61)

Aber gerade weil die Massen zugleich unmündig und unreif in den Verhältnissen stecken, hängen Verwirklichung des Sozialismus und Revolution davon ab, dass sie ihren Reifungsprozess selber bewirken. Das Medium ist die Erfahrung. Wir erinnern, dass die Erfahrung auch die Schranke gegen das Voranschreiten, gegen Entwicklung war, weil sie zum Verharren und Bleiben auffordert. Dies zu überwinden, macht wissenschaftlichen Umgang mit Erfahrung wichtig und bestimmt damit die transitorische Aufgabe der Intellektuellen in der Arbeiterbewegung, bis schließlich – wie Gramsci das vorschlägt –, die Arbeitenden selber Intellektuelle werden.[44] Die besondere Weise, in der Luxemburg agitatorisch mit der Masse spricht, lässt bei nur oberflächlicher Lektüre den Eindruck der Überschätzung aufkommen. Aber die handelnden Menschen werden angerufen als zukünftige, als Menschen, die sie sein können und werden wollen.

Ich komme jetzt zu dem Schluss, dass es vielleicht doch nicht die aktuelle Überschätzung der Massen war, sondern deren befürchtete Kehrseite, die Relativierung der Rolle von Partei und Führung, die Luxemburg den Stempel einer Massenromantikerin aufdrückte. Hier sind ihre Auffassungen und Aussagen eindeutig: Die Führung gibt den Massen »politischen Ausdruck, Losung und Richtung«, aber sie dient den Massen, nicht umgekehrt.

Diese Anordnung verändert abermals die Bedeutung der Worte. Nehmen wir *Disziplin*: So kann die

> »sozialdemokratische Disziplin niemals bedeuten, dass sich die achthunderttausend organisierten Parteimitglieder dem Willen und den Bestimmungen einer Zentralbehörde, eines Parteivorstandes zu fügen haben, sondern umgekehrt, dass alle Zentralorgane der Partei den Willen der achthunderttausend organisierten Sozialdemokraten auszuführen haben« (*Wieder Masse und Führer,* 1911, 3, 39).

43 Diese Formulierung, die zwischen Marx und Lassalle mit je unterschiedlicher Betonung der Subjekte diskutiert wurde, wird von Luxemburg hier in der Lassalle'schen Version aufgenommen. Dies wird im sechsten Kapitel ausführlicher erörtert.

44 Zur Linie Luxemburg-Gramsci vgl. Kapitel fünf.

Auch dieser Vorgang ist in Bewegung: Die Parteibehörde wird bürokratisch, wenn die Masse schläft. Luxemburg kommt zu dem Schluss, dass die »proletarische Masse keine ›Führer‹ im bürgerlichen Sinne braucht, dass sie sich selbst Führer ist« (42). Sosehr dieser Satz das Urteil von der geradezu illusionären Überschätzung der Massen zu bestätigen scheint, besagt er doch im Grunde nur, dass die Befreiung der Arbeiter ihr eigenes Werk sein muss oder keine Befreiung, sondern eine andere Form von Subalternität ist.[45]

> »Es muss auch offen gesagt werden: Erst dann, erst bei der Umkehrung des jetzigen abnormen Verhältnisses würde das Parteileben auf normaler Basis stehen. Die Befreiung der Arbeiterklasse kann nur das Werk der Arbeiterklasse selbst sein, sagt das *Kommunistische Manifest*, und es versteht unter Arbeiterklasse nicht etwa einen sieben- oder auch zwölfköpfigen Parteivorstand, sondern die aufgeklärte *Masse* des Proletariats in eigner Person. Jeder Schritt vorwärts im Emanzipationskampfe der Arbeiterklasse muss zugleich eine wachsende geistige Verselbständigung ihrer Masse, ihre wachsende Selbstbetätigung, Selbstbestimmung und Initiative bedeuten.« (38)

Während die Partei und ihr Vorstand gewissermaßen starr in ihren Vorschriften und Formen verharren können, ist die »Masse des Volkes« beweglich. In der Bewegung ändert sie sich nicht nur selbst, sondern erfindet auch neue, den Kräfteverhältnissen angemessene Formen des politischen Kampfes.

> »Die geschichtliche Stunde heischt jedes Mal die entsprechenden Formen der Volksbewegung und *schafft sich selbst neue*, improvisiert vorher unbekannte Kampfmittel, sichtet und bereichert das Arsenal des Volkes, unbekümmert um alle Vorschriften der Parteien.« (*Krise*, 1916, 4, 149)

Diese Vorstellungen haben für Frauen eine besondere Bedeutung. Die Arbeitsteilung zwischen den Geschlechtern und die Bereichstrennungen zwischen Politischem und Privatem, Öffentlichem und Häuslichem rücken Frauen an eine Stelle, in der gerade die gesellschaftliche Unmündigkeit Kerker und Trost in einem ist. Auch in der Geschichte der Arbeiterbewegung befreien sich Frauen nicht, sie werden befreit. So kommt es zu dem merkwürdigen Umstand, dass die Frauenfrage seit hundert Jahren auf der Tagesordnung ist und dort bis auf Weiteres den letzten Platz besetzt, der aus Zeitmangel selten drankommt. Zwar ist unbestreitbar, dass für Frauen in diesen letzten hundert Jahren sich vieles verbessert hat, vieles erstritten wurde in Fragen von Bildung und alltäglicher Lebensweise vor allem, aber an der grundsätzlichen Konstellation in den Geschlechterverhältnissen

45 Obwohl er Luxemburgs Haltung zu Partei und Führung begeistert ausstellt, schließt sich Schütrumpf ohne Weiteres dem Urteil ihrer illusionären Überschätzung der Massen an; d.h. auch, er durchdenkt die Dialektik des Verhältnisses von Masse und Führung nicht (2006, 33f).

wurde so wenig gerüttelt, dass Rückschritte sich jederzeit ereignen können und dass Frauen überall auf der Welt den Sockel der Armut bilden. In der Arbeiterbewegung gibt die politische Anordnung den männlichen Mitgliedern immerhin die Möglichkeit, sich einzumischen, sich in gesellschaftlicher Teilhabe zu üben. Nicht so den Frauen. Wenn ihre Lage sich bessern soll – und das hat sie z.B. sozial in den letzten Jahrzehnten trotz enorm gewachsenen gesellschaftlichen Reichtums[46] kaum getan –, so müssen sie ihre Sache in eigne Hände nehmen. Wir sind noch nicht einmal so weit, dass die politische Einmischung von Frauen Selbstverständlichkeit ist. So ist Rosa Luxemburg in diesem Punkt für die Frauen besonders aktuell: Frauen müssen selber handeln, sonst werden sie ewig verhandelt. Das ist nicht bloß oder nicht nur der gewohnte Aufruf, sich zu bewegen. Sondern in der Arbeitsteilung zwischen Sorgenden und Versorgten, die wieder politische Konjunktur hat, gründet die Permanenz unserer Subalternität. Nur wenn man es für möglich hält, dass weibliche Menschen in großen Massen in Unmündigkeit leben können, kann man sich selbst in partieller Unterwerfung einrichten. In dieser Weise sind die Frauen bzw. ihre Stellung in der Gesellschaft auch ein Kitt, der die herrschenden Verhältnisse stabil hält.

Wir entdeckten die Dimensionen, die Luxemburg als Sozialistin in der Arbeiterbewegung schwer verdaulich machten: die Respektlosigkeit gegen die Führung, das unbedingte Setzen auf die Massen, als Inbegriff des Marxismus die Logik der Krisen und Brüche, die es ihr gleichzeitig ermöglichte, das ungeheure Leid und die Zerstörung mit Namen zu nennen und doch auch darin die Ansätze zur Herausbildung einer anderen Gesellschaft und Entfaltung menschlicher Möglichkeiten zu entdecken. Die Perspektive ist die Ergreifung der politischen Macht durch das Volk. Alle diese Dimensionen sind zugleich allgemein und abstrakt wie jeweils historisch neu konkret zu füllen. Für dieses alltägliche Tun erfand Rosa Luxemburg den Begriff *revolutionäre Realpolitik* als die nach Marx und durch seine wissenschaftlichen Entdeckungen mögliche sozialistische Arbeiterpolitik.

Die Suche nach nützlichen Lehren für eine Politik der Frauen führte uns zu Rosa Luxemburg. Sie führte uns unversehens hinaus in ein Projekt der Umgestaltung von Politik insgesamt. Wo immer wir Wesentliches, Aufhebenswertes für die Frauenpolitik entdeckten, war es zugleich Kritik an einer Auffassung, die Politik von oben denkt, Partei als Form, der die Unteren zu dienen haben, ihre Struktur bürokratisch verhärtet, ein Arrangement der

46 Obwohl das allgemeine Bewusstsein seit mehr als einem Jahrzehnt durch Nachrichten bestimmt ist, die von der Finanznot etwa der BRD und anderer kapitalistischer Länder künden, bleiben zwei Gewissheiten: dass die alten kapitalistischen Länder im Weltmaßstab reich sind und dass die soziale Lage der Masse der Frauen kontinuierlich schlechter wird – auch hier gibt es freilich Ausnahmen.

Stillstellung für die Massen. Wo die Repräsentationsmuster in herrschende Unterdrückungsverhältnisse eingebaut sind, so die Lehren der Rosa Luxemburg, ist der politische Kampf auf allen Ebenen notwendig. Er umfasst die Verwendung der Sprache, die Einbeziehung der Erfahrungen der Vielen in Verhältnissen, in denen die spontanen Gefühle sich mit den Fesseln verbinden, von denen sich die Menschen befreien müssen. Dieses Müssen ist als eine Notwendigkeit gedacht, die das Überleben der Menschheit bestimmt. Die Kraft zur Veränderung erwächst aus eigenem Tun. So ziehen wir schließlich die Lehre, dass bisherige sozialistische Politik die Befreiung der Frauen nicht notwendig einbezogen hat, dass aber umgekehrt eine radikale Befreiungspolitik der Frauen nur als allgemeines Projekt der Befreiung der Menschen und nur so formulierbar und durchführbar ist.

Zweites Kapitel

Revolutionäre Realpolitik

Politik in Gegensätzen

Realpolitik und Revolution. – Die Begriffe scheinen einander auszuschließen. In ihrer Schrift zum zwanzigsten Todestag von Marx (1903) schließt Rosa Luxemburg sie explizit zusammen, erfindet den Begriff *revolutionäre Realpolitik* (1/1, 373) für ihre gesamte bisherige Politik in der Sozialdemokratie. Die Gegensätze halten den Begriff unter Spannung. Was genau ist darunter zu verstehen und wie soll es praktiziert werden? Irmtraud Morgner erfindet in ihrem Hexenroman (*Amanda*, 1984) für solch zerreißende Zusammenstellung eine lebbare Lösung. Sie spaltet die Gesamtmenge der politisch aktiven Frauen in eine Gruppe, die Realpolitik betreibt, daher um Reformen bemüht ist, und eine andere, die Revolution anstrebt und entsprechend Umsturz propagierend unterwegs ist. Nachts treffen sich die beiden auf dem Blocksberg und tauschen ihre Erfolge aus. Solcherart sind sie immer auf dem Stand des real Möglichen für beide Seiten, das sich nicht zuletzt durch beider Taten täglich ändert. Wäre es politisches Ziel, dass die beiden Wege sich zusammenlegen ließen?

Für die Neuerfindung linker Politik im 21. Jahrhundert ist die Suche nach revolutionärer Realpolitik so aktuell und dringlich wie historisch verbarrikadiert. Die Selbstaufgabe der staatssozialistischen Länder, ihr Abgang aus der Geschichte und die damit verbundene Vernichtung der Existenz von Vielen scheint die sozialistische Perspektive als Fernziel begraben zu haben. Vorbei die kühnen Entwürfe für eine befreite Menschheit, und vorbei scheint damit auch die radikale Kritik am gegenwärtigen Kapitalismus. Auf der anderen Seite hat auch die Realpolitik der Sozialdemokraten den Druck, Arbeiterpolitik zu sein, abgeworfen und sich mit der Politik der Neuen Mitte ins liberal Opportune verabschiedet. Wie kann man also jetzt noch revolutionäre Realpolitik anstreben?

Wir leben in der paradoxen Welt, in der die Leichenreden auf Marxismus und sozialistische Perspektive auf offene Ohren stoßen und zugleich zum ersten Mal der Kapitalismus weltweit herrscht und dabei Krisen riesigen Ausmaßes vorantreibt – ganz wie dies schon im *Kommunistischen Manifest* prognostiziert wird. Die Aktualität des Marxismus gibt der Grabrede auf ihn einen schrillen Missklang. Zugleich mit der Notwendigkeit, in radikaler Kapitalismuskritik Alternativen zu suchen, wächst auch die Dringlichkeit von Sozialreformen, um die schlimmsten Härten abzufangen. Ohne die Systemkonkurrenz bauen die kapitalistischen Staaten die sozialen Maßnahmen ab, verzichten auf Sozialstaat und auf den Anschein, es könne sich bei den westlichen Industrieländern um Modelle des Wirtschaftens und Zusammenlebens handeln, die beispielhaft und Vorboten sind für die ›nachholende Entwicklung‹ der übrigen Welten.

Ist es unter diesen Bedingungen nützlich, Luxemburgs revolutionäre Realpolitik für die Praxis alternativer Politik heute zu studieren?

Im Vorwort zum Diskussionsband mit dem sprechenden Titel *Unterhaltungen über den Sozialismus nach seinem Verschwinden* (2002, 9f) entscheidet Wolfgang Fritz Haug bündig:

> »Es scheint uns goldrichtig, die Spannung zwischen utopisch anmutender Vision und tatsächlicher Politikfähigkeit (d.h. auch Koalitionsfähigkeit) produktiv zu machen und auf keinen Fall den einen Pol dem anderen zu opfern. Wir finden es richtig, für die Gegenwart das zu aktualisieren, was Rosa Luxemburg einst ›revolutionäre Realpolitik‹ genannt hat und was in der Sprache der westdeutschen Jungsozialisten ›systemüberwindende Reformen‹ hieß – auch wenn die Worte heute andere sein mögen. Angesichts der Tatsache, dass der vom *Kommunistischen Manifest* vorauseilend beschriebenen Vollendung des kapitalistischen Weltmarkts heute unter dem Deckwort ›Globalisierung‹ täglich mehr Realität zuwächst, halten wir es für geboten, keinen Moment die Augen davor zu verschließen, dass wir im Kapitalismus leben und dass ohne kritische Theorie des Kapitalismus noch nicht einmal liberale Demokratie, geschweige denn sozial-ökonomische und ökologische Reformpolitiken realitätstüchtig betrieben werden können. Dies ist ein Stolperstein für so manche Schönredner.«

Wie aber kann das Denken des radikal Anderen, welches insbesondere in allen Formen des Linksradikalismus zur Abkehr von möglicher konkreter Politik innerhalb der kapitalistischen Gesellschaft führte, und auf der anderen Seite das Einlassen in praktische Alltagspolitik auf dem Boden des Parlamentarismus, wie es die Reformkonzepte der Sozialdemokraten über viele Jahrzehnte und schließlich auch der Grünen auszeichnet, aus der lähmenden Opposition von Linksradikalismus versus Opportunismus herausgeholt werden?

Rosa Luxemburg verschiebt solche polaren Gegensätze; nicht in ein bequemes Sowohl-als-auch sondern, komplizierter, in ein Wechselverhältnis. Die reformerischen Handlungen werden wie Eisenfeilspäne im Magnetfeld des sozialistischen Fernzieles ausgerichtet und darin orientiert. Um diese Praxis aufzuschlüsseln, studieren wir, was sie theoretisch zum Verhältnis von Reform und Revolution schrieb und wie sie praktisch in ihren tagespolitischen Reden und beim Gründungsparteitag der KPD von 1918/19 verfuhr. Das Thema beschäftigt sie von ihren frühen Schriften an bis zu ihrem Tod. Eine klare Kontinuität in ihren Auffassungen wird ebenso deutlich wie eine fortwährende, auf ihre eigene Politik bezogene Kritik. Das macht ihre Politik zugleich undogmatisch und dennoch prinzipiell. So versteht sie Marxismus als Denken, Politik und Methode, die auf ihn selbst angewandt gehört.[47]

Auseinandersetzung in der Sozialdemokratie

Als Rosa Luxemburg 1898 aus der Schweiz nach Deutschland in die Sozialdemokratie, die Partei von Marx und Engels kam, war diese eine starke, schnell wachsende Organisation mit »über 70 Zeitungen mit einer Gesamtauflage von 400 000 Exemplaren« (zit. Laschitza 2002, 82). Fast 1,8 Millionen Wähler hatten 1893 für die SPD gestimmt, was ihr 23,3 % der Sitze brachte. Luxemburg warf sich sogleich in den neuen Wahlkampf, hielt Reden, schrieb Flugblätter und begann mit theoretischen Artikeln in der *Leipziger Volkszeitung*, in der die prinzipiellen Parteidebatten geführt wurden. 1898 hatte gerade die *Bernsteindebatte* begonnen, in die Luxemburg eingreifen wollte. Bernstein war marxistischer Theoretiker und noch Kampfgefährte von Marx, war aber inzwischen (ab 1896/97) zu der Überzeugung gelangt, dass der Marxismus »der revolutionären Phraseologie« entkleidet gehöre.[48] Gegen die Rede vom »Endziel« setzte er auf die allgemeine Bewegung der Gesellschaft in den sozialen Fortschritt. Gegen Bernstein schrieb Luxemburg eine Artikelserie für die *Leipziger Volkszeitung*, die diese 1899 als Sonderbroschüre unter dem Titel *Sozialreform oder Revolution* herausgab. Luxemburg schreibt in ihrem Vorwort:

> »Für die Sozialdemokratie besteht zwischen der Sozialreform und der sozialistischen Revolution ein unzertrennlicher Zusammenhang, indem ihr der Kampf um die Sozialreform *das Mittel*, die soziale Umwälzung aber *der Zweck* ist.« (1/1, 369)

Luxemburg hat so den Zusammenhang von Reform und Revolution als eine Art politisches Manifest schon zu Beginn ihrer Arbeit in der Sozialdemokratie herausgestellt. Als ständige Herausforderung, als Widersprechen vertrat sie diese Auffassung in einer Sozialdemokratie, die sich in eine Partei des harmonischen sozialen Fortschritts verwandelte, bis zu dem Zeitpunkt, da der Ausbruch des Ersten Weltkriegs ihr in der Sache recht gab – die bürgerliche Gesellschaft legte den Schafspelz ab und wurde zur

47 Neben ihrer Bernsteinkritik von 1899 *Sozialreform oder Revolution* (zit. als SoR) und *Krise der Sozialdemokratie* (zit. als *Krise*) sind eine Vielzahl von kleineren Reden, Programmtexten und Zeitungsartikeln aufgenommen, zum Teil aus *Wirtschaftliche und sozialpolitische Rundschau* (zit. als *WR*); andere werden jeweils an entsprechender Stelle, wenn es wichtig scheint, direkt mit dem gesamten oder einem Kurztitel nachgewiesen.

48 Brief an Leo Jogiches vom 12. März 1894, GB 1, 50.

»reißenden Bestie« (4, 53). Jetzt wurde ihre Agitation auch für sie selbst lebensbedrohlich. Sie kam ins Gefängnis, in Sicherheitsverwahrung. Als sie im August 1914 in der *Leipziger Volkszeitung* schon nicht mehr schreiben konnte, gründete sie zusammen mit anderen, die sich die Gruppe »Internationale« nannten, eine Zeitschrift gleichen Namens, die 1915 mit einer ersten Nummer erschien und sogleich von den Militärbehörden verboten wurde. Lenin schrieb dazu:

> »Faktisch wächst, erstarkt, organisiert sich eine neue Partei, eine wirkliche Arbeiterpartei, eine wirklich revolutionäre sozialdemokratische Partei.« (LW 21, 243f)

Aus der Gruppe entwickelte sich der Spartakusbund, dann 1918/19 die Kommunistische Partei. Der Spartakusaufstand, in dessen Folge Luxemburg ermordet wurde, war als Beginn einer Revolution auch das Ende von Realpolitik.

Zu erkunden sind also fast drei Jahrzehnte revolutionärer Realpolitik. Beginnen wir mit dem Ende, mit dem Parteitag zur Gründung der Kommunistischen Partei (1918/19). Hier hält sie den Linksradikalen (der Gruppe um Rühle[49]), die aus grundsätzlichem Antiparlamentarismus zum Wahlboykott aufriefen, entgegen, dass es nicht darum gehe, für oder gegen das Parlament zu sein, sondern »um die geistige Revolutionierung der Massen«. In unserer heutigen von Sachzwängen und Enttäuschungen abgemagerten politischen Sprache hört es sich verwegen an und zugleich unerhört aktuell:

> »Wir wollen innerhalb der Nationalversammlung ein siegreiches Zeichen aufpflanzen, gestützt auf die Aktion von außen. Wir wollen dieses Bollwerk von innen heraus sprengen. Wir wollen die Tribüne der Nationalversammlung und auch diejenige der Wählerversammlungen.« (4, 483)

Die politische Strategie setzt auf den parlamentarischen Kampf, gestützt und verknüpft mit außerparlamentarischer Bewegung. Luxemburg kritisiert Engels, der (in seinem Todesjahr 1895, unter dem Druck der Reichstagsfraktion und schlecht informiert) den parlamentarischen Kampf als Gegensatz zur »direkten revolutionären Aktion [...] und geradezu als das einzige Mittel des Klassenkampfes betrachtet« (490) und damit dem reinen Nur-Parlamentarismus der SPD seinen Segen gab. Engels tat dies, um sie

> »vor anarchistischen Entgleisungen zu retten [...]. Von nun an beherrschte diese Auffassung tatsächlich die deutsche Sozialdemokratie in ihrem Tun und Lassen, bis wir das schöne Erlebnis am 4. August 1914 gehabt haben. Es war die Proklamierung des Nichts-als-Parlamentarismus« (491).

49 Otto Rühle und Karl Liebknecht hatten als Einzige im Reichstag gegen die Bewilligung der Kriegskredite gestimmt.

Das »schöne Erlebnis«, die Bewilligung der Kriegskredite durch die sozialdemokratischen Parlamentarier, war Ergebnis der »Versumpfung und Verlotterung der Arbeiterbewegung« (492), gegen die eine »linke Gruppe« schon auf jedem Parteitag protestiert hatte. Diese Auflehnung, die sich auf Marx berief, wurde als »Antimarxismus gestempelt«. Denn der

> »offizielle Marxismus sollte als Deckmantel dienen für jede Rechnungsträgerei [...], für jede Halbheit, die die deutsche Sozialdemokratie und überhaupt die Arbeiterbewegung, auch die gewerkschaftliche, zu einem Dahinsiechen im Rahmen und auf dem Boden der kapitalistischen Gesellschaft verurteilte, ohne jedes Bestreben, die Gesellschaft zu erschüttern und aus den Fugen zu bringen.« (Ebd.)

Nach Engels' Tod hatte Karl Kautsky die »theoretische Führung« der Sozialdemokratie übernommen und stützte eine Politik, die Marxismus als bloße Fassade betrieb.

Auf dem Gründungsparteitag geht es allerdings nicht weiter um Sozialreform und/oder Revolution; die Parteigründung fällt selbst in den Beginn der Revolution. Im Programm, das dem des Spartakusbundes folgt, sind die Sozialreformen – genannt sind z.B. Verkürzung der Arbeitszeit auf sechs Stunden zur Steuerung der Arbeitslosigkeit oder »gründliche Umgestaltung des Ernährungs-, Wohnungs-, Gesundheits- und Erziehungswesens im Sinne und Geiste der proletarischen Revolution« (4, 446f) – zugleich als Aufbau von Sozialismus gefasst, d.h. sie setzen die Übernahme der politischen Macht durch Räte voraus und damit auch die gesicherte Durchführung der Enteignung privaten Vermögens und Überführung privater Betriebe und Banken in sozialistische Genossenschaften.

Theoretische Annäherung

Für den revolutionären Umgang mit Reformpolitik im Kapitalismus gehen wir zurück an den Anfang, an Luxemburgs ersten großen Auftritt in der Sozialdemokratie: An ihrer Bernsteinkritik kann man studieren, wie sie sich die einzelnen Dimensionen der Frage nach Reform oder Revolution zurechtlegt. Sie greift nicht Bernsteins Theorie über »die praktischen Aufgaben der Sozialdemokratie« an, ja sie lehnt es ausdrücklich ab, sich damit zu befassen:

> »Zunächst und formell unterscheidet sie sich gar nicht von der bisher üblichen Praxis des sozialdemokratischen Kampfes. Gewerkschaften, der Kampf um die Sozialreform und um die Demokratisierung der politischen Einrichtungen, das ist das Nämliche, was auch sonst den Inhalt der sozialdemokratischen Parteitätigkeit ausmacht.« (*SoR*, 1/1, 400)

Das Hauptproblem sei, dass Bernstein die Sozialreform als Selbstzweck fasse und so der »praktische Tageskampf der Sozialdemokratie in letzter Linie überhaupt jede Beziehung auf den Sozialismus« (401) verliere. Grund dafür sei, und dies also ist der wesentliche Streitpunkt, seine Auffassung über »die objektive Entwicklung der kapitalistischen Gesellschaft« (373). Zwar stünden die praktischen Aufgaben der Partei und das Denken des Kapitalismus in einem Zusammenhang, jedoch nicht so, dass jede Handlung für sich entweder reformistisch oder revolutionär ist. Es gibt einen spannungsreichen Vermittlungszusammenhang zwischen Nah- und Fernziel. In der heutigen innerlinken Auseinandersetzung, ob die einzelnen Schritte für sich als links oder rechts beurteilbar wären, ist Luxemburgs Argumentation hilfreich. Man kann in jeder Diskussion überrumpelt werden dadurch, dass die eigenen Positionen in einzelnen Fragen plötzlich in einem Kontext auftauchen, der als konservativ identifizierbar ist. So z.B. kann die Forderung aus der Frauenbewegung nach Anerkennung von Hausarbeit für sich genommen ebenso in den Kontext einer alternativen Organisation von Gesellschaft eingepasst werden wie in eine konservative Politik der Festigung der Kleinfamilie mit den alten Arbeitsteilungen oder in das neoliberale Projekt zur Zukunft der Arbeit.[50] Wesentlich ist also jeweils der Bezug zum Fernziel, die sozialistische Perspektive. Das bestimmt, wie mit den einzelnen tagespolitischen Fragen umgegangen wird.

Umgang mit Widersprüchen

Bernstein nimmt Abschied von der von Luxemburg weiter eingeschärften Annahme, dass sich die kapitalistische Gesellschaft in

> »unlösbare Widersprüche verwickelt, die im Schlussresultat eine Explosion notwendig machen, einen Zusammenbruch[51], bei dem wir den Syndikus spielen werden, der die verkrachte Gesellschaft liquidieren wird« (*Stuttgarter Parteitag 1898*, 1/1, 237).

So spricht Luxemburg bei ihrem ersten öffentlichen Auftritt in der deutschen Sozialdemokratie. Schreiben wir die Wortwahl und die große Sicherheit

50 Vgl. dazu exemplarisch Giarini und Liedtke 1998.

51 Luxemburg gilt als ›Zusammenbruchs-Theoretikerin‹; sie benutzt dieses Wort Zusammenbruch immer wieder, auch unter Berufung auf Marx. Dabei nimmt sie, wie weiter unten gezeigt wird, gar nicht an, dass die Gesellschaft wirklich zusammenbricht. Sie geht vielmehr davon aus, dass der Kapitalismus weit über die Zeit, in der er noch die gesellschaftliche Entwicklung vorantreibt, also ein ›historisches Recht‹ hat, Dauer haben wird. Dies eben wird die zunehmende Katastrophe kapitalistischer Gesellschaften. Es kommt also jeweils darauf an, durch die Wortwahl hindurch das Gemeinte sorgfältig zu entziffern. Vgl. hierzu auch die Ausführungen zum »Endziel« im Folgenden.

über die Zukunft ihrer Jugend zu – und nehmen als haltbares Element die Frage der Widersprüche, in die sich »die Gesellschaft verwickelt«, in denen also Politik zu machen ist.

Die Spannung zwischen Weg und Ziel, zwischen politischen Tagesaufgaben und dem, worum es sich perspektivisch zu streiten lohnt, muss in praktische, theoretisch begründete Politik transformiert werden. Luxemburg führt selbst nirgends aus, wie dies genau programmatisch zu machen ist, ja sie rechtfertigt selbst noch, dass solches theoretische Festhalten von Bewegungspolitik kaum möglich ist:

> »Grundsätze der Sozialdemokratie lassen sich ebenso wenig aus Broschüren und Vorträgen allein erfassen, wie sich das Schwimmen im Studierzimmer erlernen lässt. Nur auf hoher See des politischen Lebens [...] kann das Proletariat in sozialdemokratischer Richtung geschult werden« (*Französische Einigung*, 1/1, 659).

Von Marx übernimmt sie das Setzen auf die Bewegung als Anleitung für die politische Praxis. Im Kontext seiner Kritik des *Gothaer Programms* schreibt er:

> »Jeder Schritt wirklicher Bewegung ist wichtiger als ein Dutzend Programme.« (MEW 19, 13)[52]

Notwendige Dimension revolutionärer Realpolitik ist der Bezug der Tagesaufgaben auf das sozialistische Fernziel. Dazu braucht es das Parlament ebenso wie die Demokratie. Letztere sei für die Bourgeoisie (nach dem Sieg über die Feudalklasse) »überflüssig bis hinderlich«, aber

> »für die Arbeiterklasse dafür notwendig und unentbehrlich. Sie ist erstens notwendig, weil sie politische Formen (Selbstverwaltung, Wahlrecht usw.) schafft, die als Ansätze und Stützpunkte für das Proletariat bei seiner Umgestaltung der bürgerlichen Gesellschaft dienen werden. Sie ist aber zweitens unentbehrlich, weil nur in ihr, nur im Kampf um die Demokratie, in der Ausübung ihrer Rechte das Proletariat zum Bewusstsein seiner Klasseninteressen und seiner geschichtlichen Aufgaben kommen kann.« (*SoR*, 1/1, 432)

Die Tagesaufgabe der Verbesserung der Lage der Arbeitenden ist selbst keine sozialistische Politik, ein Umstand, der für die mit der Tagespolitik beschäftigten sozialistischen Parlamentarier schwierig wird[53], und doch ist ebendiese reformerische Tagespolitik zugleich Mittel, Element, ja Notwendigkeit, um sich dem Ziel der gesellschaftlichen Umgestaltung in sozialistischer Perspektive zu nähern. Die Lösung zum Begreifen dieses Paradoxes liegt in Luxemburgs Vorstellung von Politik, die sie als eine Politik von unten fasst; und in ihrer Auffassung der Subjekte, der ›Masse‹, die sie als Menschen in kapitalistischen Verhältnissen weiß, die sich selbst überzeu-

52 Brief an Wilhelm Bracke, 5. Mai 1875.

53 Dazu ausführlich später in Kapitel 5.

gen müssen, aktiv für die Umwälzung ihrer gesellschaftlichen Bedingungen einzutreten. Dies kann nur dadurch geschehen, dass sie bewusst politische Erfahrungen machen.

Standpunkt und Perspektive

Die Schwierigkeit, die auseinanderstrebenden Kräfte zusammenzuhalten, führt im Alltagsgeschäft fast notwendig dazu, zunächst ein ›erst das eine, später das andere‹ zu denken, was wiederum dazu führt, ein das Tagesgeschäft übergreifendes Ziel aus den Augen zu verlieren. Luxemburg äußert sich zur Problematik des Verhältnisses von sozialistischer Perspektive und reformerischer Tagespolitik von Anfang an:

> »[...] dass sich in unserer Partei ein äußerst wichtiger Punkt verdunkelt hat, nämlich das Verständnis von der Beziehung zwischen unserem Endziel und dem alltäglichen Kampfe [...]. Ich behaupte [...], dass für uns als revolutionäre, als proletarische Partei *keine praktischere Frage existiert als die vom Endziel* [...]. Worin besteht eigentlich der sozialistische Charakter unserer ganzen Bewegung? Der eigentliche praktische Kampf zerfällt in drei Punkte: den gewerkschaftlichen Kampf, den Kampf um die Sozialreform und den Kampf um die Demokratisierung des kapitalistischen Staates. Sind diese drei Formen unseres Kampfes eigentlicher Sozialismus? Durchaus nicht.« (*Stuttgarter Parteitag*, 1/1, 236)

Luxemburg führt im Einzelnen vor, wie die gewerkschaftliche, die sozialreformerische, die bürgerlich demokratische Politik keineswegs zu irgendeiner Art von Sozialismus führen, und setzt dagegen:

> »Was macht uns dann in unserem alltäglichen Kampfe zur sozialistischen Partei? Es ist nur die Beziehung dieser drei Formen des praktischen Kampfes zum Endziel. Nur das Endziel ist es, welches den Geist und Inhalt unseres sozialistischen Kampfes ausmacht, ihn zum Klassenkampf macht. Und zwar müssen wir unter dem Endziel nicht verstehen [...] diese oder jene Vorstellung vom Zukunftsstaat, sondern das, was einer Zukunftsgesellschaft vorangehen muss, nämlich die Eroberung der politischen Macht.« (237)

Die Rede vom *Endziel* findet sich durchgängig bei Luxemburg. (In der Kritik an Bernstein mag es zusätzlich überbetont sein, weil er eben dies als »revolutionäre Phraseologie« angriff.) Das Wort suggeriert eine mechanische Gewissheit und einen Abschluss. Liest man aufmerksam, so findet man zugleich eine Historisierung, die aber immer noch eine Vorstellung von Sozialismus als ein Ziel begreift, nachdem die Widersprüche und Kämpfe zu einem Ende gekommen sind.[54] Luxemburg berichtet davon, dass Marx

54 Zugleich wird eine solche Vorstellung in ihrer Kritik an der Russischen Revolution (vgl. das fünfte Kapitel) revidiert.

und Engels, die bis 1848 glaubten, dass der Sozialismus sehr bald erreichbar sei, dann aber, »als man die Irrtümer, die Illusionen des Jahres 1848 revidierte«, zu der Auffassung gelangten »nun habe das Proletariat noch eine unendlich weite Strecke vor sich« (*Gründungsparteitag*, 4, 493).

> »Natürlich, ernste Theoretiker haben sich nie damit abgegeben, irgendwelche Termine für den Zusammenbruch des Kapitalismus als verpflichtend und sicher anzugeben; aber irgendwie dachte man sich die Strecke noch sehr lang« (ebd.).

In der *Akkumulation des Kapitals* polemisiert sie gegen diejenigen, die aus dem Fall der Profitrate den Zusammenbruch errechnen wollen:

> »[…] hat es mit dem Untergang des Kapitalismus […] noch gute Wege, so etwa bis zum Erlöschen der Sonne« (5, 446, Fn.).

Den Imperialismus begreift sie zugleich als die Form, die den Kapitalismus verlängert, also als eine weitere Form, seine Widersprüche auszutragen, und als die Form, in der er an seine Grenzen stößt, weil er sich die restlichen Produktionsweisen einverleibt, die er aber als nicht-kapitalistische zu seiner weiteren Akkumulation braucht.[55] Damit sei

> »nicht gesagt, dass dieser Endpunkt pedantisch erreicht werden muss. Schon die Tendenz zu diesem Endziel äußert sich in Formen, die die Schlussphase des Kapitalismus zu einer Periode der Katastrophen gestalten.« (5, 391f)

Zur Zeit der Novemberrevolution 1918, da Luxemburg glaubte, »dass wir heute Ernst machen können, den Kapitalismus aus der Welt zu schaffen« (ebd.), gibt sie dem »Endziel« ein Datum: »70 Jahre der großkapitalistischen Entwicklung haben genügt« (4, 493). Aber gerade indem sie den revolutionären Prozess selbst als Ziel schreibt, wäre auch hier das Wort »Endziel« unangebracht. Für uns Heutige sind Worte wie ›sozialistische Perspektive‹, ›Fernziel‹ oder auch ›utopischer Horizont‹ für die Richtung einer Orientierung von Tagespolitik angemessener.

Unter »Eroberung der politischen Macht«, die einer »Zukunftsgesellschaft vorangehen« muss, von der im obigen Zitat die Rede ist (1/1, 237), versteht Luxemburg nicht die Übernahme der Regierung des bürgerlichen Staates durch eine ausreichende Vermehrung sozialdemokratischer Mandate, was sie »unfühlbares, allmähliches Hinübergleiten ins sozialistische Jenseits« nennt. Die Verknüpfung mit dem »Endziel« und das Wort »Erobe-

55 Wolfgang Fritz Haug arbeitet in seinem Beitrag zu *Luxemburgs Dialektik* heraus, dass sie im Grunde weder von Gewissheiten noch von der Festlegung auf ein Endziel ausging, sondern ihre Aussagen als solche über Tendenzen zu lesen sind. »Der Tendenzbegriff erlaubt es, den Zusammenbruch als Moment der Aufrechterhaltung des Kapitalismus und damit die Normalität von Krise und Gewalt zu denken.« (2005, 247)

rung« zielen eindeutig auf den revolutionären Prozess, die »Abschaffung der kapitalistischen Ordnung« (*Nachbetrachtungen zum Parteitag,* 1/1, 245).

In der Bernsteinkritik spitzt sie die Fragen zu, schon weil die tagespolitischen Erfolge der wachsenden Sozialdemokratie dem reformerischen Weg von Bernstein recht zu geben scheinen.

> »Da aber das sozialistische Endziel das einzige entscheidende Moment ist, das die sozialdemokratische Bewegung von der bürgerlichen Demokratie und dem bürgerlichen Radikalismus unterscheidet, das die ganze Arbeiterbewegung aus einer müßigen Flickarbeit zur Rettung der kapitalistischen Ordnung in einen Klassenkampf gegen diese Ordnung, um die Aufhebung dieser Ordnung verwandelt, so ist die Frage ›Sozialreform oder Revolution?‹ im bernsteinschen Sinne für die Sozialdemokratie zugleich die Frage: Sein oder Nichtsein?« (1/1, 370)

Gerade weil die Arbeiter durch die Reformen für den opportunistischen Weg gewinnbar sind, die parlamentarischen Erfolge der Sozialdemokraten ihnen einleuchten, stellen sich der Partei schwierigere Aufgaben, die Erkennen und Begreifen, also theoretische Schulung unabdingbar machen.

> »Die Anforderungen, die der Kampf mit der opportunistischen Richtung an die theoretische und taktische Ausbildung der Partei stellt, sind unvergleichlich höher, als es bei dem Kampf mit dem Anarchismus der Fall war.« (*Nachbetrachtungen,* 244)

Dieser Kampf also gegen den opportunistischen Weg braucht zwei »Reifestadien«: dass die eingreifenden Subjekte überzeugt sind und dass die ökonomischen Verhältnisse sich katastrophal zuspitzen. Es geht also um die Formierung der Menschen zur

> »klassenbewussten Volksmasse, die selbst nur das Produkt eines beginnenden Zusammenbruchs der bürgerlichen Gesellschaft sein kann, deshalb in sich selbst die ökonomisch-politische Legitimation ihrer zeitgemäßen Erscheinung trägt« (1/1, 434).

Die Worte ›Endziel‹, ›Zusammenbruch‹, ›Eroberung der politischen Macht‹ passen uns nicht, weil sie undialektisch Gewissheit verkünden, wo wir um Niederlagen wissen. Und doch stehen sie genau in einem widersprüchlichen Zusammenhang, sind also selbst die Begriffe, die das Agieren in Widersprüchen transportieren sollen. Es geht nämlich darum, den Arbeitermassen, die von den Erfolgen der Reformpolitik gewonnen werden, klarzumachen, dass der Frieden trügerisch ist, dass die Erfolge den bürgerlichen Staat festigen, gerade da, wo er schon erschüttert ist. Es ist aber notwendig, klar zu sehen, nicht aus Prinzip, sondern *weil der Kapitalismus in Katastrophen treibt.*

Die Begriffe stehen nicht für mechanische Vorgänge. Luxemburg geht es um das, was Gramsci später als Kampf um Hegemonie fasst und was sie

»die geistige Revolutionierung der Massen« nennt, die zugleich ein langwieriger praktischer und theoretischer Selbstbewegungsprozess ist, wie sie schließlich auch in eine praktische Übernahme mündet, in einen revolutionären Akt. In dieser Weise hängen Bewegung und Ziel zusammen. Das Zusammenwirken von Masse und Führung, reformerische Tagespolitik als Praxisfeld, der Kampf auf dem Boden der Demokratie und um sie und revolutionäres Ziel sind nur im Zusammenhang zu begreifen.

> »Die Gesetzgebung und die Revolution sind also nicht verschiedene Methoden des geschichtlichen Fortschritts, [...] sondern verschiedene *Momente* in der Entwicklung der Klassengesellschaft, die einander ebenso bedingen und ergänzen, zugleich aber ausschließen, wie z. B. Nordpol und Südpol, wie Bourgeoisie und Proletariat.« (*SoR*, 1/1, 428)

Was als Alternative auftrat, wird von Luxemburg als komplementärer Gegensatz ausbuchstabiert. Folgen wir ihr beim Politikmachen und destillieren heraus, was nicht nur das Spezifische ihrer Politik, sondern damit auch, was allgemein »revolutionäre Realpolitik« sein könnte, und prüfen zugleich ihre Aktualität, ihren möglichen Nutzen für heute.

Bruch mit bisheriger Politik

Im Bestehenden muss Politik gemacht und politische Handlungsfähigkeit errungen werden in der Perspektive einer großen Veränderung. Grundlage dafür bleibt Luxemburgs Einschätzung der kapitalistischen Produktionsweise. Wesentliches Charakteristikum ist die Entwicklung der Produktivkräfte. Darunter fasst sie die ständigen Neuerungen und Errungenschaften dieser Produktionsweise, die sie – wie auch schon Marx – begeistern, was sie nicht hindert, deren Gewalttätigkeit gegen Menschen und gegen Natur als Wegbegleiter kapitalistischen Fortschritts aufs Schärfste anzuprangern. Als wissenschaftliche Entdeckung von Marx gilt ihr die Analyse des zentralen Widerspruchs kapitalistischer Gesellschaften, des Ineinanders von einerseits Vergesellschaftung im Sinne einer Weiterentwicklung zu immer mehr Möglichkeiten eröffnenden Formen des Produzierens und Zusammenlebens und von andererseits Ausbeutung und Zerstörung. Insofern begrüßt sie die Entwicklung der Produktivkräfte (etwa Bau von Eisenbahnlinien, Wasserstraßen usw.), ohne zugleich die brutale Durchführung zu übersehen[56]:

> »Sie [Bau von Panamakanal und Kanal durch den Nicaragua-See] zeigen auch wiederum, welche kolossalen Produktivkräfte im Schoße unserer Gesellschaft

56 Vgl. dazu die Kritik an Christel Neusüß im ersten Kapitel. Der Gang der Auseinandersetzung macht es zuweilen notwendig, ein Zitat doppelt zu verwenden.

> schlummern und welchen Aufschwung der Fortschritt und die Kultur nehmen werden, wenn sie einmal die Fesseln des kapitalistischen Interesses losgeworden sind.« (1/1, 283)

Die einzige, überlebensnotwendige Möglichkeit, der Gewalt und Zerstörung Einhalt zu gebieten, ist die Übernahme der Gesellschaft durch die Assoziation der Produzierenden im weiteren Sinn, deren Herausbildung Luxemburg antizipierte und deren mögliche Vernichtung im blutigen Kampf sie befürchtete. Diese »Produzierenden« begriff sie zugleich selbst als Werdende in der kapitalistischen Vergesellschaftung, als Menschen oder als Volk (hier geht sie deutlich über die Vorstellung hinaus, es seien wesentlich nur die Arbeiter gemeint), die alle Entwicklung als Werk ihrer Hände begreifen müssten, um Gesellschaft als eigenes Projekt überhaupt gestalten zu können. Der Prozess ist zugleich als einer der Selbstveränderung wie der Veränderung von Gesellschaft gedacht. Hier überträgt sie Marx' *Thesen über Feuerbach* unmittelbar in lebendige Politik.

In der Schrift zum zwanzigsten Todestag von Marx (1903) formuliert sie den Bruch mit bisherigen Politiken und gibt ihrer eigenen Politik jetzt auch den Namen *revolutionäre Realpolitik*:

> »Vor allem aber, was gibt uns einen Maßstab bei der Wahl der einzelnen Mittel und Wege im Kampfe, zur Vermeidung des planlosen Experimentierens und Kraft vergeudender utopischer Seitensprünge? Die einmal erkannte Richtung des ökonomischen und politischen Prozesses in der heutigen Gesellschaft ist es, an der wir nicht nur unseren Feldzugsplan in seinen großen Linien, sondern auch jedes Detail unseres politischen Strebens messen können. Dank diesem Leitfaden ist es der Arbeiterklasse zum ersten Mal gelungen, die große Idee des sozialistischen Endziels in die Scheidemünze der Tagespolitik umzuwechseln und die politische Kleinarbeit des Alltags zum ausführenden Werkzeug der großen Idee zu erheben. Es gab vor Marx eine von Arbeitern geführte bürgerliche Politik, und es gab revolutionären Sozialismus. Es gibt erst seit Marx und durch Marx *sozialistische Arbeiterpolitik*, die zugleich und in vollstem Sinne beider Worte *revolutionäre Realpolitik* ist.« (1/2, 373)

Die Unterscheidung zur bürgerlichen Politik, die ja auch alltäglich und real sein muss, sieht sie im Standpunkt, von dem aus Politik gemacht wird. Einmal ist es der der *»materiellen Tageserfolge«*, einmal der *»der geschichtlichen Entwicklungstendenz«* (ebd.). Als Beispiel nehme man ihre Politik gegen Schutzzölle. Kautskys Zurückweisung derselben kritisiert sie als halbherzig und bloß »zweckmäßig«; sie wende sich gegen

> »bloße *Begleiterscheinungen* des Schutzzolles – Verteuerung der Lebensmittel, Kartellwesen, Stärkung des Militarismus, Störung der Internationalität« (1/1, 247).

Sie dagegen besteht darauf, alle Schutzzölle als »reaktionär« zu zeigen, dies vom Standpunkt der allgemeinen kapitalistischen Entwicklung. Kautsky richte seine Politik an den »Tagesinteressen der Arbeiter« aus, statt sie vom Fernziel her zu begründen, welches mit der Beschleunigung der kapitalistischen Entwicklung einhergehe, nicht mit ihrer Verlangsamung. Kautsky also denke nicht,

> »wir *müssen* gegen den Schutzzoll sein, weil er von der kapitalistischen Entwicklung *überholt* worden ist, sondern: Wir *dürfen* gegen den Schutzzoll sein, weil er für die Industrie nunmehr *überflüssig* ist« (248).

In dieser Weise mache er das sozialdemokratische Verhalten von der Entwicklung der deutschen Industrie abhängig. Es gelte, vom Standpunkt allgemeiner kapitalistischer Entwicklung Politik zu machen, nicht so, wie es der jeweilige Standort opportun erscheinen lasse, sondern »prinzipiell«. Luxemburg nimmt damit zugleich an, dass die revolutionäre Dimension der Politik auch darin besteht, dass

> »sie sich bewusst nur als das Vorstadium des Aktes betrachtet, der sie zur Politik des herrschenden und umwälzenden Proletariats machen wird« (1/2, 374).

Die Formulierungen zeigen Luxemburgs Konzeption von Politik in klarem Licht. Sie ist nämlich immer noch Politik unter bestehenden Herrschaftsverhältnissen und daher selbst auch eine Form, die mit beherrschten Subjekten rechnet und mit Brüchen im politischen Alltag. Sie ist keinesfalls sozialistische Politik, wie sie für den Aufbau einer alternativen Gesellschaft konzipierbar wäre.[57]

Zur Methode: Die Scheidemünze der Tagespolitik

Versuchen wir aus den politischen Alltagsreden und -schriften zu entziffern, wie Rosa Luxemburg ihre theoretischen Leitlinien in praktische Politik übersetzt. Hier konzipiert sie *revolutionäre Realpolitik* zunächst als Aufklärung und Information über die »Fortschritte« in der Gesellschaft. Da aber solche Fortschritte niemals an sich und für alle, also allgemein Fortschritte sind, sondern z. B. aus »niederen Interessen«, wie etwa Profitgier

57 Diese Politik, die Luxemburg sich nach der Übernahme der Macht vorstellt, ist im Programm des Spartakusbundes, der Grundlage für den Gründungstext der Kommunistischen Partei wurde, dokumentiert (4, 445ff). In der kleinen Schrift *Sozialisierung der Gesellschaft* (4, 431ff) sind die Voraussetzungen, was die Menschen und ihre Haltungen betrifft, und die Ziele – »ein Volk von Arbeitenden«, »wo alle für alle arbeiten« mit »ganz anderer Gestaltung der Arbeit« – ausgeführt und zur Debatte um Grundeinkommen ohne Bedingung usw. zur Aneignung und Diskussion empfohlen. Vgl. auch den Abschnitt *Epilog* am Ende dieses Kapitels.

ohne Rücksicht, durchgesetzt werden, gilt es, den ihnen innewohnenden, die Menschheit bereichernden Teil herauszuarbeiten und die besonderen gewalttätigen Anteile dem Zorn und der Empörung des Volkes anheimzugeben. Sie nennt dies »die sozialistische Aufklärung der Arbeiterklasse im alltäglichen Kampfe« (1/1, 239). Daher bedarf *revolutionäre Realpolitik* in erster Linie der Analyse und deren Veröffentlichung in einer oppositionellen Presse. Berichtet wird vom Standpunkt des Volkes[58] aus; gesetzt wird auf das Gefühl von Gerechtigkeit.

Für uns Heutige sind ihre Zeitungsberichte schwer zu lesen. Nichts, so heißt es, ist so vergangen wie eine Zeitung von gestern. Die historischen Details scheinen wenig mehr als eine Ansammlung toter Fakten zu sein. Und doch lassen sich in Luxemburgs Umgang mit Statistiken und Ereignissen methodische Vorschläge für aktuelle Politik entdecken. Sie erweisen sich als noch nicht wieder eingeholte Schulung in Alltagspolitik.

Wir finden ausführliche Berichte mit detaillierten »objektiven« Angaben über Wirtschaftsfragen (etwa: 1/1, 278ff). Da gibt es (im Artikel *Wozu die Kolonialpolitik?*, 283f) genaue Daten über die Anzahl der Schiffe und die Namen der Linien, die im Außenhandel reisen, die genauen Summen der Erlöse und Angaben über das Handelswachstum. In dieser Weise bereitet sie die nötige Basis für überraschende Fragen zur Kolonialpolitik vor, die dann auf der Ebene des Alltagsverstandes gestellt werden können.

Dabei versucht sie ausdrücklich nicht, etwa über große Gewinnzahlen die Tatsache der Ausbeutung als Ungerechtigkeit in der Verteilung vorzuführen, wie es in linker Pressearbeit gewöhnlich geschieht. Dies scheint ihr nämlich im Gegenteil ein höchst untaugliches Mittel der Politik zu sein. – In der Schrift *Aus dem Nachlass unserer Meister* (1901, 1/2, 130ff) kritisiert sie beispielsweise scharf die neue Tendenz in der Arbeiterbewegung, das marxsche »Lehrgebäude zu zersetzen«:

> »Die Haupttendenz dieser ›Kritik‹ ist [...] die Ausscheidung gerade derjenigen Elemente, die bis jetzt als sein Hauptpfeiler galten: der historischen Begründung durch die objektive Notwendigkeit wie der wissenschaftlichen Begründung durch die ökonomische Analyse. Die rein empirische Beobachtung der Tatsache der Ausbeutung, des ›Mehrprodukts‹ soll genügen als Basis, das bloße Bewusstsein der ›Ungerechtigkeit‹ der Verteilung als Legitimation der sozialistischen Arbeiterbewegung« (137f).

58 Auch *Volk* ist ein Begriff, der nicht umstandslos mehr gebraucht werden kann. Bei Luxemburg, die ihn häufig benutzt, bezeichnet er die Masse der arbeitenden Menschen, an die Befreiungspolitik sich richtet. Der Klang, den das Wort hatte, ist heute am ehesten noch spürbar im *Pueblo*, in dem sich, besonders in Lateinamerika, die aufrührerische Bedeutung – ein Wort für die unten Gehaltenen, die so nicht bleiben wollen – erhalten hat. Im Deutschen ist das Wort nicht zuletzt durch die Nazis korrumpiert. Wie sprechen wir, wenn wir z. B. ein kollektives Subjekt – wie vielfältig auch immer – antikapitalistischer Politik denken wollen?

Als schlagendes Gegenargument führt sie an, dass solche Fakten seit langem bekannt waren und auch Marx lange von ihnen wusste, ohne dass dies selbst »dem Genius zur Schöpfung des wissenschaftlichen Sozialismus« (1842) ausreichte.

So ist der Nachweis von Ausbeutung für Luxemburg kein schlagendes Argument, sie bemüht sich dagegen, das Volk in die Widersprüche des Systems selbst zu verstricken. So fragt sie im obigen Beispiel, nachdem klar ist, was welche Handelsbewegung erbrachte, und wir daher gesehen haben, welche »miserablen Ergebnisse des Handels mit Deutsch-Afrika« es gab:

> »Wozu braucht denn Deutschland eigentlich die Kolonialpolitik? Gerade die Länder, deren Erwerbung und Erhaltung dem Volke eine Unmasse Geld kostete, sind für den deutschen Handel und die Industrie, um derentwillen sie angeblich erworben wurden, von einer Bedeutung, die gleich null ist.« (*WR*, 1/1, 284)

Und weiter:

> »Nicht kommerziellen und industriellen Aufschwung, bloß enorme Opfer an Gut und Blut und stets wachsende Gefahren für eine ruhige Entwicklung kann die Weltabenteuerpolitik dem deutschen Volke bringen.« (285)

Luxemburg nimmt das Ringen auf der Ebene der Hegemonie der herrschenden Klasse auf. Deren Propaganda, dass für das Volk und seinen Wohlstand Handelskriege geführt werden müssten, entgegnet sie nicht, wie man von links erwarten könnte, moralisch-antimilitaristisch und nicht auf der Ebene der Anrufung von Solidarität mit den zu unterwerfenden Völkern. Offenbar nimmt sie an, dass die Kriegspropaganda mit den Argumenten für den nationalen Wohlstand im Volk zustimmungsfähig ist. Die Zustimmung speist sich aus der Meinung, dass es den Regierenden tatsächlich um »Volkswohlstand« gehe. Dieses nimmt sie beim Wort und führt vor, dass es nicht stimmt, sondern im Gegenteil Volkes Geld und Blut ohne den versprochenen Wohlstand geopfert werde. Logisch zu Ende gedacht, würde solche politische Argumentation bedeuten, dass Kriege gerechtfertigt seien, wenn sie tatsächlich Handelsreichtum erbrächten. Luxemburg aber begreift Politik nicht als eine Sache logisch-mechanisch-geradliniger Argumentation und theoretischer Bemessung. Vielmehr geht es immer und überall darum, das Volk zu beteiligen, als säße es selbst an der Regierung.

Könnte man sagen, dass es eine Art Populismus von links ist? Es geht um eine spezifische Widerspruchsanordnung, in der die Einzelnen nicht gegen kommerziellen Aufschwung empört werden, sondern gegen die Staatspolitik, die, Hand in Hand mit bestimmten Monopolen, nicht mit der kapitalistischen Entwicklung insgesamt, solchen Aufschwung nicht unbedingt befördert. Dabei zeigt sie die Oberen als Gleiche bei der Zerstörung und gewinnt dadurch einen Maßstab, an dem die allgemeine Ungleichheit in solcher zerstörenden Gleichheit gezeigt werden kann. Das Mittel ist nicht die Belehrung, sondern die *bestimmte* Information. Angeknüpft wird an Bestandteile im Alltagsverstand.

Eine andere Weise *revolutionärer Realpolitik* ist es, sich einzumischen in den Kampf des Staates mit der Arbeiterklasse. Hier sucht sie die direkten Eingriffe von oben, um nicht einfach gegen diese zu argumentieren, sondern um aus ihnen einen Nutzen für die Arbeitenden herauszulösen. Sie verfährt nach der klaren Auffassung, dass jede Einmischung von oben auch eine Einlassung ist, eine Vermischung, bei der die Unteren immer auch gewinnen können. Es ist gewissermaßen die Eröffnung eines Politikfeldes. So z.B. in ihrem bemerkenswerten Artikel zur »Reichsstreikstatistik« (*WR*, 1/1, 288f). Während sich linke Gruppierungen in einer Boykottbewegung bei der Volkszählung in der BRD 1986[59] ganz auf Abwehr und abstrakte Negation versteiften, schreibt Luxemburg knapp 90 Jahre früher zu einer ganz ähnlichen, sogar unverblümter kontrollierenden Initiative des Staates, dass solche Erhebungen über wirtschaftliche Konflikte der Arbeit mit dem Kapital »der Arbeiterklasse [zugleich] selbst ein Gesamtbild ihrer wirtschaftlichen Kämpfe und zahlenmäßige Beweise der Nützlichkeit der Organisation in denselben« (289) lieferten.

Sie arbeitet den reaktionären und parteiischen Charakter der Erhebung in Deutschland heraus, die »Anklagematerial gegen die moderne Arbeiterbewegung« und für »den Schutz der Arbeitswilligen gegen den ›Terrorismus‹ der Streikenden« sammelte (ganz anders als in England und Frankreich, Italien und Österreich, ja selbst in den USA, wo die Erhebungen Sozialreformen dienten), und liefert so beiher Informationen im internationalen Vergleich. Aber sie beklagt nicht, wie das die Linke im bundesdeutschen Protest 1986 tat, dass Wissen enteignet werde, sondern sie vertritt auch hier den Standpunkt, dass, weil wichtiges Wissen über die Lage des Volkes fehle, jede Quelle und Erhebung von Nutzen sei. Auch wenn ihr klar ist, dass

> »unter Umständen die Erhebungen über wirtschaftliche Konflikte der Arbeit mit dem Kapital [...] als Material zum *Kampfe des Staates mit der Arbeiterklasse* dienen können« (289),

besteht Luxemburg darauf, dass sie aber

> »trotz der Absichten ihrer Schöpfer [...] gewiss für die Arbeiterbewegung von Nutzen [seien], denn manche heilsame Lehre, namentlich über die Unentbehrlichkeit der Arbeiterorganisation im wirtschaftlichen Kampfe mit dem Kapital,

59 Gegen die Volkszählung von 1986 mobilisierten ein Bündnis von Initiativen und die Grünen durch Aufrufe und Ratgeber zum Boykott. Hauptargument war, der Staat spioniere so die Privatsphäre aus. Die Frauenbewegung, die die Veröffentlichung des Privaten als politisch fast ein Jahrzehnt gefordert hatte, war an den Befürwortern des Boykotts spurlos vorbeigegangen. Vgl. ausführlich dazu Gruszka und Weberling 1987.

wird man aus der noch so einseitig geführten Statistik ganz zweifellos ziehen können« (291).

Eine weitere Weise der Einmischung, die den Namen *revolutionäre Realpolitik* verdient, ist der Versuch, die inneren Widersprüche des Kapitalismus vom Standpunkt des Volkes aus zuzuspitzen. Grundannahme bleibt, dass die kapitalistische Produktionsweise selbst revolutionär und innovativ ist, bis sie an ihre Grenzen stößt. Insofern streitet die vom Profit vorangetriebene kapitalistische Entwicklung stets auch gegen alte Besitztümer und Privilegien, gegen »Feststehendes«, und drängt zu neuen Formen. Der Staat aber, der sich nicht in gleicher Weise beständig revolutioniert, tritt zumeist zum Schutze des alten Kapitals an. Revolutionäre Politik muss hier mithin gegen den Staat und für neuere Entwicklungen im Kapitalismus gemacht werden. Diese selbst begreift Luxemburg als fortwährende Annäherungen an sozialistische Produktions- und Vergesellschaftungsweisen, gegen die vom Staat Hindernisse errichtet werden. Untätigkeit ist ihr daher »passiver Verrat« (*SoR*, 1/1, 433).

Revolutionäre Realpolitik setzt Realwidersprüche voraus, entfaltet sich in ihnen. Die Widersprüche der kapitalistischen Gesellschaft setzen sich in die Politik hinein fort. Es muss ein Modus gefunden werden, selbst widersprüchlich Politik zu machen.

> »Die Produktionsverhältnisse der kapitalistischen Gesellschaft nähern sich der sozialistischen immer mehr, ihre politischen und rechtlichen Verhältnisse dagegen errichten zwischen der kapitalistischen und der sozialistischen Gesellschaft eine immer höhere Wand. Diese Wand wird durch die Entwicklung der Sozialreformen wie der Demokratie nicht durchlöchert, sondern umgekehrt fester und höher gemacht.[60] Wodurch sie also niedergerissen werden kann, ist einzig der Hammerschlag der Revolution, d.h. die Eroberung der politischen Macht durch das Proletariat.« (400)

Da für uns Heutige weder Schmiede noch Bergwerk mehr zu vertrauten Produktionsstätten gehören und wir vom Scheitern der Novemberrevolution wissen, hört sich die Rede vom »Hammerschlag« doppelt veraltet an. Überführen wir daher den gleichen Gehalt in bekanntere Worte ebenfalls von Luxemburg selbst:

> »Die Notwendigkeit selbst der Ergreifung der politischen Macht durch das Proletariat war ebenso für Marx wie für Engels zu allen Zeiten außer Zweifel. Und es blieb Bernstein vorbehalten, den Hühnerstall des bürgerlichen Parla-

60 Die immer weiter aktuelle Frage, wie eigentlich innerhalb des bürgerlichen Parlaments sozialistische Parlamentarier Politik machen können, die ja zugleich für Reformen in der kapitalistischen Gesellschaft und gegen diese Gesellschaft agieren, also revolutionäre Realpolitik im Parlament betreiben, wird im fünften Kapitel weiter diskutiert.

mentarismus für das berufene Organ zu halten, wodurch die gewaltigste weltgeschichtliche Umwälzung: die Überführung der Gesellschaft aus den *kapitalistischen* in *sozialistische* Formen, vollzogen werden wird.« (433)

Vor der Notwendigkeit der Revolution war im obigen Zitat von der Schwierigkeit die Rede, dass alle Reformpolitik – nötig, um die Lage der Arbeiterklasse zu verbessern und um die Zustimmung der Arbeitenden zu erlangen – zugleich eine Politik ist, die die kapitalistische Produktionsweise festigt und verlängert und daher auch gegen die langfristigen Interessen der Arbeitenden ist. Daraus folgt für Luxemburg dennoch kein Abgehen oder gar eine Bekämpfung von Reformpolitik, wie Bernstein dies interpretiert. Sie polemisiert gegen dessen Schlussfolgerung, die Sozialdemokratie müsste

> »gegen die Demokratie [sein, wenn] die Entwicklung der Demokratie zur Verschärfung und nicht zur Abschwächung der kapitalistischen Widersprüche [führe, und] ›Sozialreformen und die Erweiterung der demokratischen Einrichtungen nach Möglichkeit zu vereiteln streben‹« (432).

Ironisch führt Luxemburg den Gedanken zu Ende:

> »Dies allerdings, wenn die Sozialdemokratie nach kleinbürgerlicher Art an dem müßigen Geschäft des Auswählens aller guten Seiten und des Wegwerfens schlechter Seiten der Geschichte Geschmack fände. Nur müsste sie dann folgerichtig auch den ganzen Kapitalismus überhaupt ›zu vereiteln streben‹, denn er ist doch unbestreitbar der Hauptbösewicht, der ihr alle Hindernisse auf dem Wege zum Sozialismus stellt.« (Ebd.)

Und wieder schärft sie ein, dass der Kapitalismus nicht einfach gut oder schlecht, sondern in sich widersprüchlich ist, dass ohne ihn die Entwicklung der Gesellschaft nicht bis zu dem Punkt gelangt wäre, an dem die sozialistische Perspektive real werden könnte. Der Kapitalismus also bringt die Momente hervor, die eine sozialistische Gesellschaft möglich machen, nicht als alternative Entwicklung statt der kapitalistischen, sondern als alternative Gesellschaft über ihn hinaus.

> »Tatsächlich gibt der Kapitalismus neben und zugleich mit *Hindernissen* auch die einzigen *Möglichkeiten*, das sozialistische Programm zu verwirklichen. Dasselbe gilt aber vollkommen auch in Bezug auf die Demokratie.« (Ebd.)

Die ausschließende Entgegensetzung von revolutionärer gegen sozialreformerische, gegen demokratische, gegen Realpolitik, so können wir von Luxemburg lernen, verdankt sich der falschen Analyse der kapitalistischen Produktionsweise und der ebenso falschen Einschätzung des Proletariats. Politik muss im Kapitalismus gemacht werden mit dem »beherrschten Proletariat und nicht dem siegreichen« (433). Das bedeutet allerdings, dass Politik *für* die Arbeiter zugleich *gegen* sie gemacht werden muss, dass also ein Kampf um die Köpfe und Gefühle ebenso Bestandteil von revolutionärer Realpolitik sein muss.

Widersprüche bestimmen die gesamte kapitalistische Produktionsweise, so auch die Wirkungen der Entwicklung der Produktivkräfte, den technischen Fortschritt, der Produkt der Entwicklung der kapitalistischen Wirtschaft ist, der Grund, der sie historisch transitorisch notwendig macht.

> »Es ist klar, dass, was die Technik der Produktion betrifft, das Interesse des (einzelnen) Kapitalisten mit dem Fortschritt und der Entwicklung der kapitalistischen Wirtschaft vollkommen zusammenfällt. Es ist die eigene Not, die ihn zu technischen Verbesserungen anspornt. Die Stellung des einzelnen Arbeiters hingegen ist gerade entgegengesetzt: Jede technische Umwälzung widerstreitet den Interessen der direkt dadurch berührten Arbeiter und verschlechtert ihre unmittelbare Lage, indem sie die Arbeitskraft entwertet[61].« (389)

Diese Konstellation zieht die Widersprüche in die Politik der Arbeiterorganisationen, soweit sie über den Einsatz neuer Technologie mitzubestimmen suchen.

> »Insofern sich die Gewerkschaft in die technische Seite der Produktion einmischen kann, kann sie offenbar nur im letzteren Sinne, d.h. im Sinne der direkt interessierten einzelnen Arbeitergruppen handeln, d.h. sich Neuerungen widersetzen. In diesem Fall handelt sie aber nicht im Interesse der Arbeiterklasse im Ganzen und ihrer Emanzipation, das vielmehr mit dem technischen Fortschritt, d.h. mit dem Interesse des einzelnen Kapitalisten übereinstimmt, sondern gerade entgegengesetzt, im Sinne der Reaktion.« (389f)[62]

Da revolutionäre Realpolitik Kampf um die Hegemonie im Volk ist, kommt eine unvermutete Heftigkeit in Luxemburgs Urteile über Bündnisse, wie sie z.B. 1917 auf der Friedenskonferenz (4, 279ff) in Stockholm in einer Liste von Bürgern, Sozialisten und linken Lehrstuhlinhabern angestrebt waren. Die Kompromisse, die solcherart zustande kämen, nähmen den Arbeiterforderungen die sozialistische Perspektive. Solche Radikalität speist sich aus der Unmittelbarkeit, mit der sich Luxemburg in ihren Reden und Texten stets direkt an das Volk wendet. Das Volk aber schließt selbst überhaupt keine Bündnisse. Der Bündnisgedanke setzt Repräsentanten voraus.

Das Ringen um Hegemonie muss mit dem moralischen Einverständnis der Massen mit der herrschenden Kultur und deren moralischen Urteilen rechnen. Luxemburg löst die schwierige Aufgabe, indem sie genau die in

61 Der Begriff »entwertet« ist hier offenbar alltagssprachlich benutzt, nicht nach der marxschen Werttheorie.

62 Diese Gewerkschaftspolitik konnte man bei der Einführung der Hochtechnologie in Industrie und Verwaltung wie in einem Lehrbuch studieren. Die Gewerkschaften verschenkten durch Abwehr und Besitzstandswahrung die Möglichkeit, die Umbrüche tatsächlich zugunsten der Arbeitenden zu gestalten, sich also in die Politik um die Arbeit im Interesse der Zukunft der Arbeitenden frühzeitig einzumischen (vgl. Projekt Automation und Qualifikation 1987, 172ff).

dieser Weise einverstandene moralische Empörung aufruft und sie überraschend gegen die Oberen wendet.

Dies geschieht in der Frage der ›Reichtum bringenden Kriege‹ oder auch in der Frage der Trunksucht. In dem kleinen Text *Wer muss von der Trunksucht gerettet werden?* (*WR*, 1/1, 288) erinnert sie zunächst daran, dass die Oberen den Unteren, »Niederen«, Enthaltsamkeit predigten, um sie vor dem »wirtschaftlichen und moralischen Ruin der Trunksucht zu retten«. Sie nennt die Oberen die »Edelsten und Besten der Nation«, die »zivile bürgerliche Gesellschaft«. Aus Mangel an Daten über deren Trinkgewohnheiten nimmt sie die Armee als Spiegel der »Sittenauffassung der Klassengesellschaft«. Hilfsweise nimmt sie die verheerenden Zahlen aus der russischen Armee über Alkoholvergiftungen bei Offizieren im Unterschied zu den gemeinen Soldaten, um zu folgern, dass das arbeitende Volk in den westeuropäischen Ländern schon wegen der höheren Schulbildung noch enthaltsamer sei als das russische, während die bürgerlichen Klassen in allen Ländern gleich seien. Sie schlussfolgert, höhere Sitten seien beim Volke und nicht bei den oberen Zehntausend zu suchen.

Wiewohl man der etwas waghalsigen Methode, von den Sitten in der russischen Armee auf die in der deutschen Bourgeoisie zu schließen, nicht zustimmen mag, sind Anknüpfung und Bewegung, die Luxemburg vollführt, von Interesse. Sie geht davon aus, dass Enthaltsamkeit als moralische Anforderung Konsens findet und insofern auch die Predigten der Oberen gegen den Sittenverfall der Unteren diese im Selbstwertgefühl empfindlich treffen können. Durch genaue Information über die Lage in der russischen Armee verbreitet sie die Nachricht, dass der Sittenverfall bei den Oberen vorkomme, diese mithin nicht nur selbst moralisch minderwertig seien, sondern zudem den Unteren empfehlen, was sie selbst nicht einhalten. Sie kann an solcher Stelle mit zu Sprichwörtern gewordenen Sätzen wie dem von Heine rechnen: »Er predigt öffentlich Wasser und trinkt doch heimlich Wein«.[63] Die Moral der Oberen zeigt sich zum einen als bloße Phrase und dient zum anderen der Unterdrückung der Unteren. Die Oberen werden unglaubwürdig, und das Selbstbewusstsein des arbeitenden Volkes wird gefestigt. Das Ziel, dass das Volk seine Gesellschaft in seine eigenen Hände nehmen muss und kann, erfährt weitere Stärkung.

Eine weitere Form solcher *realpolitischer* Agitation, die ebenfalls auf Rechtsbewusstsein im Alltagsverstand setzt, ist die vergleichende Betrachtung des »geltenden Gesetzes«. So informiert sie in dem Artikel *Kapitalistischer Schwindel* (*WR*, 1/1, 278f) nicht nur über einen Skandalfall,

63 Eine Suche im Netz im Januar 2007 ergab für diesen Satz 28.400 Nennungen, zumeist aus Politik und aus Predigten, oft ohne Heine zu erwähnen.

in welchem dem »Publikum«[64] Aktien an einer Versicherung angeboten werden, die gegen die Folgen nicht gezahlter Hypothekenschulden versichert. Luxemburg setzt diese Nachricht in eine Reihe, in der zunächst die allgemeine Weise des Kapitals, »auf fremde Kosten gesetzmäßig zu leben [...], ohne mit den geltenden Gesetzen in Konflikt zu geraten«, erwähnt wird; sodann führt sie diesen neuen Schwindel vor, der entziffert wird als Absicht »der in aller Öffentlichkeit operierenden Versicherungs-Aktiengesellschaft [...], Schulden der Grundstückseigentümer mit fremdem Geld zu bezahlen«, um abschließend lakonisch festzustellen: »Aber Zuchthausstrafe soll – auf Anreizen zum Streik verhängt werden.« Gewöhnlich beschränkt sich linke Kritik am Recht auf den Nachweis, dass Recht und Gesetz parteiisch seien, herrschendes Klassenrecht. Luxemburg wählt eine Darstellungsweise, die solche Schlussfolgerungen der Arbeit des gesunden Menschenverstandes überlässt. Insofern sind ihre Artikel als Anordnung zum Selber-Denken und zur Selbstschulung gebaut.

So auch im zunächst verblüffenden Text zum *Beamtenelend in Frankreich* (*WR*, 279f). Hier sehen wir sie eine Menge Zahlen zum Wachstum der Beamtenschicht zusammentragen und deren Durchschnittslohn errechnen. Die mögliche interesselose Beruhigung über das Mittelmaß der Entlohnung zerstört sie sofort durch die Erklärung, dass selbstverständlich im Staat ähnlich wie in der Gesellschaft »die Größe des Gehalts in umgekehrtem Verhältnis zur Größe und Schwierigkeit der Arbeit steht«. Sie zeigt, dass diejenigen, die die geisttötende Büroarbeit verrichten, auf ein Existenzminimum herabgedrückt werden, während diejenigen, deren Arbeit in »›Reden‹ und Festessen« besteht, mehr als zwanzig Mal so viel bekommen. Sie empfiehlt zudem, am Wachstum der Beamtenschicht und deren Elend den Niedergang von Produktion und Handel abzulesen, in denen die Kleinbürger nicht mehr unterkommen. Sie führt mithin vor und schult darin, Daten nicht nur für bare Münze zu nehmen, sondern ihre im Durchschnitt verschluckte Verteilung als unterschiedliche Tendenzen in der Gesamtentwicklung zu entschlüsseln – wieder ist die dazu empfohlene Methode der Vergleich – und zudem aus den Daten in einem Bereich auf Bewegungen in anderen Bereichen zu schließen. Beide Methoden sind dem Alltagsverstand unmittelbar zugänglich.

Schließlich gibt sie dem »Volk« eine Reihe von Informationen (etwa über die Verwandlung der USA von einem Import- in ein Exportland, was ihrer Auffassung nach zu einem Handelskrieg großen Ausmaßes führen muss), nicht, um es zum Nachdenken über Lösungen für im Kapitalismus und durch ihn erzeugte Probleme zu bringen, sondern um die

64 Luxemburg benutzt häufig dieses Wort »Publikum«, wenn sie über die Masse des Volkes spricht, wie sie den Oberen erscheint.

Auffassung zu verbreiten, dass in die Ökonomie politisch eingegriffen werden muss.

> »Der Weltmarkt wird immer enger, die entwickelten Produktivkräfte überholen immer mehr die Absatzmöglichkeit, der Konkurrenzkampf wird immer verzweifelter, und ein mehr oder weniger allgemeiner Handelskrach wird als unausbleibliches Ergebnis über kurz oder lang die kapitalistische Welt erschüttern.« (*WR*, 286)

Ein weiteres Mittel ist die ironische Überspitzung, so z.B., wenn sie das Friedensprogramm der Bourgeoisie nach dem Ersten Weltkrieg vorstellt.[65] Zunächst zählt sie auf, mit wem sich die »Sozialisten aller Länder vereinigen«: mit den

> »imperialistischen Regierungen der Entente, mit reaktionärsten Parteien, regierungssozialistischen Strebern, ›grundsatztreuen‹ oppositionellen Sumpfsozialisten, bürgerlichen Pazifisten, kleinbürgerlichen Utopisten, nationalistischen Emporkömmlingstaaten, bankerotten deutschen Imperialisten, dem Papst, den finnländischen Henkern des revolutionären Proletariats, den ukrainischen Schürzenstipendiaten des deutschen Militarismus« (4, 367).

Und was tun die Sozialisten, das internationale Proletariat?

> »Auf das Platteste, Abgeschmackteste, ein Ammenmärchen, ein Kinorührstück fallen sie herein: Kapital plötzlich verschwunden, Klassengegensätze null und nichtig. Abrüstung, Frieden, Demokratie, Harmonie der Nationen. Macht beugt sich vor Recht, der Schwache richtet sich auf. Krupp wird statt Kanonen – Weihnachtslichte produzieren, die amerikanische Stadt Gari wird in einen Fröbel-Kindergarten verwandelt. Arche Noahs, wo das Lamm grast ruhig neben dem Wolf, der Tiger schnurrt blinzelnd wie eine große Hauskatze, dieweil ihn die Antilope mit dem Horn hinter dem Ohr krault, der Löwe und die Ziege spielen miteinander Blindekuh. Und all das auf die magische Zauberformel Wilsons hin, des Präsidenten der amerikanischen Milliardäre« (ebd.).

Die Sozialisten haben nichts gelernt und fallen ein weiteres Mal auf die Botschaft vom *Völkerfrühling* herein, der zwischen den kapitalistischen Ländern ausgebrochen sein soll. Auch dies liest sich wie eine Voraussage auf 1989/91, auf die allgemeine Euphorie nach der Selbstaufgabe der staatssozialistischen Länder, die als letztes Hindernis gegen den allgemeinen Völkerfrühling galten. In den allgemeinen Friedensrausch tönte wenig später der Kriegsdonner des ersten Golfkriegs und seither wird die Welt heftiger von Kriegen erschüttert als jemals zuvor in der Geschichte des Kapitalismus.

65 Aus dem *Fragment über Krieg, nationale Frage und Revolution* von 1918.

Zusammenfassung

Voraussetzung für die Entwicklung *revolutionärer Realpolitik* ist eine wissenschaftliche Analyse und fortwährendes genaues Studium der Entwicklungen in der kapitalistischen Produktionsweise. Allgemeine Grundannahme ist, dass die Bewegungen im Kapitalismus widersprüchlich sind, dass die kapitalistische Entwicklung im Ganzen bis zu einem gewissen Punkt den Entwicklungsinteressen des Volkes gemäß sein kann; umgekehrt können Gewerkschaften und staatliche Gesetze durch Schutzmaßnahmen dem Fortschritt entgegenstehen. *Revolutionäre Realpolitik* wird im herrschenden Staat gemacht und braucht das Parlament und die bürgerliche Demokratie ebenso wie die außerparlamentarische Aktion. Sie braucht vor allem Presse/Öffentlichkeit. Denn es geht darum, Wissen und Informationen über reale Entwicklungen so zu verbreiten, dass begreifendes Erkennen als selbsttätiger Prozess möglich wird. Das Volk muss so informiert werden, dass es sich selbst überzeugen kann. Es muss gegen den herrschenden Konsens um Hegemonie gerungen werden. Daher wird angesetzt beim beherrschten Volk und seinem Sinn für Gerechtigkeit und Moral, beim Alltagsverstand. Die Einsichten, die es gewinnt, sollen es befähigen, politisch zu denken in der Perspektive, die politische Macht zu übernehmen. Diesen Prozess begreift Luxemburg als Schulung, eine Vorbereitung des arbeitenden Volkes auf die Regierungsgeschäfte in sozialistischer Perspektive.[66] Also berichtet Luxemburg nicht in erster Linie über das Elend, über Ausbeutung, sondern sie gibt Informationen, die für ein Volk an der Regierung wichtig wären. Mittel sind neben der Verbreitung von Wissen: die Entschlüsselung einer vielseitigen Lesbarkeit jeglicher Information je nach Standpunkt; die Aufdeckung der inneren Widersprüche des Systems; Vorführen der positiven Seiten und Entwicklungen im Kapitalismus, auch wenn diese spontan gegen Arbeitende gerichtet sind; das Aufzeigen der Spaltung der herrschenden Moral in eine für die Unteren und eine, die nur für die Oberen gilt, in eine kleinbürgerlich rückwärtsgewandte und eine der Protestbewegungen, die sich »nicht gegen die Folgen, sondern gegen die Wurzel der Gesellschaftsordnung richtet« (3, 30f). Schließlich der Vergleich als eine ständig eingesetzte, quasi sozialwissenschaftliche Methode in der Berichterstattung. Da Luxemburg ansetzt beim Alltagsverstand, sind Sprichwörter und Wortspiele, Metaphern aus dem Haushalt und Ähnliches (ein ausgetretener Hausschuh der Diplomatie; ein »Schürzenstipendiat französischer und deutscher Börsenwölfe« u. Ä., hier 3, 27) stetes Mittel ihrer Reden. Der Transport solcher Alltagserfahrungen in große Politik

66 Dies wird im fünften Kapitel unter den Fragen zu Revolution und »Diktatur des Proletariats« aufgenommen.

macht dabei Sprache zu einem Bewegungsmedium mit stets wechselnden Bedeutungen und Regierungspolitik so verständlich wie das Terrain, dem die Sprache und ihre Bilder entlehnt sind.

Lukács – Aufbau des Sozialismus

Luxemburgs revolutionäre Realpolitik wurde in der nachfolgenden linken Politik als Begriff kaum explizit aufgenommen. Zwar nennt Georg Lukács in seiner Leninstudie von 1924 ein ganzes Kapitel »Revolutionäre Realpolitik« (69–86), bezieht sie aber nicht auf den täglichen politischen Kampf im Kapitalismus, sondern auf Lenins Politik beim Aufbau des Sozialismus. Von Rosa Luxemburg ist in der Studie häufig die Rede, jedoch nicht im Zusammenhang revolutionärer Realpolitik, sondern in Bezug auf ihr Akkumulationsbuch (vgl. dazu das vierte Kapitel in diesem Buch). Auch Lukács positioniert den Begriff im Spannungsfeld zwischen Tagesaufgaben und »Endziel«. Er analysiert das, was Brecht »die Mühen der Ebenen« beim Aufbau des Sozialismus nach dem Niedergang des Faschismus nennt.[67] Für Lukács ist es wesentlich, mit dem Erbe zu ringen, mit dem die Sozialdemokratie Begriff und Praxis von Realpolitik belastet hat. Diese hatte sie in einem Ausmaß pragmatisch-reformistisch verstanden, dass die Fähigkeit, überhaupt perspektivisch zu denken, in der Arbeiterklassenpolitik verloren wurde:

> »Das Proletariat ergreift die Staatsmacht und richtet seine revolutionäre Diktatur auf: das bedeutet, dass die Verwirklichung des Sozialismus zur Tagesfrage geworden ist. Ein Problem, auf das das Proletariat ideologisch am allerwenigsten vorbereitet war. Denn die ›Realpolitik‹ der Sozialdemokratie, die alle Tagesfragen immer bloß als Tagesfragen, ohne Zusammenhang mit dem Weg der Gesamtentwicklung, ohne Beziehung zu den letzten Problemen des Klassenkampfes, also ohne jemals real und konkret über den Horizont der bürgerlichen Gesellschaft hinauszuweisen, behandelt hat, gab gerade dadurch dem Sozialismus in den Augen der Arbeiter wieder den Charakter einer Utopie. Die Trennung des Endzieles von der Bewegung verfälscht nicht nur die richtige Perspektive zu den Fragen des Alltags, der Bewegung, sondern verwandelt zugleich das Endziel in eine Utopie.« (1924/1967, 69)

67 Wahrnehmung

Als ich wiederkehrte
War mein Haar noch nicht grau
Da war ich froh.
Die Mühen der Gebirge liegen hinter uns
Vor uns liegen die Mühen der Ebenen.
(B. Brecht)

So spricht Lukács doch eben über eine Sozialdemokratie, in der Luxemburg mit ihrer Politik keinen Platz mehr hatte. Seine *revolutionärer Realpolitik* ist die Lenins bei der »Verwirklichung des Sozialismus«, deren Aufgabe nun die »Liquidierung eines jeden Utopismus« wird (71) bzw. die Rückarbeitung des Utopismus in die Ausrichtung an machbaren Fernzielen. Lenins Realpolitik sei

> »der bisher erreichte Höhepunkt der materialistischen Dialektik. Auf der einen Seite eine streng-marxistische, schlichte und nüchterne, aber ins Allerkonkreteste gehende Analyse der gegebenen Lage, der Wirtschaftsstruktur und der Klassenverhältnisse. Auf der anderen Seite eine durch keinerlei theoretische Voreingenommenheit, durch keinen utopistischen Wunsch verstellte Klarsicht allen neuen Tendenzen gegenüber, die sich aus dieser Lage ergeben.« (71)

Revolutionäre Realpolitik so zu fassen, dass um eine Realpolitik zu ringen ist, die den Utopismus zurück ins real Mögliche holt, zeigt, dass dieser Begriff, der für eine vorrevolutionäre Zeit gebildet und fruchtbar gemacht wurde, für die nachrevolutionäre Politik in anderem Sinn ebenso brauchbar ist wie die marxistische Theorie überhaupt. Freilich bilden auf diese Weise Selbstbewegung, Experiment, die Selbsterziehung der Massen, die zum Bestand von Luxemburgs Vorstellung *revolutionärer Realpolitik* gehören, in Lukács Bestimmungen keine Rolle.

Gramsci – Alltagsverstand, Hegemonie und Stellungskrieg

Wenn auch der Spannungsbegriff, der das Revolutionäre mit dem Realpolitischen verband, als Wort in der weiteren Geschichte marxistisch-erneuernden Denkens keine Rolle spielte, wurde sein Gehalt durchaus rezipiert und weitergeführt vor allem von Antonio Gramsci, von Bertolt Brecht und von Peter Weiss, an deren politische Kunst im Doppelsinn und die implizite ›revolutionäre Realpolitik‹ an dieser Stelle erinnert werden soll.

Eine theoretische Verwandtschaft zwischen Antonio Gramsci und Rosa Luxemburg gibt es zweifellos in der Auffassung von Politik, vom Volk, von der Gewinnung der Menschen, ihrer Selbstverwandlung von subalternen Mitgliedern der Gesellschaft in Menschen, die ihre Gesellschaft gestalten wollen und müssen, kurz eben von *revolutionärer Realpolitik*. Auch Gramsci arbeitet mit dem Alltagsverstand, gründet seine Politik auf die Erfahrungen der Menschen. Er entwickelt damit ein Konzept politischen Lernens[68], und auch er studiert vor allem die Politik der Oberen, um die Perspektiven einer möglichen Gegenhegemonie zu erarbeiten.

68 Vgl. dazu die Ausarbeitung der pädagogischen Implikationen von Gramscis Hegemonietheorie durch Andreas Merkens (2004).

Unter dem Titel *Militärische Kunst und politische Kunst* entwickelt Gramsci Anfang der 1930er Jahre sein Konzept von »Stellungskrieg« und »Bewegungskrieg« (*Gefängnishefte*, H. 1, §133), um die in Klassenverhältnissen ganz ungleichen angemessenen Kriegsformen zu kennzeichnen und um die Besonderheit zu fassen, wie der »Block an der Macht« die Erwartungen und Hoffnungen der Bevölkerung für seine Politik gewinnt. Im weiteren Kontext von Überlegungen zu Kriegstechniken erwähnt er Luxemburgs Schrift *Massenstreik, Partei und Gewerkschaften* (GW 2, 91–170)[69]:

> »[...] dieses Büchlein scheint mir das bedeutendste der auf die historische Wissenschaft und die politische Kunst angewandten Theorie des Bewegungskrieges zu sein. Das unmittelbar ökonomische Element (Krisen usw.) wird als die Feldartillerie im Krieg angesehen, deren Aufgabe es war, eine Bresche in die feindliche Verteidigung zu schlagen, die ausreichte, damit die eignen Truppen eindringen und einen definitiven strategischen Erfolg erzielten, oder zumindest einen in der für den definitiven Erfolg notwendigen Richtung« (H. 7, §10, 866).

Er merkt an, dass von Luxemburg dabei die

> »freiwilligen und organisatorischen Elemente vernachlässigt worden waren, die viel verbreiteter waren, als Rosa zu glauben geneigt war, die sie aus ›ökonomistischem‹ Vorurteil unbewusst vernachlässigte« (ebd.).

Gramsci kritisiert als ökonomistisch, dass Luxemburg auf die Selbstzerstörungsdimensionen in der kapitalistischen Produktionsweise setze und dabei die Struktur übersehe, in der – um in der Kriegsmetaphorik zu bleiben – das System sich in vielfältigen Auffangstationen regeneriere, also »sein Vertrauen in sich, seine Kräfte und seine Zukunft« nicht verliere. Allerdings kennt er offenbar nicht Luxemburgs tatsächliche, hier als *revolutionäre Realpolitik* vorgestellte Alltagspolitik[70]; Letztere entspricht zwar in den meisten Dimensionen Gramscis Auffassungen vom Politikmachen im »Stellungskrieg«, in dem etwa mit den herrschenden Ideologien zu kämpfen ist, dabei fehlen aber tatsächlich genau die Dimensionen, die er bei Luxemburg in der Theorie des *Bewegungskriegs* vermisst.

Man erinnere etwa exemplarisch ihren oben erwähnten kurzen Artikel zu Alkohol und Sittenverfall und lese in Gramscis Analysen zu *Amerika-*

69 Luxemburgs Schrift, die die Erfahrungen von 1905 auswertete, wurde 1919/20 von Alessandrini ins Italienische übersetzt.

70 Frank Deppe (1989) stimmt Gramsci zu, dass Luxemburg eine Theorie des Bewegungskriegs erarbeitet habe, und begründet historisch, dass dies ihrer Zeit entsprochen habe, während Gramsci nach der »Niederlage der revolutionären Massenbewegungen« (17) an der Theorie des Stellungskriegs arbeitet; er beachtet nicht, dass Luxemburgs revolutionäre Realpolitik doch zugleich ihre Form des Stellungskriegs ist.

nismus und Fordismus ebenso über die Alkoholfrage und die Sitten der Oberen.[71]

> »Wer konsumierte den in die USA eingeschmuggelten Alkohol? Der Alkohol war zu einer Ware des gehobenen Luxus geworden, und nicht einmal die höchsten Löhne konnten den breiten Schichten der arbeitenden Massen seinen Konsum erlauben« (H. 22, §11, 2088).

In diesem Kontext gibt er einen Hinweis, wie dem Funktionieren in der Arbeit geschuldete Initiativen zur Staatsideologie werden, indem sie mit Pioniermoral, Puritanismus etc. überhöht werden und als Kampagne zurückkommen. Alkoholkonsum wird in der Prohibition ein Problem von Geld und Zeit, die beide im Leben der neuen Fordarbeiter nicht zu haben sind. Gleiches gelte für die Jagd auf Frauen, die Zeit, Müßiggang und Geld brauche.

> »Der neue Industrialismus will die Monogamie, will, dass der arbeitende Mensch seine Nervenkräfte nicht bei der krampfhaften und ungeordneten Suche nach sexueller Befriedigung verschwendet: der Arbeiter, der nach einer ausschweifenden Nacht zur Arbeit geht, ist kein guter Arbeiter, der Überschwang der Leidenschaft verträgt sich nicht mit der zeitgemessenen Bewegung der Maschinen und der menschlichen Produktionsgesten.« (H. 22, §11, 2088f)

Gramsci nimmt daher z. B. an, dass Ehescheidungen sich auf Oberklassen beschränkten.

> »Auch der Antiprohibitionismus wurde von den Arbeitern nicht gewollt, und die Korruption, die der Schmuggel und das Bandenwesen mit sich brachte, war in den Oberklassen verbreitet« (H. 22, §10, 2084).

Eine Folge sei eine stets wachsende Moraldiskrepanz zwischen den Oberen und den Unteren. Sie zeige,

> »dass sich immer breitere Randzonen gesellschaftlicher Passivität bilden. Die Frauen scheinen mir eine vorrangige Funktion bei diesem Phänomen zu haben. Der Mann-Industrielle arbeitet weiter, auch wenn er Milliardär ist, seine Frau aber wird immer mehr zum Luxussäugetier, ihre Töchter führen die mütterliche Tradition fort. Die Schönheitswettbewerbe, das Kino, das Theater usw. selektieren die weibliche Schönheit der Welt und bringen sie unter den Hammer. Die Frauen reisen, überqueren fortwährend den Ozean. Sie entfliehen dem

71 Gramsci und Luxemburg in der Politik an einem Punkt zu vergleichen, ist zweifellos auch problematisch. Schließlich ist Gramscis Analyse eingebettet in eine längere Abhandlung zum Fordismus, während Luxemburgs Polemik aus einem kleinen Artikel stammt. Vor allem aber schreibt Gramsci mehr als zwei Jahrzehnte später, nach Erfahrungen mit einer gescheiterten Revolution, mit dem Ersten Weltkrieg, mit dem Aufkommen des Faschismus. Aus alledem mussten Korrekturen in der Konzeption von Politik folgen. Der Vergleich kann zeigen, wie von Luxemburg aus weitergearbeitet wird in ihrem Sinn (vgl. dazu das fünfte Kapitel).

heimischen Prohibitionismus und gehen Saison-Ehen ein: es ist eine durch die juristischen Formalitäten kaum verhüllte Prostitution.« (H. 4, §52, 532)

Für diese Diskrepanz in der Moral schlägt Gramsci den Begriff des »psychologischen Bruchs« vor (ebd.), der es den Oberen erschwert, mit allgemeinen Aufrufen zur Disziplin »Zwang auf die Arbeitermassen aufzuüben«, weil auf diese Weise ganz offen zutage trete, dass es zwei verschiedene Klassen in dieser Frage gebe. Die Kräfteverhältnisse, in denen um Hegemonie gestritten wird, haben sich spezifisch verschoben.

Folgen wir Gramsci, so sind im widersprüchlichen Zusammenhang von Arbeits- und Lebensweise die Möglichkeiten der Herausbildung neuer Menschen zu studieren: 1. als subjektive Tat, 2. als bestimmt durch Veränderungen in der Arbeitsweise (Entwicklung der Produktivkräfte), 3. durch Produktionsverhältnisse als ideologische Veranstaltung durch industrielle Apparate (Betrieb) und 4. durch ideologische staatliche Kampagnen, in denen neue Erfordernisse unter Aufnahme von Tradition und herkömmlicher Sitte verdichtet werden zu quasi weltanschaulichen Systemen (Beispiel Puritanismus). Der Stoff, um den in der Politik um Arbeit gerungen wird, ist die Psychophysis der Menschen, motivierte Verausgabung auf dem geforderten Niveau. Das schließt alle Fragen der Haltung zum Körper und zur Seele ein.

Man sieht Gramsci die verschiedenen »Auffangstationen«, in denen sich Gesellschaft reproduziert, als Kräfteverhältnisse durchbuchstabieren. Zugleich mit den verschiedenen Ebenen des Kulturellen, der Moral, der staatlichen Kampagnen rücken die Geschlechterverhältnisse in seine Analysen. Aus der Analyse des Fordismus in den USA, in denen »das gesamte Leben des Landes auf die Produktion« (H. 22, §2, 2069) gegründet wurde, folgert er schließlich:

> »Die Hegemonie entspringt in der Fabrik und braucht zu ihrer Ausübung nur eine minimale Menge professioneller Vermittler der Politik und der Ideologie.« (Ebd.)

Dies war auf die damalige USA gemünzt, die mangels »großer ›historischer und kultureller Traditionen‹« (H. 2, §2, 2068) weniger parasitäre Klassensedimente aufwies, wodurch die Industrie ungehindert wachsen und sich die anderen Bereiche unterordnen konnte.

Gramsci insistiert, dass die Kämpfe um Hegemonie, die ja auch der Kern revolutionärer Realpolitik bei Luxemburg sind, nicht nur ohne eine Analyse des Kulturellen und seiner Institutionen und Organisationen nicht zu führen sind, er gründet schließlich die Kunst der Politik auf die Analyse der Arbeit in der jeweiligen historischen Form und geschichtlicher Einbettung.[72]

72 Zur Frage, wie Kulturelles und Arbeit im Kapitalismus in Luxemburgs Politikkonzept eingehen, gibt es wenig Vorarbeiten – ein erster Ansatz wird im fünften Kapitel versucht.

Näher an Gramsci sind Luxemburgs Vorstellungen vom Alltagsverstand und seiner Rolle beim Politikmachen. Gramsci geht davon aus, dass im Alltagsverstand zunächst die Erfahrungen aus verschiedenen Zeiten kritiklos angehäuft sind und je nach Bedarf die eine oder die andere zur Legitimation und Erklärung eigener Handlungen und Entschlüsse hervorgeholt werden kann. Der Alltagsverstand ist die Basis, von der her die Einzelnen sich die Welt zurechtlegen und zu ihrem Nutzen Handlungen durchzuführen suchen. Zugleich behindert er die Entwicklung emanzipierter Handlungsfähigkeit. Der Alltagsverstand ist widersprüchlich, zumindest inkohärent. Der Einzelne lebt in verschiedenen Gruppen und Kollektiven mit je eigener Kultur, die die dazugehörigen Praxen orientiert. So kann einer zugleich abergläubisch sein in vielen Alltagsentscheidungen, eine wissenschaftliche Weltanschauung haben, sich die Dinge zum Wohle aller zurechtlegen und die Abgabe aller Handlungsfähigkeit an einen Führer in einer anderen Dimension seines Denkens für richtig halten. Gramsci zieht daraus den Schluss, dass jeder Einzelne sich Rechenschaft ablegen müsse, in welcher Schicht seine Urteile jeweils abgelagert sind und ob er selbst sie mit seinem fortgeschrittensten Bewusstsein für angemessen halten könne. Er schlägt vor, dass ein jeder eine Art Inventarverzeichnis von seinem Alltagsverstand anlegen müsse, dessen Besichtigung und Neuordnung ihm mehr Handlungsfähigkeit in einem von ihm selbst bejahten Sinn ermögliche (H. 11, §12, 1376).

Aus Marx' *These*, dass das menschliche Wesen »das Ensemble der gesellschaftlichen Verhältnisse« ist, folgert Gramsci (H. 7, §35, 891), dass dies vor allem »die Idee des Werdens« einschließe, woraus er einen Forschungsauftrag entwickelt:

> »[...] der Mensch wird, er verändert sich fortwährend mit dem Sich-Verändern der gesellschaftlichen Verhältnisse [...] Man muss eine Lehre erarbeiten, in der alle diese Verhältnisse tätig und in Bewegung sind, wobei ganz deutlich festgestellt wird, dass der Sitz dieser Tätigkeit das Bewusstsein des Einzelmenschen ist, der erkennt, will, bewundert, schafft, insofern er bereits erkennt, will, bewundert, schafft usw. und sich nicht als isoliert, sondern als voller Möglichkeiten begreift, die ihm von anderen Menschen und von der Gesellschaft der Dinge geboten werden, wovon er unvermeidlich eine gewisse Kenntnis hat.« (Ebd.)

Eingelassen in die Verhältnisse, in unterschiedlichen, ja entgegengesetzten Kulturen zu Hause, mit Denkweisen, die zum einen voller Aberglauben und voller Vorurteile, zum anderen wissenschaftlich begründet und auf Zukunft orientiert sind, müssen sich die Einzelnen »kohärent arbeiten«, um gesellschaftlich handlungsfähig zu sein. Dieser Prozess ist selbst unabschließbar. Gramsci führt verdichtet vor, dass »der Mensch« als gesellschaftliches Wesen sich dieses sein Wesen nur aneignen kann, indem er seine eigne Selbstveränderung unaufhörlich vorantreibt. Diese Aufgabe ist nicht nur eine psychologische, sie ist vor allem eine politische, weil sie das Eingreifen in die Gestaltung gesellschaftlicher Verhältnisse notwendig einschließt.

> »Daher kann man sagen, dass jeder in dem Maße selbst anders wird, sich verändert, indem er die Gesamtheit der Verhältnisse, deren Verknüpfungszentrum er ist, anders werden lässt und verändert.« (H. 10, §54, 1348)

Es komme dabei darauf an, die Verhältnisse

> »genetisch zu erkennen, im Flusse ihrer Bildung, da jedes Individuum nicht nur die Synthese der bestehenden Verhältnisse ist, sondern auch der Geschichte dieser Verhältnisse, das heißt, es ist die Zusammenfassung der gesamten Vergangenheit« (ebd.).

Luxemburg weitergeführt bei Bertolt Brecht und Peter Weiss

Bertolt Brecht nutzt die bei Luxemburg implizit vorausgesetzte, bei Gramsci vorgestellte Zusammensetzung des Alltagsverstands zur Ermöglichung aktiver Lernerfahrung. In seinen Schriften und Stücken sieht man ihn fast systematisch die Lehren ziehen und umsetzen, die auch in den Vorschlägen zu *revolutionärer Realpolitik* bei Luxemburg zu finden sind. Er geht davon aus, dass die Einzelnen in den Verhältnissen widersprüchliche Erfahrungen machen und sich Bilder von der Welt herstellen, in die Unordnung gebracht werden sollte als Voraussetzung einer besseren Ordnung.

Er mobilisiert die verschiedenen Erfahrungsebenen und richtet sie gegeneinander, damit sie einander richten. Dabei nutzt er vielfach die auch bei Luxemburg gebräuchliche Methode des Vergleichs[73], wobei nicht nur zweierlei Maß für die Oberen und die Unteren sichtbar werden; er bringt vor allem eine große Unruhe in den selbstverständlichen Gebrauch von Wörtern, ändert ihren Kontext, zeigt sie parteiisch und korrupt und lehrt so über Sprache als Grundelement der Kunst der Politik[74]. Er erzählt diesen komplizierten Vorgang, dass die Wörter zu Handlangern von Herrschaft werden und doch auch die Hoffnung auf eine andere Gesellschaft mit den gleichen Worten gesprochen werden muss, unter Explikation und Bewegung der in den Wörtern stillgestellten Widersprüche. Brecht nimmt ein Motiv aus dem von Luxemburg verfassten Gründungspapier des Spartakusbundes, in dem es heißt:

> »Sie [die Proletariermassen] müssen Fleiß ohne Unternehmerpeitsche, höchste Leistung ohne kapitalistische Antreiber, Disziplin ohne Joch und Ordnung

73 Vgl. dazu F. Haug 2003b.

74 Vgl. dazu den Abschnitt über Sprachpolitik bei Rosa Luxemburg im ersten Kapitel.

ohne Herrschaft entfalten. Höchster Idealismus im Interesse der Allgemeinheit, straffste Selbstdisziplin, wahrer Bürgersinn der Massen sind für die sozialistische Gesellschaft die moralische Grundlage, wie Stumpfsinn, Egoismus und Korruption die moralische Grundlage der kapitalistischen Gesellschaft sind.« (1, 113)

Und Brecht lässt dann in den *Flüchtlingsgesprächen* den Arbeiter Kalle als eine Art Quintessenz sagen:

»Sie haben mir zu verstehen gegeben, dass Sie auf der Suche nach einem Land sind, wo ein solcher Zustand herrscht, dass solche anstrengenden Tugenden wie Vaterlandsliebe, Freiheitsdurst, Güte, Selbstlosigkeit so wenig nötig sind wie das Scheißen auf die Heimat, Knechtseligkeit, Rohheit und Egoismus. Ein solcher Zustand ist der Sozialismus [...] Gleichzeitig mach ich Sie darauf aufmerksam, dass für dieses Ziel allerhand nötig sein wird. Nämlich die äußerste Tapferkeit, der tiefste Freiheitsdurst, die größte Selbstlosigkeit und der größte Egoismus.« (GW 14, 1499)

Hatte Luxemburg das Problem, dass es nämlich für den Aufbau des Sozialismus ebenfalls Fleiß, Leistung und Disziplin braucht, dadurch zu lösen gesucht, dass sie die sozialistischen Arbeiter solche Tugenden ohne Unternehmerpeitsche, also selbstgeleitet entfalten lässt und den Idealismus gleich nur auf der Seite der sozialistischen Moral verortet wie den Egoismus auf der Seite der kapitalistischen Gesellschaft, so bringt Brecht solche Ordnung durcheinander: Die Tugenden tauchen auf beiden Seiten auf. Sie sind nicht an sich gut oder böse, sondern in bestimmten Verhältnissen verkehren sie sich und wenden sich gegen die Unteren, zeigen, dass auch die Moral in den Dienst der herrschenden Klasse genommen ist. Brecht endet solche Lehren gewöhnlich mit der Sequenz: Ich bin für Verhältnisse, in denen es sinnvoll ist, diszipliniert oder egoistisch, idealistisch oder gut zu sein. Dadurch wendet er die luxemburgischen Aufrufe an die sozialistische Moral in ein allgemeines Nachdenken über die Indienstnahme der Hoffnungen zu kapitalistischen Zwecken, aus der sie für den Aufbau alternativer Gesellschaft entlassen werden können. Aber es sind die gleichen Energien, die einmal zur Reproduktion des Kapitalismus dienen, dann zur Gestaltung alternativer Gesellschaft. Man kann Brechts Werk als Anstiftung zur unaufhörlichen Gedankenarbeit bezeichnen, er selbst nennt Denken eine Leidenschaft.

Sowohl Brecht als auch Peter Weiss beziehen sich noch auf andere Weise auf Rosa Luxemburg, ihre Gedanken und Worte in ihre eigenen Werke einbauend und ihrem Vorschlag folgend, dass sich die Menschen selbst als Gestalter der Verhältnisse erkennen müssen:

Luxemburg fordert dringlich dazu auf, auch dies ist Dimension ihrer revolutionären Realpolitik, Geschichte als Werk alltäglicher Menschen zu schreiben. Sie kritisiert die Geschichtsschreibung, die »alles Gute und

Böse, das Glück wie die Not der Völker [als] Werk einzelner Herrscher oder großer Männer« darstellt, und schärft ein zu begreifen, dass »es die namenlosen Massen selbst [sind, die] ihr Schicksal [...] schaffen« (4, 206)[75].

In *Fragen eines lesenden Arbeiters* (GW 9, 656f) nimmt Brecht diese Gedankenführung auf:

> »Wer baute das siebentorige Theben? [...] Haben die Könige die Felsbrocken herbeigeschleppt? [...] Wohin gingen an dem Abend, wo die chinesische Mauer fertig war, Die Maurer?«

Peter Weiss übernimmt Luxemburgs Aufforderung, eine bestimmte Art der Geschichtsschreibung als Verdeckung der Befreiungskämpfe von Menschen zu entziffern, als Ausgangsszenario für sein monumentales Werk *Ästhetik des Widerstands*, darin zum Teil fast wörtlich, zum Teil dem Duktus nach ihre Sprache gebrauchend. Wie bei Brecht sind es auch bei Weiss »lesende Arbeiter«, deren Gedanken und Erkenntnisse bei der Besichtigung des Pergamonaltars ganz allgemein geschichtliche Zeugnisse anders entziffern helfen.[76]

> »Gewiss waren es hochgezüchtete Gestalten, die hier barbarische Mischwesen niedertraten, und es waren nicht jene verewigt worden, die unten in den Gassen der Stadt die Mühlen, Schmieden und Manufakturen betrieben, die tätig waren auf den Märkten, in den Werkstätten, den Werften am Hafen, [...] gewiss waren nur die Namen einiger der Meister überliefert [...] und nicht die Namen derer, die die Zeichnungen auf die Quader übertragen, mit Zirkel und Bohrer die Schneidepunkte festgestellt [...] hatten, und nichts erinnerte an die Fronarbeiter, die den Marmor brachen und die großen Blöcke zu den Ochsenkarren schleppten, und trotzdem, sagte Heilmann, gereiche der Fries nicht nur den Götternahen zum Ruhme, sondern auch denen, deren Stärke noch verborgen lag, denn unwissend waren auch sie nicht, auf ewig wollten sie sich nicht knechten lassen, schon beim Abschluss des Baus erhoben sie sich« (1983, 12f).

So schreibt Weiss die in Stein gemeißelte Geschichte derer, von denen die Geschichtsschreibung für gewöhnlich schweigt, als Aufbruch, als Zukunft, und schreibt so zugleich mit der Kritik der Geschichtsschreibung eine andere Geschichte. Die Linie luxemburgischer Denk- und Argumentationsweisen inspiriert ebenso wie ihr leidenschaftliches Engagement den gesamten Roman.

75 Die Luxemburg-Stelle ist vollständig zitiert und diskutiert im ersten Kapitel im Abschnitt *Erfahrungen und Subjekte.*

76 Diese Passagen aus der *Ästhetik des Widerstands* wurden in verschiedenen Gruppen lesender Arbeiter in Schweden und in Hamburg in den 1980er Jahren studiert und mit Besuchen im Pergamonmuseum in Berlin verbunden. Ich erinnere mich an die Begeisterung, mit der Studierende den Roman verschlangen, der für sie einen subversiven Einstieg in die bürgerliche Kultur bedeutete, der zugleich Aneignung als Erkundung und Wiederaneignung eigener Geschichte betrieb.

Brecht schrieb auch direkt über Rosa Luxemburg, da er dem Trennungszusammenhang zwischen abstrakter Wissenschaft und täglichen politischen Kämpfen und Interessen als Kampf auf die Spur kommen wollte, der durch die Personen selbst hindurchgeht. Er plante, ein Stück über Luxemburg zu schreiben, das er *Gespräch über den Alltagskampf* nennen wollte. Leitmotiv sollte die Wahl sein zwischen reinen Abstraktionen, wie sie etwa die Mathematik hervorbringt, die Luxemburg zunächst studiert hatte, und die Einlassung ins Alltägliche, in Politik. Zur gleichen Zeit schrieb er *Über Alltägliches Theater* als neue Aufgabe:

>»Ihr Künstler, die ihr Theater macht
>In großen Häusern, unter künstlichen Lichtsonnen
>Vor der schweigenden Menge, sucht zuweilen
>Jenes Theater auf, das auf der Straße sich abspielt.
>Das alltägliche, tausendfache und ruhmlose
>Aber so sehr lebendige, irdische, aus dem Zusammenleben
>Der Menschen gespeiste Theater, das auf der Straße sich abspielt.«
>(GW 9, 766)

Große Teile des brechtschen Werkes lassen sich als Anleitung zu dialektischer Politik lesen.

Wie weiter?

Eine Umsetzung luxemburgischer *revolutionären Realpolitik* in den heutigen politischen Kämpfen der Linken hat es mit einer radikal veränderten Welt zu tun. Vorbei das Projekt des Staatssozialismus, dessen Anfänge Luxemburg noch erlebte, geschrumpft die Arbeiterbewegung, nicht die Zahl der Arbeiter auf der Welt, gewachsen und globalisiert die transnationalen Kapitale, revolutionär vorangetrieben die Produktivkräfte, verändert auch die Linke selbst. Vorbei der Schwung aus der Bewegung der 1968er, in der noch revolutionärer Umsturz möglich schien, wenngleich als bloße Illusion. Abgemagert und ernüchtert stehen die zerstrittenen Linken in Deutschland vor der historischen Möglichkeit, noch einmal die Kräfte zu vereinen. Nützt da überhaupt luxemburgische revolutionäre Realpolitik? Wie lassen sich die verstreuten linken Blätter zur oppositionellen Kraft nutzen, wie kann man die ungeheure Macht des Fernsehens unterlaufen, wie das Internet nutzen?

Eine Brücke baut Joachim Hirsch (1994) in seinem Krisenszenario nach dem Ende des Fordismus, welches eine einschneidende Politikkorrektur als zwingend bestimmt. Sein Konzept nennt er, ebenfalls die Gegensätze von Reform und Revolution zusammenbindend, wenn auch etwas anders, »radikalen Reformismus«. Er skizziert die widersprüchliche neoliberale

Entwicklung aus dem kapitalistischen Nationalstaat heraus, auf dem sie doch zugleich basiert, und die damit verbundene Verschärfung von Ausgrenzung und Rassismus und die wachsende Bedrohung von Demokratie und Menschenrechten im nationalstaatlichen Rahmen. Für die Linke gehe es, so Hirsch, darum,

> »einen neuen Begriff demokratischer Politik theoretisch zu formulieren und praktisch wirklich werden zu lassen, [und um die Einsicht], dass sich eine demokratische Veränderung von Produktions- und Herrschaftsstrukturen nicht mit Hilfe des staatlichen Institutionensystems, sondern nur *gegen* dessen Mechanismen und Zwänge durchsetzen lässt [...]. Es ist notwendig, gegen die bestehenden institutionellen Strukturen zu kämpfen, ohne bereits auf alternative Formen zurückgreifen zu können.« (16f)

Hirsch bezieht sich in diesem Zusammenhang nicht auf Luxemburgs *revolutionäre Realpolitik*, aber der Sache nach spitzt er ihre Politik gegen den Staat zu der Losung zu, die »historische Gestalt des Staates« überhaupt zu überwinden (18) und mögliche Alternativen gesellschaftlicher Regulierung in »den langen Kämpfen, Auseinandersetzungen und durch praktische Erfahrung« herauszubilden (20). Anders als bei Luxemburg und Gramsci spielen die rasante Entwicklung der Produktivkräfte und die Arbeit in seinem Politikmodell keine relevante Rolle.

Wolfgang Fritz Haug begreift den Vorschlag von Hirsch u.a. (Esser 1994) als Versuch, »so viel als geschichtlich möglich von dem in die Gegenwart [zu übersetzen], was Rosa Luxemburg unter dem Widerspruchsbegriff der ›revolutionären Realpolitik‹ angestrebt hat« (2003, 294), kritisiert aber, dass Hirsch und Esser nicht »auf Zivilgesellschaft von unten« orientieren, sondern stattdessen auf ein »transzendentes ›ganz Anderes‹« (ebd., Fn. 218).

Nahziel und Fernziel

> »Weil noch keine Alternative zum Kapitalismus im Ganzen in Sicht ist, wird die sozialistische Einbettung der vielen Lösungen, die in irgendeiner Weise den Kapitalismus im Einzelnen überschreiten, zur Tagesaufgabe. Alle Politik wird zunehmend zu Politik an der Grenze des Kapitalismus.« (W. F. Haug 2005, 458)

Mit seinem Vorschlag einer »Politik an den Grenzen des transnationalen High-Tech-Kapitalismus« (2005) übersetzt Haug den Widerspruch im Begriff einer »revolutionären Realpolitik« in eine Chiffre, die Tagespolitik an vielen Punkten mit unterschiedlichen Akteuren auf ein sozialistisches Fernziel bündelt, das nicht zentralistisch bestimmt wird, sondern sich aus den Tageskämpfen als punktuelle Überschreitung des Kapitalismus entwickeln kann.

> »Die Dialektik von Nah- und Fernzielen wartet unter solchen Bedingungen [dass der Bevölkerungsmehrheit keine Teilhabe an den Entwicklungsmöglichkeiten gewährt wird] mit einer Überraschung auf: Das Fernste ist das Nächstliegende. Um der Demokratie willen muss die Linke bestrebt sein, die Legitimationskrise der repräsentativen Demokratie in die Legitimationskrise des Kapitalismus zu überführen.« (Ebd.)

In dieser Weise verschiebt Haug Luxemburgs Politik der »Revolutionierung der Massen«, dass sie die politische Macht übernehmen wollen und können, in ein vielstimmiges Projekt, die Ökonomie des Kapitalismus in kleinen Schritten schon jetzt zu überschreiten. Die Losung lautet: Kein Reformismus und keine Revolution, aber immer weiter *revolutionäre Realpolitik* und gegen den Ökonomismus.

Epilog

Kehren wir noch einmal zurück zu dem Zeitpunkt, da nicht die Frage von Nah- und Fernziel, also nicht mehr *revolutionäre Realpolitik* im bisherigen Sinn gefordert war, sondern nurmehr das Revolutionäre die Tagespolitik ausfüllte, zur gescheiterten Novemberrevolution 1918/19. Kurz zuvor begründet Luxemburg (im Fragment über Krieg) noch einmal die Notwendigkeit der Revolution:

> »Die objektive Unlösbarkeit der Aufgaben, vor die sich die bürgerliche Gesellschaft gestellt sieht, diese ist es, die den Sozialismus zur historischen Notwendigkeit und die Weltrevolution unvermeidlich macht.« (4, 372)

Auf dem Gründungsparteitag 1918/19 (in der Novemberrevolution) beendet sie die 70 Jahre sozialdemokratische Politik als eine Epoche, in der zwischen Nah- und Fernziel zu unterscheiden war, die Zeit der

> »Trennung der unmittelbaren, sogenannten Minimalforderungen für den politischen und wirtschaftlichen Kampf von dem sozialistischen Endziel als einem Maximalprogramm [...] Für uns gibt es jetzt kein Minimal- und kein Maximalprogramm; eines und dasselbe ist der Sozialismus; das ist das Minimum, das wir heutzutage durchzusetzen haben.« (494)[77]

77 Tanja Storløkken stellt in ihrem Beitrag zu *Sozialreform und Revolution* auf dem Erfurter Sozialforum 2005 dieses Zusammenfallen von Nah- und Fernziel heraus und verknüpft dies mit Luxemburgs Revolutionsvorstellungen. Dass sie dieses Zusammenfallen als Luxemburgs Theorie und Praxis von Politik überhaupt vorführt, nicht als Aussage in der »ersten Periode der Revolution«, enthistorisiert die Aussage und nimmt Luxemburgs Politik die Dialektik; sie verunmöglicht es auf diese Weise, die Anstrengung der täglichen Verbindung von Nah- und Fernziel, die Luxemburgs *revolutionäre Realpolitik* als Widerspruchsprojekt bestimmt, überhaupt wahrzunehmen und als Alltagspolitik der »Kleinarbeit«, eben als politisches Lernprojekt, als Umgehen mit Widersprüchen auszustellen.

Freilich spricht Luxemburg dies noch in der Illusion, die begonnene Revolution könne gelingen, deren Niederschlagung sie danach wesentlich als das »Versagen der Führung« (*Ordnung herrscht in Berlin,* 14.1. 1918) begreift, um sogleich zur Weiterarbeit aufzurufen, aus den Fehlern zu lernen.

An Luxemburgs konkreten Vorstellungen, wie und was zu tun ist, das die bürgerliche Gesellschaft selbst nicht mehr vollbringen kann, erkennen wir, wie groß und zugleich wie bescheiden und wie gleichermaßen aktuell das Ziel bleibt:

> »Damit alle in der Gesellschaft den Wohlstand genießen können, müssen alle arbeiten. Nur wer irgendeine nützliche Arbeit für die Allgemeinheit verrichtet, sei es Handarbeit oder Kopfarbeit, darf beanspruchen, dass er auch Mittel zur Befriedigung seiner Bedürfnisse von der Gesellschaft zugewiesen bekommt. Ein müßiges Leben, wie es jetzt die reichen Ausbeuter führen, hört auf. *Allgemeine Arbeitspflicht* für alle Arbeitsfähigen, wovon natürlich kleine Kinder sowie Greise und Kranke ausgenommen sind, ist in der sozialistischen Wirtschaft eine Selbstverständlichkeit. Für die Arbeitsunfähigen muss die Allgemeinheit ohne Weiteres sorgen – nicht wie heute durch kümmerliche Almosen, sondern durch reichliche Verpflegung, gesellschaftliche Erziehung für Kinder, behagliche Versorgung für Alte, öffentliche Gesundheitspflege für Kranke usw.« (*Die Sozialisierung der Gesellschaft*, 1918, 4, 432)

Bemerkenswert an dieser luxemburgischen Perspektive ist, dass sie derzeitiger linker Politik zuwiderzulaufen scheint. Luxemburg konzentriert auf die Assoziation der Produzenten, auf eine Gesellschaft, die sich, um mit Marx zu sprechen, »um die Sonne der Arbeit dreht«[78] und die die mit der entfremdeten Lohnarbeit verbundenen Problematiken gelöst hat, vor allem die Pseudo-Arbeitsteilung, die Klassenspaltung der Gesellschaft in Arbeitende und Nichtarbeitende überwunden hat (vgl. MEW 19, 19ff).[79] Luxemburg folgt mithin ganz Marx, wenn sie Arbeit für alle als Recht und als Pflicht auf die Tagesordnung setzt. Das Wort Pflicht, insbesondere im Zusammenhang mit Arbeit, ist nicht zuletzt durch den Faschismus dermaßen in Verruf geraten, dass Luxemburgs Aufruf zur »allgemeinen Arbeitspflicht« im Rahmen eines Befreiungskonzepts kaum mehr gehört werden kann. Pflicht ist für Luxemburg ein oft gebrauchter Begriff, so wenn es darum geht, die kapitalistische Barbarei aufzuhalten, Sozialismus einzuführen als »Klassenpflicht«, kurz, wenn es um historische Aufgaben geht. Wie Verantwortung bezeichnet Pflicht eine ethische Haltung des Befreiungswillens. Die »Pflicht zur Arbeit« ist, das geht aus dem Kontext hervor, nicht mehr und nicht weniger als die

78 »Eine Gesellschaft findet nun einmal nicht ihr Gleichgewicht, bis sie sich um die Sonne der Arbeit dreht«, schreibt Marx 1875 im Nachwort zu Enthüllungen über den Kommunistenprozess zu Köln (MEW 18, 570).

79 Vgl. das Stichwort »Arbeit« im HKWM 1, 401–421.

selbstverständliche Aufgabe aller, die dazu fähig sind, Gesellschaft für alle wohnlich zu gestalten. Keine Parasiten, keine Nichtstuer, keine, die auf Kosten anderer leben, außer sie könnten nicht anders, weil sie zu jung, zu alt, zu krank sind. Dann würde die allgemeine Arbeitspflicht wiederum die Sorge für sie einschließen. Auch dies steht ja im Text. Dennoch gab es unter den ersten Leserinnen dieser Luxemburgstelle einen so großen Unwillen, dass sie den nächsten Satz schon gar nicht mehr wirklich zur Kenntnis nahmen.

Für eine linke Politik in den Kämpfen des 21. Jahrhunderts wären die »unlösbaren Aufgaben« der Regierungen mit luxemburgischen Augen zu analysieren. Die Versuche der sozialliberal bis konservativen Regierung, die »Krise der Arbeit« mit Hartz IV, mit 1-Euro-Jobs, Ich-AGs, Selbstunternehmerisierung und Rentenkürzung, Existenzminimum, Abwälzung der Kosten des Gesundheitssystems auf die Einzelnen usw. vor sich her zu schieben und zu hoffen, damit Hegemonie zu halten, und zugleich eine zunehmende Verarmung und Passivierung immer größerer Teile der Bevölkerung in Kauf zu nehmen, gehören mit luxemburgischer Polemik aufgespießt, gestützt durch außerparlamentarische Protestaktionen im Parlament im Einzelnen ausgereizt und im Ganzen abgelehnt (vgl. dazu das fünfte Kapitel). Dazu aber gehört eine Politik um Arbeit, eine ausgreifende Perspektive, die weit über ein Grundeinkommen hinausgeht.

Erschütterung

Bleibt hier noch die Frage nach der unheimlichen Beständigkeit der Kämpferin Rosa Luxemburg. Sorgfältige Prüfung ergibt, dass sie über die Jahrzehnte, in denen sie Politik machte, in Haltung, Grundauffassung, in ihrer *revolutionären Realpolitik* die Gleiche blieb. Aber nicht ganz. Die anfängliche große Gewissheit über den trotz aller Schwierigkeiten unvermeidlichen Sieg der Arbeiterklasse spaltet sich im Programm des Spartakusbundes vom Dezember 1918 in zwei Linien. Da gibt es allgemeine Aufforderungen, die den Aufbau des Sozialismus alltäglich organisieren und die aus den Massen ein Volk machen sollen, das zur Regierung fähig wird.

> »Die Proletariermassen müssen lernen, aus toten Maschinen, die der Kapitalist an den Produktionsprozess stellt, zu denkenden, freien, selbsttätigen Lenkern dieses Prozesses zu werden« (4, 443).

Im Programm sind auch konkrete Einzelschritte festgehalten, die zum Teil heute gleichermaßen aktuell sind, wie etwa: »Verkürzung der Arbeitszeit zur Steuerung der Arbeitslosigkeit« und hier auch: »völlige rechtliche und soziale Gleichstellung der Geschlechter« (446).

Und dann die andere Linie. Jetzt schreibt Rosa Luxemburg die sozialistische Geschichte in die christliche Tragödie ein. Sie wählt die Metapher des »Golgathawegs eigener bitterer Erfahrungen« (449) – und wiederholt viermal die Anrufung

»Kreuziget ihn!«

als Forderung der Kapitalisten,
dann der Kleinbürger,

dann der »Scheidemänner, die wie Judas Ischariot die Arbeiter an die Bourgeoisie verkauft haben und um die Silberlinge ihrer politischen Herrschaft zittern«; und schließlich:

»Kreuziget ihn! wiederholen noch wie ein Echo getäuschte, betrogene, missbrauchte Schichten der Arbeiterschaft und Soldaten, die nicht wissen, dass sie gegen ihr eigenes Fleisch und Blut wüten, wenn sie gegen den Spartakusbund wüten.« (448)

Brecht nimmt nicht das Kreuzigen auf, sondern diese letzte Wendung über die missbrauchten Arbeiter und Soldaten und lässt den Chor der revolutionären Arbeiter, der von der Erschießung eines revolutionären Arbeiters berichtet, so enden:

»Ihn aber führten seinesgleichen zur Wand jetzt
Und er, der es begriff, begriff es auch nicht.«
(*Die Mutter*, Stücke 1957, 91)

Bei Luxemburg lesen wir verzweifelte Hoffnung, dass der sozialistische Geist überlebt, auch wenn seine Akteure als revolutionäre Realpolitiker umgebracht werden. Dafür findet sie Vorläufer in der christlich-ethischen Tradition und übersetzt die Passion in die Geschichte der Klassenkämpfe.

Brecht setzt aufs Begreifen, das schließlich überdauert und vor allem das Gegeneinander derer, die zusammengehören, beenden kann. So schreibt er dies schließlich in seine kurze

Grabschrift für Rosa Luxemburg:

»Hier liegt begraben
Rosa Luxemburg
Eine Jüdin aus Polen
Vorkämpferin deutscher Arbeiter
Getötet im Auftrag
Deutscher Unterdrücker. Unterdrückte
Begrabt Eure Zwietracht!«

Drittes Kapitel

Fehleranalyse und Irrtumskritik als Kunst der Politik

Fragestellung

Am 15. Januar 1919 wurden Rosa Luxemburg und Karl Liebknecht verhaftet und bei ihrer vorgeblichen Überführung ins Gefängnis ermordet. Das ist inzwischen bald 90 Jahre her. Es gibt Indizien, dass die Mörder im Auftrag der sozialdemokratischen Führung oder doch mit deren wohlwollender Duldung handelten (u.a. Basso 1969, 8; Haffner 1994, 206).

Raya Dunayevskaya schreibt:

> »Es war der 14. Januar. Die Lynchkampagne der Sozialdemokratie war auf ihrem Höhepunkt, und die Freikorps waren ihre Exekutoren. [...] Nach dem Mord [...] führte die Rote Fahne unter der Leitung von Jogiches eine unnachgiebige Kampagne, um die Mörder von Luxemburg und Liebknecht zu finden und offenzulegen, dass die SPD diese Mörder deckte – und tatsächlich auch angestiftet hatte.« (1998, 84)

Annelies Laschitza fügt hinzu:

> »Am Abend wurden sie ins Eden-Hotel, das Stabsquartier der Gardekavallerieschützendivision, verschleppt, in dem Hauptmann Pabst befehligte und sich von Noske telefonisch für die Ermordung der beiden de facto einen Freibrief verschaffte.« (2000, 620)

Bevor wir uns mit der Gewissheit zufrieden geben, dass die Sozialdemokraten auf Seiten der Konterrevolution standen und bei der Niederschlagung des Spartakusaufstandes von 1918/19 und der Ermordung Luxemburgs also in deren Interesse handelten, setzen wir historisch um einiges früher an und fragen nach den Motiven in der Partei, Rosa Luxemburg aus dem Weg zu räumen.

Gut zwei Jahre vor dem Attentat wurde Luxemburgs Antwort auf das Verhalten der Partei vor dem Ersten Weltkrieg – die Schrift *Krise der Sozialdemokratie*, die als *Juniusbroschüre* bekannt wurde – illegal verbreitet, ebenso die vier Seiten Thesen zur Schrift. Vor allem diese Arbeit soll unter drei Gesichtspunkten neu gelesen werden[80]:

80 In diesem Kapitel wird die Entwicklung der Fragestellung selbst zum Darstellungsprinzip gemacht. Das mag so aussehen, als ob ich die Orientierung des Kapitels verwirrend ändere; jedoch folgt die Methode der Darstellung der Erkenntnis, dass nicht die Antwort auf eine Frage Ziel der Erkundung sein wird, sondern eine neue Frage.

1. Welche Kritik übte Luxemburg an der Sozialdemokratie, dass dies für die Partei bedrohlich wurde?
2. Welche Auffassung von sozialistischer Partei lässt sich aus der Kritik entschlüsseln?
3. Welche politiktheoretischen Verfahren der Analyse und Kritik werden benutzt, die von aktuellem Wert bleiben?

Bewilligung der Kriegskredite

Ich hatte die Schrift *Krise der Sozialdemokratie* wesentlich als Ausdruck der Empörung gegen die Bewilligung der Kriegskredite durch die Sozialdemokraten im Parlament gelesen, als eine Tat, die mit einem Schlag der Hoffnung auf die Vereinigung der Proletarier aller Länder vorerst ein Ende setzte. Die Verzweiflung füllt die Zeilen mit heftigen Worten über Schande und Schmach der Sozialdemokratie, des »Turmwächters« der Internationale, ihren Verrat, ihr »jämmerliches, beispielloses Versagen« (4, 147). Aber damit nicht genug, ruft der Text nachdrücklich zur Analyse von Irrtümern und Fehlern auf und fordert Selbstkritik. In meiner ersten Lesart hätte sich dies vor allem auf das Verhalten der deutschen Sozialdemokratie gegenüber dem internationalen Proletariat und eben die Frage der Kriegskredite beziehen müssen.

Beim erneuten Studium springt allerdings ins Auge, dass die Frage der Kriegskredite nicht in dem von mir angenommenen Sinne entscheidend war, dass die Nichtbewilligung den Krieg hätte verhindern können, da die Sozialdemokraten im Parlament nicht die Mehrheit hatten. Wozu dann aber eine mehr als 100 Seiten umfassende flammende Kampfschrift und deren illegale Verbreitung?

Luxemburg entziffert das Ja der Sozialdemokraten in seiner ethisch-politischen Wirkung und begreift es als eine öffentliche Verkündung sozialdemokratischer Politik im sich herausbildenden Weltkapitalismus. Darin ist es: Preisgabe der Opposition, der grundsätzlichen Kritik und Einstellung des Klassenkampfes. Die Worte, die sie dafür findet, sind: Katastrophe, Versagen, Niederlage, Verrat, Barbarei, Ende, Pflichtvergessenheit, Disziplinbruch. Ein Verstoß gegen das Parteiprogramm, den sie zunächst »einzelnen Organen der Partei« zuschreibt.[81]

> »So bleibt es Tatsache, dass seit dem Ausbruch des Krieges unter dem Schutze des Belagerungszustandes fortlaufend schwerste Disziplinbrüche begangen werden, die die Sozialdemokratie ihrer bisherigen Richtung, ihrer Physiognomie, ihres

81 Auf dem Gründungsparteitag der KPD 1918/19 ruft sie unter großem Beifall: Die »deutschen Gewerkschaftsführer und die deutschen Sozialdemokraten [sind] die infamsten und größten Halunken, die in der Welt gelebt haben, [... Sie] gehören ins Zuchthaus! [...] Judasse der sozialistischen Bewegung« (4, 506).

Zieles zu berauben geeignet sind. Disziplinbrüche, die darin bestehen, dass einzelne Organe der Partei, anstatt dem Gesamtwillen, d.h. dem Parteiprogramm zu dienen, auf eigene Faust diesen Gesamtwillen beugen.« (*Parteidisziplin*, 4, 17)

Der Text *Krise* arbeitet – zumeist medienanalytisch – an drei Themen: Luxemburg analysiert 1. die Transformation der nationalen Kapitalismen zum Weltkapitalismus und wie sich dabei die Funktionen von Wirtschaft und Staat ändern. Sie zeigt 2. die je verschiedene Wirkung auf das Proletariat (und allgemein die Unterdrückten in den beteiligten Ländern), also auch die jeweils spezifischen Kräfteverhältnisse. Aus ihnen erarbeitet sie 3. das, was sie die »Aufgaben der Partei« nennt. In dieser Weise ist die Arbeit aktuell auch zu prüfen als Kapitalismuskritik, Kritik von Klassenkämpfen und als Parteitheorie.

Luxemburgs heftige Worte zum Weltkrieg sind Schulbeispiele für eine klare Analyse und Standpunktlogik bei gleichzeitiger literarischer Darstellung. Unerbittlich prangert sie die Täter an, beklagt die vielfältigen Opfer, zu denen die Kulturen ganzer Völker gehören. Hier lässt sich von Luxemburg lernen, denn solche kritische Arbeit wird in den aktuellen Kriegen unserer Zeit ebenfalls dringend gebraucht. Das Erstaunliche und zugleich Erschreckende ist, dass sie im allgemeinen Gemetzel ihre eigene Partei nicht bloß als Dulderin, sondern gar als beifällige Unterstützerin sieht, was bis in die sozialdemokratische Pressearbeit und deren nationalistische Erziehung der Jugend reicht. Ihre ideologiekritischen Lehren sind allgemeine Lehren vom Standpunkt der Unterdrückten der Welt:

»Und auch diese Erkenntnis [dass der Imperialismus eine Bestie ist] ringt sich in der verzerrten Form der bürgerlichen Heuchelei durch, worin jedes Volk die Infamie nur in der nationalen Uniform des anderen erkennt. ›Die deutschen Barbaren!‹ – wie wenn nicht jedes Volk, das zum organisierten Mord auszieht, sich in demselben Augenblick in eine Horde Barbaren verwandelte. ›Die Kosaken-Gräuel!‹ – wie wenn nicht der Krieg an sich der Gräuel aller Gräuel, wie wenn die Anpreisung der Menschenschlächterei als Heldentum in einem sozialistischen Jugendblatt nicht geistiges Kosakentum in Reinkultur wäre!« (161f)

Oppositionelle Presse vor 1914

Der Text ist ein Muster großartiger Geschichtsschreibung, der Herausarbeitung der Widersprüche, in die imperialistische Gelüste die Großmächte verstrickten, bis der Krieg als einzige Lösung geradezu notwendig wurde. In diesem Kapitel konzentrieren wir uns auf Luxemburgs Vorstellung von den Aufgaben ihrer Partei und der entsprechenden Fehleranalyse. Sie arbeitet in ihrer Kritik mit den heute als ganz modern, gar postmodern geltenden ›neuen‹ Methoden der diskurstheoretischen Medienanalyse. Dabei stellt sie den populistischen Diskurs der Bourgeoisie zur Stabilisierung ihrer Hegemonie heraus. Und genau dieser Diskurs war es, der von der sozialdemokratischen Führung und ihrer Presse bis 1914 kritisiert und dann schlagartig »über Nacht« begeistert übernommen wurde. Damit hat sie sich, in Luxemburgs Worten, selbst der herrschenden Klasse »geknebelt und gefesselt zu Füßen gelegt« (126). Sie schlug sich die wichtigste Waffe aus der Hand: »die Kritik des Krieges vom besonderen Standpunkt der Arbeiterklasse« (ebd.).

Der erste Schritt Luxemburgs ist eine ausführliche Darstellung der früheren Arbeit der oppositionellen Presse und damit der sozialdemokratischen Führung, die ja »seit zehn Jahren« die Vorbereitung des Ersten Weltkriegs verfolgte und verurteilte[82]; sie dokumentiert die Vielzahl der Losungen und Resolutionen, die auf den Treffen der Sozialistischen Internationale gefasst wurden. Sie alle zeigten, dass die deutschen Sozialdemokraten die Machtkämpfe der internationalen Bourgeoisie, insbesondere der imperialistischen Mächte, um die verschiedenen Weltteile und ihre Ausbeutung kannten und auch den aus diesem Wissen gefassten Entschluss, als Arbeiter den lange vorbereiteten Krieg nicht mitzumachen. Luxemburg zitiert aus dem *Handbuch für sozialdemokratische Wähler* von 1911:

> »Ein Schrei des Entsetzens wird die Völker erfassen und sie veranlassen, dem Morden ein Ende zu machen« (58).

Sie dokumentiert unter vielen anderen die Resolution der *Confédération Générale du Travail* in Paris 1911:

> »Die deutschen, spanischen, englischen, holländischen und französischen Delegierten der Arbeiterorganisation erklären, *bereit zu sein, sich jeder Kriegserklärung mit allen zu Gebote stehenden Mitteln zu widersetzen.* Jede vertretene Nation übernimmt die Verpflichtung, [...] gegen alle verbrecherischen Umtriebe der herrschenden Klasse zu handeln.« (58f)

Sie berichtet über die einvernehmliche Auffassung, Krieg sei ein kulturfeindliches Unternehmen (59); vom Widerstand aller sittlichen Kräfte (60); über das Neue in der Geschichte: die »Massen hören auf, willenlose gedankenlose Herden zu sein« (ebd.). Die reaktionären Unternehmungen waren für die deutsche Sozialdemokratie klar (88), denn »offen sprachen die Wortführer des deutschen Imperialismus« (91). Die Linien lassen sich bis wenige Tage vor dem Tag verfolgen, an dem die Sozialdemokratie all ihr Wissen »vergaß« und eben ganz ohne Notwendigkeit das Zeichen ihres Einverständnisses mit dem Krieg gab.

82 Luxemburgs Darstellung erfolgt mit großer Genauigkeit, Ausführlichkeit und Quellenkenntnis, denn hier geht es praktisch um das, was sie an anderer Stelle die notwendige »Kleinarbeit« der Partei, ihre »revolutionäre Realpolitik« nennt und wofür sie lebte und arbeitete – vgl. das zweite Kapitel in diesem Buch.

Änderung der Diskursstrategien

Luxemburg führt im Einzelnen vor, wie die Sozialdemokraten in der Presse ihre Darstellungen radikal umkehrten. Sie verkauften den Arbeitern die Notwendigkeit des Krieges, indem sie die tatsächlichen imperialistischen Absichten der Kriegsparteien in moralisch positive Werte verwandelten. Sie beschworen ein *Vaterland*, das in Gefahr sei, die *nationale Verteidigung* werde notwendig, ein Volkskrieg um die eigene *Existenz, Kultur und Freiheit* müsse geführt werden.

> »[Ein] großer Teil unserer Parteipresse war sittlich entrüstet, dass von den Gegnern Deutschlands die ›Farbigen und Wilden‹, Neger, Sikhs, Maori, in den Krieg gehetzt wurden. Nun, diese Völker spielen im heutigen Kriege ungefähr dieselbe Rolle wie die sozialistischen Proletarier der europäischen Staaten. Und wenn die Maori von Neuseeland nach Reutermeldung darauf brannten, sich für den englischen König den Schädel einzurennen, so zeigten sie just so viel Bewusstsein für die eigenen Interessen wie die deutsche sozialdemokratische Fraktion, welche die Erhaltung der Habsburgischen Monarchie, der Türkei und der Kassen der Deutschen Bank mit der Existenz, Freiheit und Kultur des deutschen Volkes verwechselte. Ein großer Unterschied besteht freilich bei alledem: Die Maori trieben noch vor einer Generation Menschenfresserei und nicht marxistische Theorie.« (109)

Wiewohl für heutige, auf Rassismusverdacht hin vor allem postkolonial geschulte Ohren die Aussage über die ›menschenfressenden‹ Maori unkundig und auch eurozentrisch-verächtlich klingen muss, sollen jenseits solchen politischen Zweifels zwei Wendungen aufgehoben werden. Luxemburg überführt die »sittliche Empörung« der eigenen Genossen, die sich vor die Unterdrückten anderer Völker stellen, weil sie in fremdem Interesse handeln müssen, direkt in eine Lehre über das internationale und damit auch das nationale Proletariat im eigenen Land, das von den gleichen Genossen ungerührt in den Krieg gehetzt wird, wo es für fremde Interessen sterben und morden soll. Das Empörungsgefühl wird positiv aufgenommen, gedreht und erweitert. Komplizierter noch aber ist die Nennung »marxistischer Theorie« in diesem Kontext. Es hört sich spontan naiv an und überheblich zugleich. Marxistische Theorie taucht auf als Werkzeug, das andere (noch) nicht besitzen, die daher, im Unterschied zur Sozialdemokratie und zur geschulten Arbeiterklasse, irren können. Diese Auffassung, dass Erkenntnis und Begreifen des Kapitalismus und seiner Bewegungsgesetze Grundlage sozialistischer Arbeiterpolitik und Voraussetzung für den Internationalismus der Arbeiterklasse ist, bestimmt Luxemburgs gesamtes Wirken in der Sozialdemokratie. Als sie den Satz über die Maori u.a. schreibt, weiß sie schon, dass keine marxistische Theorie die eigene geschulte Arbeiterklasse und schon gar nicht die Partei und ihren Vorstand davor bewahrte, in abergläubische, vorwissenschaftliche, nationalistische Auffassungen zurückzufallen. Was ihre Worte für uns schwer lesbar macht, ist wohl, dass unsere eigene Arbeit, Sinn und Wirkung unseres Tuns als linke Intellektuelle, damit genauso als unwirksam und daher vergeblich verurteilt ist. Luxemburg beschwört also, was ebenso unsere Lebenshoffnung ist, dass Erkennen und Begreifen zu vermitteln nicht vergeblich sei.

Erinnern wir an die These zur revolutionären Realpolitik, mit der sie die Bedeutung marxistischer Theorie als klaren Bruch mit bisheriger Politik, selbst wenn diese sozialistisch war oder sein wollte, bestimmt:

> »Es gab vor Marx eine von Arbeitern geführte bürgerliche Politik, und es gab revolutionären Sozialismus. Es gibt erst seit Marx und durch Marx sozialistische Arbeiterpolitik, die zugleich und in vollstem Sinne beider Worte revolutionäre Realpolitik ist.« (1/2, 373)

Für Luxemburg ist klar, dass eine von grundlegender Theorie geleitete Politik einer gewichtigen Presse bedarf, um die wissenschaftliche Durchdringung dessen, was ist, populär zu machen, d. h. für das Volk verständlich zu verbreiten. Und sie zeigt auf, dass die sozialdemokratische Presse dies nach Ausbruch des Weltkriegs nicht nur versäumt hat, sondern im Grunde energisch daran arbeitet, einen patriotischen Taumel der Massen zu erzeugen:

> »[Sie] erhob laut das Prinzip der nationalen Einigkeit zum Lebensinteresse des deutschen Volkes« (4, 122).

> »[Sie schuf] mit ihrer patriotischen Hetze in Poesie und Prosa das entsprechende und notwendige geistige Narkotikum für ein Proletariat, das nur noch seine Existenz und Freiheit retten kann, indem es das tödliche Eisen in die Brust russischer, französischer und englischer Brüder stößt« (64);

> »[…] erfüllte die sozialdemokratische Presse die Luft mit jubelndem Lerchengesang über die Freiheit, die von ›deutschen Gewehrkolben‹ den armen Opfern des Zarismus gebracht werde« (112).

Diskursanalytisch zeigt Luxemburg ein politisches Vorgehen der sozialdemokratischen Presse, wie es bis heute allgemein für die bürgerliche Presse üblich ist – die Verschiebung von Interessen und sozialistischer Perspektive der Arbeitenden auf Werte, die nationalistische Dummheit erzeugen und die den Arbeitern selbst und der sie vertretenden Partei den Garaus machen: Sie bringen »Krieg mit ›Humanität‹, Morden mit Bruderliebe, Bewilligung von Mitteln zum Kriege mit sozialistischer Völkerverbrüderung« (64) zusammen, sodass der Krieg zur heiligen Volkssache und »demokratisch geadelt« wird (67).[83] Da aber der Krieg nichts sei als methodisches Morden,

83 Vgl. dazu, wie Sozialdemokraten auch im 21. Jahrhundert gerade so weitermachen und dem Volk wichtige Werte wie Menschenrechte mit einem Angriffskrieg synonymisieren oder

sei dafür ein Rausch nötig, eine Bestialität der Praxis, der Gedanken, der Gesinnung (64).

So lieferte die Parteipresse ein geistiges Narkotikum für ein Proletariat durch eine Verkehrung und Umorientierung der ihm wichtigen Ziele.[84] Ein Mittel, wie dies inszeniert wurde, war ausgerechnet in diesem Moment des großen Vergessens eine letzte Erinnerung an Marx und Engels. Die deutschen Sozialdemokraten legitimierten den Feldzug gegen Russland mit den »Alten Meistern«, zitierten dafür deren Schriften gegen den Zarismus. Luxemburg zeigt die Indienstnahme dieser Analysen als groteske Verwechslung, da es bei Marx und Engels um den Kampf für das unterdrückte Volk in Russland ging, zum Zeitpunkt des Ersten Weltkriegs dagegen um eine Mobilisierung gegen die Revolutionäre dort (109).

Selbst in dieser Lage arbeitet Luxemburg intensiv an Bewusstsein und politischer Wahrnehmung, also an Hegemonie, und gibt in diesem Kontext einen kurzen Lehrgang aus der »geschichtlichen Erfahrung von bald 70 Jahren nach der Märzrevolution« (113). Überhaupt hat der gesamte Text mit historischen Ausführungen zu den einzelnen Kriegen und Diplomatien, der jeweiligen Propaganda, den Interessen der beteiligten imperialistischen Mächte und ihrer Gegensätze bis hin zur Notwendigkeit kriegerischer Lösung auch als Schulungsmaterial bleibenden Wert.

Luxemburg führt also vor, wie das Volk von der gesamten Presse in Kriegstaumel versetzt wird. Im angeblichen Kampf um Kultur und Freiheit werde eine Pogromstimmung im Volk erzeugt: man glaubte,

> »dass belgische Frauen deutschen Verwundeten die Augen ausstechen, dass die Kosaken Stearinkerzen fressen und Säuglinge an den Beinchen packen und in Stücke reißen«;
>
> dass sie darauf aus sind, »die deutsche Kultur zu vernichten« und den »Absolutismus einzuführen« (95).

In dieser Weise werde unter der Parole der Unabhängigkeit und Freiheit der Nationen die wechselseitige Ausrottung der Proletarier (64) betrieben. Und als die Sozialdemokratie am 4. August 1914 behauptete, wir »lassen das Vaterland in der Stunde der Gefahr nicht im Stich«, klagt Luxemburg an,

Menschenwürde zur Begründung dafür bemühen, dass man jeden Job annehmen solle (wie etwa der SPD-Vertreter Gabriel in einer der beliebten Fernseh-Talkshows 2005 erklärte).

84 Freilich beschränkt sich ein solches diskursanalytisches Verfahren auf die Taten der Presse und nicht auf die Analyse des ›Bodens‹, also des nationalen Gefühls und des Opportunismus, wie sie schon in der Bevölkerung existieren und mobilisiert werden können. Solche Vertiefung erfolgt später, u.a. mit Antonio Gramsci, dann mit der kulturtheoretischen Wende in der Forschung zu den sozialen Bewegungen, wie sie im CCCS (*Center for Critical Cutural Studies)* um Stuart Hall (deutsch 1989ff) seit den 1970er Jahren entwickelt wurde; vgl. auch Projekt Ideologietheorie (1980ff und 1986).

> »[da] *hat* sie das Vaterland in der Stunde der größten Gefahr im Stich gelassen, [indem sie] das Gewebe von patriotischen und diplomatischen Lügen, womit dieser Anschlag auf das Vaterland verwoben war, [nicht zerriss]« (147)

und dem deutschen Volk nicht sagte, dass in diesem Krieg Sieg und Niederlage wie »zwei Trachten Prügel« (157) für das Volk gleich verhängnisvoll waren.

Aufkündigung des Klassenkampfes

Indem die Führung der Sozialdemokratie solcherart beschlossen hat, das »Vaterland« zu verteidigen, und der herrschenden Klasse versprach, für die Zeit des Krieges auf jeden Klassenkampf zu verzichten, den »Burgfrieden« zu wahren, verlängerte sie den Krieg, das wechselseitige Morden, begann sie den Kampf gegen die revolutionären Russen und bereitete in dieser Form dem internationalen Proletariat Niederlage auf Niederlage. Mit der Leugnung des Klassenkampfes am vierten August verwandelten sich die sozialistischen Parteien »in einen konterrevolutionären Faktor« (89).

Gewissermaßen nebenher führt Luxemburg vor, wie die Partei selbst in der Frauenfrage ganz in bürgerliche Muster zurückfällt und wie gerade dieses die Gesamtkraft und sozialistische Zielrichtung schwächt:

> »Die Leitung der sozialdemokratischen Frauenbewegung proklamierte die Vereinigung mit bürgerlichen Frauen zum gemeinsamen ›nationalen Frauendienst‹. [Statt die] wichtigste nach der Mobilmachung im Lande gebliebene Arbeitskraft der Partei [...] zur sozialdemokratischen Agitation [zu nutzen], kommandierte [die Parteiführung sie] zu nationalen Samariterdiensten, wie Verteilung von Suppen, Erteilung von Rat usw.« (121)

Die sozialdemokratische Presse (Hamburger Echo, 6.10.1914)

> »warnte die Proletarierinnen davor, ihren Männern im Felde von ihrer und ihrer Kinder Not, von der ungenügenden Versorgung durch den Staat zu berichten, und riet ihnen, auf die Krieger lieber durch Schilderungen holden Familienglücks und durch *freundliche Darstellung der Hilfe*, die bisher gewährt wurde, beruhigend und erhebend zu wirken« (122).

Transnationaler Weltkapitalismus

Luxemburg dreht den Spieß um und fragt umgekehrt, inwieweit auch die Bourgeoisie den Klassenkampf für die Zeit des Krieges einstellte, auf Ausbeutung, gar auf Eigentum verzichtete. Es ist von vornherein klar, dass dies eine rein rhetorische Frage ist, jedoch wird man zugleich überführt, dass selbst der Vorgang, solche Umkehrung für ganz und gar unsinnig, ja für

Kabarett zu halten, ein Einverständnis mit der kapitalistischen Logik, einen vorweg eilenden Gehorsam zeigt:

> »Haben etwa Privateigentum, kapitalistische Ausbeutung, Klassenherrschaft aufgehört? Haben etwa die Besitzenden in der Aufwallung des Patriotismus erklärt: Jetzt angesichts des Krieges, geben wir für seine Dauer die Produktionsmittel, Grund und Boden, Fabriken, Werke, in den Besitz der Allgemeinheit, verzichten auf die alleinige Nutznießung der Güter, schaffen alle politischen Privilegien ab und opfern sie auf dem Altar des Vaterlandes, solange es in Gefahr ist?« (124)

Gerade weil das Verlangen nach Zweiseitigkeit des »Burgfriedens« als unmöglich überführt wird, kann jetzt als Lehre gezogen werden: Für die Bourgeoisie war der gesamte Krieg von vornherein ohnehin keiner für Nation und Vaterland, sondern es ging um die Aufteilung der Welt unter den Imperialmächten, die wiederum in wechselseitiger Verschränkung und Abhängigkeit agierten. Luxemburg untersucht den »Reifegrad in der Weltentwicklung des Kapitals, [...] ein unteilbares Ganzes, das nur in allen seinen Wechselbeziehungen erkennbar ist« (137) und dem sich kein einzelner Staat zu entziehen vermag. Für jedes der aktiv oder als Beute beteiligten Länder prüft sie diesen Prozess der Transformation in den Weltkapitalismus auf den je unterschiedlichen Stufen. Mal ist der Staat der »schiebende«, mal der »geschobene Teil« (98). Mal wird der Krieg auf friedlichem Weg durch Einführung von Kulturgütern und dabei Vernichtung der einheimischen Produktionsweise vorbereitet:

> »Die Kehrseite dieser großen ›friedlichen Kulturwerke‹ [gemeint sind Bagdadbahn, Trockenlegung von Seen und Bewässerung, finanziert durch öffentliche Verschuldung] ist der ›friedliche‹ und großartige Ruin des kleinasiatischen Bauerntums« (83);

mal findet seit 1895 eine ununterbrochene Kette blutiger Kriege statt, die Luxemburg als Expansion des europäischen Kapitalismus in die nichtkapitalistischen Länder der Welt charakterisiert.

> »Der kapitalistische Aufschwung, der nach der Kriegsperiode der sechziger und siebziger Jahre in dem neu konstituierten Europa Platz gegriffen und der namentlich nach Überwindung der langen Depression, die dem Gründerfieber und dem Krach von 1873 gefolgt war, in der Hochkonjunktur der neunziger Jahre einen nie dagewesenen Höhepunkt erreicht hatte, eröffnete bekanntlich eine neue Sturm-und-Drang-Periode der europäischen Staaten: ihre Expansion um die Wette nach den nichtkapitalistischen Ländern und Zonen der Welt [...] ein energischer Drang nach Kolonialeroberungen« (77).

Sie nennt England – Ägypten, Südafrika; Frankreich – Tunis, Tonking; Italien – Abessinien; Russland – Zentralasien und die Mandschurei; Deutschland – Afrika und die Südsee; endlich auch die Vereinigten Staaten – die

Philippinen (77), denn »alle diese Vorgänge schufen neue außereuropäische Gegensätze« (ebd.) Kurz, was sich für die Sozialdemokratie entschlüsseln ließ, war ein hin- und herwogendes Meer von Gegensätzen und Allianzen, ein heimlicher Krieg aller kapitalistischen Staaten gegen alle, und

> »dass der europäische Weltkrieg zur Entladung kommen würde, sobald die partiellen und abwechselnden Gegensätze zwischen den imperialistischen Staaten eine Zentralisationsachse, *einen* überwiegenden starken Gegensatz finden würden, um den sie sich zeitweilig gruppieren können. Diese Lage wurde geschaffen mit dem Auftreten des deutschen Imperialismus.« (78)

Von aktuellem Interesse ist, wie Luxemburg die kapitalistische Entwicklung denkt, nicht, wie man ihr unterstellt, ökonomistisch, deterministisch und unilinear, sondern als eine Art Überdeterminierung:

Auf »Schritt und Tritt gibt es zwei historische Notwendigkeiten, die zueinander in Widerstreit geraten« (160), eine Akkumulation von Gegensätzen und Widersprüchen, die gleich einer Ladung Dynamit auf ein neues Gleichgewicht drängen durch Krieg. Sie zeigt die Anordnung, die Kräfteverhältnisse, das Hin und Her von Aggression und Annexion und benennt die einzelnen Faktoren im Kräfteverhältnis, so auch

> »den schwächsten, jeder Opposition unfähigen Parlamentarismus, dazu alle bürgerlichen Schichten in schroffstem Gegensatz zur Arbeiterklasse zusammengeschlossen und hinter der Regierung verschanzt« (ebd.).

Ihre Charakterisierung des Finanzkapitals ist hellsichtig, wenn sie schreibt, es sei

> »zu einer geschlossenen Macht von größter stets gespannter Energie zusammengepresst, zu einer Macht, die, gebieterisch schaltend und waltend in Industrie, Handel und Kredit des Landes, gleich ausschlaggebend in Privat- wie in Staatswirtschaft, schrankenlos und sprunghaft ausdehnungsfähig, immer nach Profit und Betätigung hungernd, unpersönlich, daher großzügig, wagemutig und rücksichtslos, international von Hause aus, ihrer ganzen Anlage nach auf die Weltbühne als den Schauplatz ihrer Taten zugeschnitten [ist]« (78).

Die Überlegungen Luxemburgs spitzen sich zu auf Fragen nach der Möglichkeit von Internationalismus für das Proletariat und der Bedeutung des Nationalen. Wieder geht es ihr nicht einfach darum – das Nationale großzügig überspringend –, Internationalismus als Parole einfach zu behaupten. Sie zeigt vielmehr, dass dieser Krieg selbst kein nationaler war bzw. dass die beteiligte Bourgeoisie international konstituiert, die Berufung auf die Nation also selbst historisch überholt war.

»Doch hinderte die offenkundige Tatsache, dass jede der beiden konkurrierenden Kapitalgruppen in Marokko: sowohl die Mannesmann-Gruppe

> wie die Krupp-Schneider-Gesellschaft, ein ganz internationales Gemisch von deutschen, französischen und spanischen Unternehmern darstellte, im Ernst und mit einigem Erfolg von einer ›deutschen Interessensphäre‹ zu sprechen« (92).

Umgekehrt bedeuteten die glänzenden Geschäfte etwa von Krupp und der Deutschen Bank, die als nationales Interesse verkündet waren, keineswegs für die Proletarier das »Vaterland«. Aber:

> »Die Legende gehört so gut zum Kriegführen wie Pulver und Blei. Das Spiel ist alt. Neu ist nur, dass eine sozialdemokratische Partei an diesem Spiel teilgenommen hat.« (74)

Was die Parlamentarier als »tragischen Konflikt« abbilden, der sie in den imperialistischen Krieg fallen lässt, nennt sie »eine reine Einbildung, eine bürgerlich-nationalistische Fiktion« (82).

Luxemburg arbeitet mit dem Begriff »Nation«, indem sie ihn an dem verkündeten Anspruch misst, »frei« und »selbstbestimmt« zu sein bzw. sein zu wollen. Sie führt vor, wie die Nation selbst die Fessel ist, die die erstrebten Gehalte verkehrt:

> »Im sozialistischen Sinne dieses Begriffs gibt es keine freie Nation, wenn ihre staatliche Existenz auf der Versklavung anderer Völker beruht« (135f).

> »Und es liegt ein wahrhaft teuflischer Witz der Geschichte darin, dass Sozialdemokraten, die Erben der deutschen Patrioten von 1848, in diesen Krieg ziehen – das Banner des ›Selbstbestimmungsrechts der Nationen‹ in der Hand! Oder ist etwa die Dritte Republik mit den Kolonialbesitzungen in vier, mit Kolonialgräueln in zwei Weltteilen ein Ausdruck der ›Selbstbestimmung‹ der französischen Nation?« (135)

Luxemburg historisiert die Begriffe und weist ihre Geltung einem bestimmten Kontext zu. Diesen nennt sie »das historische Milieu«: »und dieses Milieu macht es, *dass heutzutage nationale Verteidigungskriege überhaupt nicht mehr möglich sind*« (142).

Luxemburg bezieht sich hier auf Kautskys Überlegungen zum »Patriotismus« des Proletariats. »Unabhängigkeit und Selbständigkeit« seien nationale Interessen, die Bourgeoisie und Proletariat selbst bis in einen Krieg zusammenschließen könnten. Dies habe aber mit Erstarken des Proletariats ein Ende, weil jetzt die Bourgeoisie bei jeder nationalen Erschütterung fürchten müsse, dass am Ende eines Krieges eine Revolution drohe. Insofern stellt die Bourgeoisie, seit sie politisch mit dem Proletariat rechnen muss, ihre Klasseninteressen über die nationalen. Und das heiße, dass die Bourgeoisie keine nationalen Kriege mehr führt, sondern dass ihr Militarismus nur der Verfechtung des Profits gilt,

> »*nicht der Sicherstellung der Unabhängigkeit und Unverletztheit des eigenen Volkstums, das niemand bedroht, sondern nur der Sicherstellung und Erweiterung der überseeischen Eroberungen*, die bloß der Förderung des kapitalistischen Profits dienen. *Die heutigen Gegensätze der Staaten können keinen Krieg mehr bringen, dem der proletarische Patriotismus [nicht] aufs Entschiedenste zu widerstreben hätte.*« (Kautsky 1907, 23; zit. Luxemburg 4, 143)

Der Gedanke ist so einfach wie schwierig durchzuführen. Wenn das Kapital wegen des Profits im Weltmaßstab handelt, steht dem ein Weltproletariat gegenüber, dessen Internationalismus proletarischen Patriotismus aber nicht ausschließt, der aber die Arbeiter aller Länder wegen der gleichen Interessenlage hindert, sich in mörderischen Kriegen aufeinanderhetzen zu lassen. So ist nicht der Nationalismus oder Patriotismus das zu Negierende – sie wären gerade gegen imperialistische Kriege zu mobilisieren, und die Aufgabe einer sozialdemokratischen Partei wäre es, den proletarischen Patrioten klarzumachen, dass die Anrufung ihrer nationalen Interessen eine ideologische Verfälschung ist.

> »Statt also dem imperialistischen Krieg den Mantel der nationalen Verteidigung fälschlich umzuhängen, galt es gerade mit dem Selbstbestimmungsrecht der Völker und mit der nationalen Verteidigung ernst zu machen, sie als revolutionären Hebel gegen den imperialistischen Krieg zu wenden.« (144)

Die überraschende positive Wendung Luxemburgs zu Nation und Selbstbestimmungsrecht, obwohl sie doch eine glühende Internationalistin war, findet ihre Erklärung in der Weise, wie sie an Marx anschließt und Politik macht. Dass etwa der Begriff der Nation dazu benutzt wird, die Nationen gegeneinanderzuhetzen, versteht sich nicht aus dem nationalen Interesse schlechthin. Aufgerufen zur Verteidigung seiner Nation müsste das Volk zur eigenen Bewaffnung schreiten (Volksmiliz statt stehendes Heer), um dann selbstbestimmt zu verhandeln, ob und gegen wen es Krieg führen will. Die Enteignung von Nation und Selbstbestimmung zu imperialistischen Zwecken kann rückgängig gemacht werden durch Wiederaneignung. Oder einfacher: Ein Selbstbestimmungsrecht der Völker ist überhaupt erst im zu erkämpfenden Sozialismus verhandelbar. Luxemburg beruft sich also auch in diesem Kontext auf Marx, der begeistert über die Pariser Kommune schreibt:

> »*Das erste Dekret der Kommune war daher die Unterdrückung des stehenden Heeres und seine Ersetzung durch das bewaffnete Volk.* […] Wenn auch die Kommune die wahre Vertreterin aller gesunden Elemente der französischen Gesellschaft war, und daher die *wahrhaft nationale Regierung*, so war sie gleichzeitig, als eine Arbeiterregierung, als der kühne Vorkämpfer der Befreiung der Arbeit, im vollen Sinn des Worte international.« (*Der Bürgerkrieg in Frankreich*, MEW 17, 338, 346; zit. Luxemburg 4, 145)

Selbst die Begriffe der Nation und der nationalen Selbstbestimmung sind so nichts Festes, nichts Metaphysisches, sondern mit einem Inhalt zu füllen, der seine Verallgemeinerung verträgt.[85]

Brecht nimmt diesen Auftrag an und übersetzt die Spannung von Nationalismus und Internationalismus in ein (von Eisler vertontes) Kinderlied als Vorschlag für die neue Nationalhymne (1949):

Kinderhymne

Anmut sparet nicht noch Mühe
Leidenschaft nicht noch Verstand
Dass ein gutes Deutschland blühe
Wie ein andres gutes Land.

Dass die Völker nicht erbleichen
Wie vor einer Räuberin
Sondern ihre Hände reichen
Uns wie andern Völkern hin.

Und nicht über und nicht unter
Andern Völkern wolln wir sein
Von der See bis zu den Alpen
Von der Oder bis zum Rhein.

Und weil wir dies Land verbessern
Lieben und beschirmen wir's.
Und das liebste mag's uns scheinen
So wie andern Völkern ihrs.

85 Die Fragen um die Nation hat die Linke in Europa in den letzten Jahrzehnten zunehmend beschäftigt und in entgegengesetzte Lager gespalten. Nach den Erfahrungen mit dem NS schien das Nationale ganz selbstverständlich zu den Posten zu zählen, die auf den Kehrrichthaufen der Geschichte gehörten. Einen vielstimmigen Protest von links löste die Verkündung der PDS-Vorsitzenden aus, sie »liebe Deutschland«, wobei sie sich, politisch im historischen Moment unstrategisch, auf Brechts Nationalhymne beziehen konnte. Die Diskussionen um Migration brachten eine Verschärfung der Positionen, der Verachtung der eignen Nation (besonders in Deutschland) bei gleichzeitiger Verkündung kultureller Toleranz gegenüber anderen Nationen. Bei Luxemburg und Kautsky wäre zu studieren, das Nationale nicht als historisches Relikt feststehend zu verklären oder zu bekämpfen, sondern es ebenso als Entwicklungsprojekt der einzelnen Völker in Befreiungskämpfen zu sehen, als eine Kraft, mit der vorangeschritten werden kann. Voraussetzung ist wiederum die ständige Analyse des historischen kapitalistischen Milieus.

Aufgaben der Partei

Die Partei »irrte« in Bezug auf die vaterländischen Ursachen des Krieges, und also war es ihr »Fehler«, das Proletariat zur Rettung von Kultur und Freiheit aufzurufen und den Burgfrieden zu verkünden. Aber damit nicht genug: Die Partei irrte vor allem in Bezug auf sich selbst und ihre Aufgaben. Dies macht die Frage der Selbstkritik, der Fehleranalyse, die Problematik des Irrtums so besonders brisant. Da Luxemburg die Politik der Partei an den sich stets ändernden Klassenkampf bindet, wird der »Fehler« *existenziell.* Weil die arbeitende Klasse diese Partei zu ihrer Führung hervorgebracht hat, bedeutet die Preisgabe des Klassenkampfes die Vernichtung oder Selbstaufgabe der Partei. Und umgekehrt sind diese Fehler der Partei Vernichtung der Arbeiterklasse im wörtlichen Sinn.

> Dieser Weltkrieg ist »Selbstmord der europäischen Arbeiterklasse« (163);
>
> »*Noch* ein solcher Weltkrieg, und die Aussichten des Sozialismus sind unter den von der imperialistischen Barbarei aufgetürmten Trümmern begraben« (ebd.).

Die Trümmer sind die große Zahl der vernichteten, ausgerotteten, zerstampften Produktionsweisen, Völker, Kulturen, um an ihre Stelle Profitmacherei in modernster Form zu setzen (160); die Trümmer sind auch Ergebnis des Massenmords an einem Proletariat, welches geschult und aktionsfähig ist (162).

Entgegen der späteren Auffassung, Luxemburgs vielfache Äußerungen über das Lernen der Arbeiterklasse aus Niederlagen könnten geradezu ein Lob der Niederlagen als Lob des Lernens darstellen, heißt es bei ihr zur Tragödie der Bewegung:

> »Aber das heutige Wüten der imperialistischen Bestialität in den Fluren Europas hat noch eine Wirkung […] *Das ist der Massenuntergang des europäischen Proletariats.* […] Es sind die besten, intelligentesten, geschulten Kräfte des internationalen Sozialismus […], die jetzt zuhauf niedergeknebelt, niedergemetzelt werden.« (Ebd.)

Luxemburg unterstreicht: Die Partei kann, da sie selbst ein Produkt des Klassenkampfes ist, diesen nicht einfach abstellen. Der Kapitalismus ist keine Gruppierung von Parteien, die Bündnisse miteinander schließen und zu gemeinsamen Taten aufbrechen können, auch nicht zeitweilig (wie dies der gemeinsame Aufbruch aller Parteien in den imperialistischen Krieg suggeriert). Er ist eine Produktionsweise. Die Politik kann schieben oder geschoben werden, die kapitalistische Entwicklung beschleunigen oder verlangsamen, aber sie wird sie nicht aufhalten. Diese Produktionsweise rast über die Erde wie eine Epidemie; aber in sich trägt sie ihren eigenen Gegensatz – die zur Ausbeutung notwendige Arbeiterklasse –, wie sie im Weltmaßstab mit dem zweiten Gegensatz ringt – den anderen Produktionsweisen als dem für ihre Akkumulation notwendigen Hinterland. Die aus solcher Produktionsweise mit Klassenkampf geborene Partei kann die kapitalistische Produktionsweise nur insoweit mitregeln, als sie darin Lebensbedingungen aushandelt und die Rolle der Kritik übernimmt. Sie muss

> »Zielbewusstsein und Zusammenhang in die verschiedenen örtlichen und zeitlichen Fragmente des Klassenkampfes [...] bringen« (124).

1910 schreibt Luxemburg (über Bebel als *politischen Führer der deutschen Arbeiterklasse*):

> »Die Sozialdemokratie ist nichts anderes als die Verkörperung des vom Bewusstsein über seine historischen Konsequenzen getragenen Klassenkampfes des modernen Proletariats. Ihr eigentlicher Führer ist in Wirklichkeit die Masse selbst, und zwar dies dialektisch in ihrem Entwicklungsprozess aufgefasst.« (2, 280)

Im Grunde denkt Luxemburg die Partei als Gruppe von Intellektuellen, die selbst in der Bewegung arbeiten, nicht von oben und von außen Analyse und Begreifen vorantreiben. Solche noch sehr ungefähre Bestimmung kommt in Schwierigkeiten mit der Parteiform. Die Auflösung der Grenzen zwischen Partei und Bewegung scheint die Form der Partei überflüssig zu machen. Aber die Partei bleibt bei Luxemburg zugleich notwendig, ist sie es doch, die beim täglichen Kampf um jeden Handbreit Boden, der für die Unteren errungen wird, Kritik als Schulung auf parlamentarischer Bühne publik macht. Die Partei müsse, sagt Luxemburg,

> »selbständige Klassenpolitik einschlagen, die in jeder großen Krise der bürgerlichen Gesellschaft die herrschenden Klassen vorwärtspeitscht, die Krise über sich selbst hinaustreibt, das ist die Rolle der Sozialdemokratie« (*Krise*, 4, 144).

> »[Deren Leitung hätte] die politische Losung [zu geben,] die Klarheit über die politischen Aufgaben und Interessen des Proletariats im Kriege[, damit] in jeder Phase und jedem Moment die ganze Summe der vorhandenen und bereits ausgelösten, betätigten Macht des Proletariats realisiert wird, [...] nie unter dem Niveau des tatsächlichen Kräfteverhältnisses, [...] das ist die wichtige Aufgabe der Leitung« (149f).

Wenn Luxemburg die Aufgabe der Partei beschreibt, tauchen implizit wieder die Bewegungsintellektuellen auf, ohne die die Anrufung leere Phrase bleibt. Aufgabe der Partei nämlich ist die permanente wissenschaftliche Analyse dessen, was geschieht, ein anti-ideologischer Kampf, der das Proletariat schult und handlungsfähig macht, dies in internationalem Maßstab, wie auch das Kapital international agiert. Neben Barrikade und Parlamentarismus, schreibt sie schon 1898 (*Nachbetrachtungen zum Parteitag*), ist ein spezifisch von der Sozialdemokratie geschaffenes drittes Kampfmittel entstanden,

> »die neue Potenz, der wir unsere bisherigen Erfolge verdanken und auf die wir in weiteren Kämpfen vor allem rechnen müssen – die Macht des Klassenbewusstseins des Proletariats« (1/1, 253).

Und 1904 (in den Überlegungen zum Parlamentarismus) heißt es:

> »Besteht doch ihr [der Sozialdemokratie] eigentliches Wesen, ihr historischer Beruf gerade darin, dem Proletariat ein klares Bewusstsein über die sozialen und politischen Triebfedern der bürgerlichen Entwicklung im Ganzen wie in allen Einzelheiten beizubringen.« (1/2, 451)

Ob solche Arbeit, zu der die Partei marxistischer Wissenschaft bedarf, gelingt, sei nicht mit Sicherheit vorherzusagen. Ja es scheine mit den vielen Kriegen immer unwahrscheinlicher. Aber zugleich sei diese Unwahrscheinlichkeit die einzige Möglichkeit, eine Produktionsweise zu verändern, die zwar Produktivkräfte entwickelt und ein handlungsfähiges Proletariat selbst mit schult, aber in sich so destruktiv ist, dass von Barbarei zu sprechen noch harmlos klingt.

Man kann urteilen, dass Rosa Luxemburg die Möglichkeiten und Fähigkeiten der Partei – bzw. wiederum der Parteiintellektuellen – überschätzte und dass sie die Wirkung der Belohnung, die auf Zustimmung zum Mitmachen steht, unterschätzte. Vielleicht war eine auf wissenschaftlicher Analyse beruhende Opposition ein zu schwieriges Ziel. Man kann jedoch auch schließen, dass dieser Spiegel, den sie der SPD vorhielt, schwer zu akzeptieren war, dass die Führung der Sozialdemokratie also Grund genug hatte, ihr übel zu wollen; schließlich war es die Existenz der Sozialdemokratie als legale Partei, die in Frage stand.

Nach der neuerlichen Lektüre von Luxemburgs Krisenbericht bleibt als Eindruck, dass ihre Analyse zur Transformation des Kapitalismus zum Weltkapital äußerst aktuell ist, dass selbst die unaufhörliche Kette von Kriegen, deren Analyse sie betreibt, sich fortsetzt und die Fragen der jeweiligen Interessen und des Staatshandelns darin in ähnlicher Weise begriffen werden können und müssen, wie Luxemburg es vorschlägt. Es tut not, solche Analysen unaufhörlich anzustellen, sie zu publizieren, zu diskutieren, zu erneuern. Dringlich ist die Existenz von Gruppen, von Bewegungsintellektuellen, Institutionen, Medien, welche die kritische Analyse der Gegenwart fortwährend betreiben.[86]

86 Unter anderen kritischen Zeitschriften hat sich *Das Argument* seit einigen Jahren engagiert dieser Aufgabe gestellt. Seit Einführung der Rubrik *Aktuelle Analysen* gibt es in jedem Heft eine solche luxemburgische politische Schulung.

Zunächst wollte ich auch vom Zweifel schreiben, den ich in Bezug auf ihre Einschätzung des Proletariats hatte. Die ihm zugeschriebene Aufgabe kam mir zu groß vor, das Setzen auf diese Klasse waghalsig, insbesondere angesichts neuerer Entwicklungen der Schwächung der Organisationen der Arbeiterklasse. Doch bei genauerem Hinsehen zieht sich durch die gesamte Schrift selbst der Zweifel an ebendiesem Proletariat, das durch eine ›verräterische Presse‹ im Handumdrehen in eine kriegsbegeisterte Menge verwandelt werden kann, die zum Brudermord auszieht. Das Proletariat braucht in dem Meer von Beliebigkeiten und Dummheit eine Orientierung, einen »Leuchtturm« (4, 152). Und das Ringen um kritisches Bewusstsein ist heute wohl so nötig wie damals, denn, wie Luxemburg dies ausdrückt: Der Burgfrieden und die Bewilligung der Kriegskredite durch die Sozialdemokratie beweisen, dass die Gesellschaft in Deutschland für die politischen Freiheiten in sich selbst damals keine Grundlage hatte, da sie die Freiheit so leicht und ohne jede Reibung entbehren konnte (128).

Die Botschaft ist klar: Die Arbeiterklasse ist von ihren Interessen her in der Lage, ihr Schicksal und damit das der arbeitenden Menschen der Welt in eigene Hände zu nehmen, aber dem herrschenden Kapitalismus ist nichts entgegenzusetzen ohne eine ständige Schulung, eine wissenschaftliche Analyse und organisatorische Leitung, ohne parlamentarische Aufklärungsarbeit – »die *Parlamentstribüne* [...], ein gewaltiges Werkzeug der Volksaufrüttelung« (150).

Unter solcher Voraussetzung sind die Haltung und die Praxis der Sozialdemokratie bei der Bewilligung der Kriegskredite ein Vernichtungsschlag auch gegen die Partei und ihre Legitimation oder Aufgabe. Die Partei wirkt demoralisierend auf das Volk und stärkend auf die herrschende Klasse (129); statt »Volksvergiftung und Volksverdummung« (152) zu erschweren, arbeitet sie selbst in diese Richtung.

Fehler und Irrtum

Als Fragezeichen an Luxemburgs Kritik bleibt, dass sie, die so wortsicher und analytisch klar urteilt, der Partei »Fehler« und »Irrtümer« vorwirft und nicht ausschließlich »Verrat«, Täuschung, Betrug. Fehler macht man, wenn Kenntnis und Wissen nicht ausreichend sind, Irrtümer entstehen aus Unwissenheit. Wissentlich kann man sich nicht irren. Nicht nur der gesamte Duktus der Schrift spricht dagegen, dass es sich bei der sozialdemokratischen Führung um bloße Fehler und Irrtümer gehandelt hätte, deren Korrektur nun anstehe; in jedem Schritt der Analyse der Lage vor dem Krieg, also der Vorbereitung des Kriegs, beweist Luxemburg, dass die Partei und ihre Führung all dies *wussten,* vor allem, dass es in diesem Krieg durchaus nicht darum ging, das Vaterland und seine Kultur zu retten.

Ebenso widerspricht der Umstand, dass Luxemburgs Schrift zur Krise der Sozialdemokratie illegal verbreitet werden musste, der Möglichkeit, dass es sich um bloße Fehlerkorrektur handelte.

Vergegenwärtigen wir kurz das marxistisch-theoretische Hintergrundwissen über die Bedeutung von Fehlern und Irrtümern, auf dessen Grundlage Luxemburg urteilt.

> »Marx verlagert das Problem des Irrtums aus dem Bereich der reinen Geistesbewegung heraus ins Ensemble der gesellschaftlichen Verhältnisse« (Freitas-Branco/Haug 2004, 1559).

Marx arbeitet heraus, dass die Aufrechterhaltung von Irrtümern ebenso wie deren Überwindung immer nur einigen und nicht allen nützlich sein kann, wegen der real gegensätzlichen Interessen. Das unterdrückte Proletariat lebt für ihn in Irrtümern in der Form real-imaginärer Gleichheits- und Gerechtigkeitsvorstellungen, die der Zirkulationssphäre entspringen. Insofern hat der Irrtum auch eine ideologische Funktion im konkreten Kontext von Klassenverhältnissen (MEW 25, 838).

> »Die Bewusstmachung des Irrtums zu stören, ist oft die beste Methode, die Veränderung der Welt hinauszuzögern – im Interesse der jeweils Herrschenden« (Freitas-Branco/Haug 2004, 1561).

Benedetto Croce[87] schreibt, »man irrt aus keinem anderen Grunde als dem, *dass man irren will*« (1908/1929, 39f). Sein Argument mündet in die »Rechtfertigung von praktischen Maßnahmen, die jene irrenden Menschen theoretisch dazu bringen sollen, sich zu bessern, indem sie sie, wenn dies nötig ist, strafen, zu Ermahnung und Beispiel« (42). Gramsci nimmt diesen Gedanken kritisch auf und versteht selbst den Irrtum »im rein ›geschichtlichen‹, dialektischen Sinn dessen, ›was geschichtlich hinfällig ist und wert unterzugehen‹« (H. 13, §10, 1547f).

Dass man aus Fehlern klug werde, gilt allgemein als Grundform des Lernens und bedingt ein bewusstes Verhalten zu denselben als Bedingung bewusster Lebensführung. Die Blockierung von Fehlersuche und Kritik in der Politik gilt als strukturelle Dummheit. Der Umgang mit Fehlern hat mithin für ein marxistisches Projekt eine Schlüsselbedeutung. Engels sieht, dass das Lernen aus Fehlern nicht nur für das Individuum gilt, sondern auch »Massen lernen eben nur durch die Folgen ihrer eigenen Fehler, durch Experimente am eigenen Körper« (MEW 37, 437). Indem von Marx und Engels Geschichtsgestaltung als Problem der gesellschaftlichen Gestaltung bzw. als deren Möglichkeit begriffen wird, erhalten

87 Luxemburg kannte Gramsci wohl noch nicht, konnte aber Croce zur Kenntnis nehmen.

> »Fehler und Fehleranalyse im politischen Handeln [...] eine ganz neue Bedeutung, weil jetzt die Geschichts- und Gesellschafstheorie für die Bestimmung des konkret Möglichen (und damit Verfehlbaren) relevant werden.« (Schumann 1999, 255)

Ausgestattet mit diesen knappen Verweisen gehen wir noch einmal zurück an den Anfang der Broschüre von Luxemburg, an den Aufschrei über »die weltgeschichtliche Katastrophe: die Kapitulation der internationalen Sozialdemokratie« (*Krise*, 4, 53). Sie bezieht sich in ihrer Schrift mehrfach und so auch in diesem Kontext auf Marx:

> »Das moderne Proletariat geht anders [als der Demokrat, der revolutionäre Kleinbürger bei Marx] aus geschichtlichen Proben hervor. Gigantisch wie seine Aufgaben sind auch seine Irrtümer, [...] kein unfehlbarer Führer zeigt ihm die Pfade, die es zu wandeln hat. Die geschichtliche Erfahrung ist seine einzige Lehrmeisterin, sein Dornenweg der Selbstbefreiung ist nicht bloß mit unermesslichen Leiden, sondern auch mit unzähligen Irrtümern gepflastert, [...] seine Befreiung hängt davon ab, ob das Proletariat versteht, aus den eigenen Irrtümern zu lernen.« (Ebd.)

Hier kommen die Irrtümer gleich dreimal in einem Absatz vor, aber sie beziehen sich gar nicht, wie bei zu flüchtiger Lektüre angenommen, auf die Partei, deren Krise der Titel der Gesamtschrift verkündet, sondern auf das Proletariat als Klasse, und dies auch nicht als eine vorhandene Menge von Arbeitern, sondern auf die Klasse im Werden, die über Irrtümer zum internationalen sozialistischen Weltproletariat erst wird. Irrtümer begeht es also auf diesem Weg, nicht nur, weil es keine »fehlerlosen Führer« hat, sondern vor allem, weil dieser Weg historisch noch nicht begangen wurde, also im Prozess »experimentell« (wie bei Engels, siehe oben) erst gefunden werden muss.

Aber die irrende Masse muss, um tief zu fallen, schon auf einer bestimmten Höhe stehen; es muss also eine Orientierung, ein Bewusstsein von Ziel und Weg schon am Anfang vorhanden gewesen sein. Nicht die bewusstlose Masse irrt sich, weil sie das richtige Wissen nicht hat, sondern die Irrtümer erfolgen auch als Rückfall, als nicht klare Zusammenfügung. Anders wäre der folgende Aufruf zu Selbstkritik auch bloße Phrase, denn Selbstkritik kann nur üben, wer über ein kritisches Bewusstsein schon verfügt.

> »Selbstkritik, rücksichtslose, grausame, bis auf den Grund gehende Selbstkritik ist Lebensluft und Lebenslicht der proletarischen Bewegung. Der Fall des sozialistischen Proletariats im gegenwärtigen Weltkrieg ist beispiellos, ist ein Unglück für die Menschheit. Verloren wäre der Sozialismus nur dann, wenn das internationale Proletariat die Tiefe des Falls nicht ermessen, aus ihm nicht lernen wollte.« (Ebd.)

Die Kritik gilt an dieser Stelle nicht mehr der Partei, sondern etwas viel Unbestimmterem, dem internationalen Proletariat, das es als praktisch sich vereinendes so noch gar nicht gibt, gilt also einem Projekt im Werden. Man sieht Luxemburg mit Worten ringen, wie das historisch Neue zu fassen ist, wenn es zugleich ein Projekt ist, das nicht gelingt:

> »In Wirklichkeit ist ein derartiges Versagen einer gesellschaftlichen Klasse ihren geschichtlichen Aufgaben gegenüber etwas ganz Beispielloses.« (240);

> »Der Weltkrieg hat [...] die deutsche Arbeiterklasse als solche Scheingröße entblößt, die Grundlage der sogenannten ›politischen Freiheit‹ in Deutschland als so nichtig und brüchig aufgezeigt, dass die Aussichten von dieser Seite ein tragisch-ernstes Problem geworden sind.« (263)

Wie aber lernt das gesamte und dann noch internationale Proletariat, wie übt es Selbstkritik? Bei dieser Frage geht Luxemburg zurück zur deutschen Arbeiterbewegung und blickt auf »45 Jahre« ihrer Entwicklung. Zur Diskussion stehen »die Kritik, der Strich und die Summa unter den Posten unserer Arbeit seit bald einem halben Jahrhundert« (*Krise*, 53). Sie unterscheidet zwei Phasen des Politischen: »spontane Revolutionen, Aufstände, Barrikadenkämpfe« auf der einen Seite, auf der anderen eine Lage, die sie »den passiven Zustand des Proletariats« nennt. Hier gilt es, das »Opfer der Kleinarbeit« zu bringen, den

> »systematischen Tageskampf, die Ausnutzung des bürgerlichen Parlamentarismus, die Massenorganisation, die Vermählung des wirtschaftlichen mit dem politischen Kampfe und des sozialistischen Ideals mit der hartnäckigen Verteidigung der nächsten Tagesinteressen« (53f).

Dazu braucht es den »Leitstern einer streng wissenschaftlichen Lehre«.

Sie gibt einen kurzen Abriss über die Phasen der »europäischen Arbeiterbewegung« bis zur Märzrevolution, dann die Phase des »systematischen Tageskampfs«, kurz, es folgen die Ausführungen, mit denen sie ihre revolutionäre Realpolitik begründet. Diese zweite Phase bezeichnet sie als diejenige, die die deutsche Sozialdemokratie zur stärksten und mustergültigen Organisation machte mit der größten Presse, einer Partei, die die »wirksamsten Bildungs- und Aufklärungsmittel« schuf, die »gewaltigsten Wählermassen, die zahlreichsten Parlamentsvertretungen« um sich scharte (54).

Das Rätsel um die Frage, wer denn nicht genug weiß und also irrt, wer Fehler macht und Fehleranalyse sowie Selbstkritik betreiben muss, verschiebt sich erneut in die Frage, was Luxemburg unter einer sozialistischen Partei versteht.

Die Unterscheidung

> »Keine andere Partei der bürgerlichen Gesellschaft darf die eigenen Fehler, die eigenen Schwächen im klaren Spiegel der Kritik vor aller Welt zeigen, denn der Spiegel wirft ihr zugleich die vor ihr stehende geschichtliche Schranke und das hinter ihr stehende geschichtliche Verhängnis zurück. Die Arbeiterklasse darf stets ungescheut der Wahrheit, auch der bittersten Selbstbezichtigung ins Antlitz blicken, denn ihre Schwäche ist nur eine Verirrung, und das strenge Gesetz der Geschichte gibt ihr die Kraft zurück« (55).

Hier ist die Partei, die gerade noch Organisation war, die Arbeiterklasse selbst. Die Sätze klingen zunächst weiter rätselhaft, scheinen eine bloße Legitimation für die Arbeiterklasse, dass ihre falschen Handlungen und Ansichten nicht so schwer wiegen, weil sie schließlich das historische Recht auf ihrer Seite hat. Beim sorgfältigeren Lesen entschlüsselt sich beinah umgekehrt, dass die bürgerlichen Parteien ein ›historisches Recht‹ auf Leugnung und Verdeckung von Fehlern haben. Sie dürfen keine Schwäche zugeben, weil ihre Herrschaft auf der Stärke gegenüber den Unterworfenen beruht. Jede gezeigte Schwäche würde eine Unvollkommenheit ihrer Untaten offenbaren und damit auch die Wirklichkeit als Untaten selbst, wie wenn man das Misslingen eines Mordes zugibt. Jedes Eingeständnis von Fehlern müsste zeigen, an welche Grenzen Herrschaft gestoßen ist und, in dem Maße, wie die bürgerliche Gesellschaft voranschreitet, wo und an welcher Schranke sie nicht weitergehen kann. Es liegt also im genuinen Interesse bürgerlicher Klassenherrschaft, Fehler und Schwächen zu verbergen. Dies gehört zu ihrer Politik.[88]

Umgekehrt die Arbeiterklasse, von der Luxemburg sagt, ihre »Schwäche ist nur eine Verirrung«. Unüberhörbar steckt in den Worten die Hoffnung, diese Klasse sei die letzte Klasse in der Geschichte, auf ihrem Weg also könne nur das Ziel einer klassenlosen Gesellschaft erreicht werden – oder der Untergang. Soweit »geirrt« wird – und hier benutzt sie das Wort »Irrtum« ganz im oben ausgeführten Sinn –, liegt es daran, dass das nötige Wissen nicht vorhanden ist. So kommt die Klasse in eine »Verirrung«. Dies klar und öffentlich zu diskutieren gehört hier zur gemeinsamen Entdeckung des richtigen Wegs, auf dem rückwärts kein »Verhängnis« liegt und nach vorn keine »geschichtlichen Schranken« stehen.[89]

Diese andere historische Stellung der Arbeiterklasse verändert auch die

88 Der Gedanke scheint uns zugleich fremd als er uns auch täglich vor Augen geführt wird, etwa in der Politik des US-amerikanischen Präsidenten Bush und seiner Berater.

89 Die Geschichte der staatssozialistischen Länder scheint diesen Sätzen Hohn zu sprechen. Jedoch lässt sich umgekehrt sagen, dass diese Geschichte zweifellos nicht dem luxemburgschen Projekt entsprach.

Bedeutung der gebräuchlichen Begriffe über Institutionen und deren Struktur. Nicht nur Partei selbst, auch Führung und Leitung bekommen einen anderen Gehalt.

»Die deutsche Sozialdemokratie galt als die reinste Verkörperung des marxistischen Sozialismus« (54). Diese Partei ist also für Luxemburg keine Partei im Sinn einer Organisationssoziologie und Institutionenlehre. Sie ist die Stimme der Bewegung, die Artikulation der Arbeiterinteressen, sie vermittelt Wissen, sorgt also für Bildung und Aufklärung, ihre Aufgabe ist die Agitation. Die Partei dient der Arbeiterklasse. Ihr obliegt nicht die Führung im bürgerlichen Sinn, sondern sie fügt die vielzähligen Einzelwillen zu entsprechenden Losungen und Orientierungen zusammen. Mit anderen Worten, sie ist selbst das, was Gramsci wenig später »organische Intellektuelle der Bewegung« nennt, zusammengesetzt als eine Instanz, die sowohl kontinuierlich die Kleinarbeit revolutionärer Realpolitik betreibt, als auch in dem Moment, da Massenstreik, Aufstand, Revolution beginnt, als leitendes Hirn fungiert, marxistische Theorie als Waffe benutzt und so klare Orientierungen zu geben vermag. Nicht mehr und nicht weniger. Diese Instanz in Bewegung kann Irrtümer begehen. Den Begriff Irrtum bezieht Luxemburg aber nicht auf die Bewilligung der Kriegskredite und auch nicht auf die dahinter stehende moralisch verwerfliche Handlung, das Volk, die Arbeiterklasse zu »knebeln« und dem »Feind vor die Füße zu legen«. Solche Politik ist bereits Verrat, durch den die Sozialdemokratie als Zusammenfassung der vielen Einzelwillen der Arbeitenden in sozialistischer Perspektive ihr historisches Recht verwirkt hat.

> »Der Sozialismus hat sich beim Ausbruch des Weltkrieges als Faktor der Geschichte ausgeschaltet.« (4, 216)

> »[Unter der] Fahne des Parteiprogramms und der Kongressbeschlüsse [hat die] gesamte Arbeiterbewegung eine falsche Richtung genommen, die zum Abgrund führte.« (272)

> »[Der Grund für den Zusammenbruch ist zu ermitteln,] die politischen Wurzeln des Bürokratismus und der ganzen Entartung der Demokratie in der alten Partei aufzudecken und an sie die Axt zu legen« (272f).

Irren und Fehlermachen gehört also zu den Praxen innerhalb des Kampfes für eine sozialistische Perspektive. Für die Sozialdemokraten gilt das also nur, solange sie noch eine sozialistische Partei sein wollen. Fehler machen in diesem Sinn können auch die sozialistischen Intellektuellen in der Bewegung, dass ihre Arbeit in Richtung sozialistischer Internationale nicht gut genug war, dass sie nicht damit gerechnet hatten, dass die Masse der Arbeiter für den imperialistischen Krieg zu gewinnen war, bereit, ihre internationalen »Brüder zu morden«.

> »Der Weltkrieg hat die Bedingungen unseres Kampfes geändert und uns selbst am meisten.« (*Krise*, 56).[90]

Jetzt ist die Eingangsfrage, warum die sozialdemokratische Führung ein Interesse daran hätte haben können, Luxemburg ermorden zu lassen, klarer zu beantworten. Luxemburg hat in die Schrift zur Krise der Partei dieselbe in der damaligen Struktur schon abgeschrieben, praktisch-theoretisch den Grundstein zur Neugründung gelegt.

> »Die Sozialdemokratie hat – dank ihren Führern – nicht eine falsche Politik, sondern überhaupt gar keine eingeschlagen, sie hat sich als besondere Klassenpartei mit eigener Weltauffassung völlig ausgeschaltet« (147f).

»Dilemma« und »tragischer Konflikt«, in die sich die Partei imaginierte und aus denen heraus sie den Krieg fürs Vaterland proklamierte, waren »reine Einbildung, bürgerlich nationalistische Fiktion« (148), weil nämlich das Land der Arbeiter niemals in Widerstreit zur proletarischen Internationale stehen kann, wie man im sozialdemokratischen Programm lesen kann.

> »Bisher lebten wir in der Überzeugung, dass Interessen der Nationen und Klasseninteressen der Proletarier sich harmonisch vereinigen, dass sie identisch sind, dass sie unmöglich in Gegensatz zueinander geraten können. Das war die Basis unserer Theorie und Praxis, die Seele unserer Agitation in den Volksmassen. Waren wir in diesem Kardinalpunkt unserer Weltanschauung in einem ungeheuren Irrtum befangen? Wir stehen vor der Lebensfrage des internationalen Sozialismus.« (64)

In der Bestimmung der Besonderheit der sozialdemokratischen Partei folgt Luxemburg Marx, der (im *Kommunistischen Manifest*) solches allerdings über die Kommunisten in den Parteien dachte:

> »Die Kommunisten sind keine besondere Partei gegenüber den anderen Arbeiterparteien. Sie haben keine von den Interessen des ganzen Proletariats getrennten Interessen. Sie stellen keine besonderen Prinzipien auf, wonach sie die proletarische Bewegung modeln wollen. […] Die Kommunisten sind also praktisch der entschiedenste, immer weiter treibende Teil der Arbeiterparteien aller Länder, sie haben theoretisch vor der übrigen Masse des Proletariats die Einsicht in die Bedingungen, den Gang und die allgemeinen Resultate der proletarischen Bewegung voraus.« (MEW 4, 474)

Das bleibt bei Marx ganz allgemein und wird bei Luxemburg kaum konkreter. Sie hat allerdings mit großer Kraft daran gearbeitet, der SPD den Status einer

90 Es ist eine ähnliche Problematik, in der Gramsci beim Aufkommen des Faschismus einer weiteren welthistorischen Niederlage der Arbeiterbewegung als Klassenbewegung begegnet. Notwendig wird die Erarbeitung einer neuen Strategie, Hegemonie im Volk zu gewinnen und zu behalten. Dies versucht Gramsci in den *Gefängnisheften*.

gewöhnlichen Partei unter anderen bürgerlichen Parteien zu verunmöglichen, sie zu delegitimieren. Als »Verkörperung marxistischer Theorie« kann die Partei Wähler gewinnen, das Parlament als Bühne nutzen, ständig Opposition sein, aber sie kann keine Bündnisse ins bürgerliche Lager hinein schließen.

Rosa Luxemburg kam selbst nicht mehr dazu, eine neue Politik durchzusetzen, die Fehleranalyse grundsätzlich zu betreiben, die Irrtümer von Grund auf zu korrigieren.

Fehleranalyse – wie weiter?

Im *Rückblick auf die Gothaer Konferenz* von 1917, auf der die USPD gegründet wurde, formuliert sie die Aufgabe:

> »Nun ist aber für jeden denkenden Arbeiter klar, dass eine Wiedergeburt der Arbeiterbewegung aus ihrem heutigem Zusammenbruch und ihrer heutigen Schmach unmöglich ist, wenn man sich über die Ursachen [...] nicht klar ist. Wer die gewaltige und welthistorische Krise des deutschen und des internationalen Sozialismus seit Ausbruch des Krieges nicht für eine vom Himmel gefallene Zufallserscheinung hält, muss begreifen, dass der Kladderadatsch des 4. August 1914 wohl schon im Wesen der Arbeiterbewegung *vor* dem 4. August 1914 wurzelte.« (4, 271)

Nur wenn man die Wurzeln kenne, könne man sie ausreißen und den zum Neubau nötigen »festen Grund« gewinnen. Daraus ergebe sich,

> »dass der Ausgangspunkt, der erste Schritt zur Schaffung einer neuen sozialistischen Bewegung in Deutschland eine gründliche, eine durchgreifende *Auseinandersetzung mit der Vergangenheit* sein musste. Nur aus dem Quell der Selbstkritik, einer grausam gründlichen Prüfung der eigenen Fehler in Programm, Taktik und Organisation können die klaren Richtlinien für die Zukunft gewonnen werden, [...] es galt, eine *politische* Prüfung der Praxis der deutschen Sozialdemokratie und der Gewerkschaften in den Hauptzügen vorzunehmen, ihre Hauptmängel in der Vergangenheit aufzudecken, die Finger in ihre wunden Stellen zu legen, was wir auch in der Agitation vor jedem einfachen Arbeiter tun müssen, wenn wir ihn unter die Fahne der Opposition rufen« (ebd.).

Von diesem Standpunkt diagnostiziert sie ein neuerliches völliges Versagen. Das Alte wurde fortgesetzt mit der gleichen Funktion,

> »die tiefen inneren Widersprüche der Bewegung zu überkleistern und so das Leben der Partei von der Hand in den Mund, ohne jede durchgreifende große Orientierung zu ermöglichen« (273).

Brecht, der viele Sätze von Luxemburg in seine Texte übernahm, sie zuspitzend und so verschiebend, dass Widersprüche, wichtig für eingreifendes Handeln, deutlicher werden, schrieb auch diesen letzten Satz in eine politisch-ethische Regel um:

> »Das Schlimmste ist nicht, Fehler zu haben, nicht einmal sie nicht bekämpfen, ist schlimm. Schlimm ist, sie zu verstecken. [...] Wie soll einer an deiner Seite in den Kampf gehen, wenn du ihm deine Fehler nicht gezeigt hast?« (GA 18, 112)

Statt Kritik an einzelnen Personen zu üben, fordert Luxemburg zu erforschen, was deren Macht ermöglichte. Statt sich von der vergangenen Partei kritisch abzugrenzen, klammere man sich an »ihre überlebten und ausgehöhlten Formeln und Schemata« (272). Das Erfurter Programm war »eine falsche Richtung [...], die zum Abgrund führte« (ebd.).

> »Worauf es also ankam, war, endlich aus dem Zwielicht der Formeln herauszutreten, die *Praxis*, die mit dem Zusammenbruch endete, zu beleuchten, neue Wege einzuschlagen.« (Ebd.)

Sie nennt als Hauptfehler »Bürokratismus« und die »Entartung der Demokratie in der alten Partei« (273). Luxemburgs Kritik gilt jetzt schon dem Überdauern der alten Fehler in der neu gegründeten USPD[91], der sie mit ihrer »Gruppe ›Richtung Internationale‹« beigetreten ist,

> »um – im Vertrauen auf zunehmende Verschärfung der sozialen Lage und im bewussten Hinarbeiten auf sie – die neue Partei vorwärts zu drängen, ihr mahnendes Gewissen zu sein und als Ausdruck der weitgehendsten Bedürfnisse der Arbeiterbewegung im Ganzen bei Zuspitzung und Aufeinanderplatzen der sozialen Gegensätze die wirkliche Führerschaft in der Partei zu übernehmen« (ebd.).

Dabei könne es nicht darum gehen, wie die »Linksradikalen« behaupten, das »Richtige« zu tun, von dem man schon weiß, sondern um die klärende Kritik der »Fehler der Arbeiterbewegung« »zur Aufrüttelung und Erziehung der Massen« (274).

> »Diese Massen müssen geistig den Traditionen der 50-jährigen Vergangenheit entrissen, von ihnen befreit werden. Und das können sie nur im großen Prozess ständiger schärfster innerer Selbstkritik der Bewegung im Ganzen.« (Ebd.)

Die Niederschlagung des Spartakusaufstandes in Berlin im Januar 1919 und die Ermordung Rosa Luxemburgs machten der neuen sozialistischen Politik zunächst ein Ende. Walter Benjamin schrieb der Sozialdemokratie in luxemburgschem Sinn ins Stammbuch:

> »Der verhängnisvollste Fehler in der geschichtlichen Anschauung der Sozialdemokratie war der: die Arbeiterklasse sollte den kommenden Generationen gegenüber als Erlöserin auftreten. Entscheidend muss sich ihre erlösende Kraft vielmehr an den vor ihr gewesenen Generationen bewähren.« (GS I.3, 1246)

91 Die Unabhängige Sozialdemokratische Partei Deutschlands wurde auf der Konferenz der Parteiopposition in Gotha vom 6. bis 8. April 1917 gegründet.

Peter Weiss fügt der schmerzlichen Erinnerung eine historisch-kritische Losung hinzu:

> »Luxemburg hatte, eben weil es keine Partei gab, die imstande war, das deutsche Proletariat zu führen, einer Revolution widersprochen. […] Es war ein Krieg des Bürgertums gegen die Arbeiterklasse, ein Krieg der Minderheit gegen die Vorhut der geblendeten, geschwächten Mehrheit, und wir, sagte mein Vater, taten das Gleiche, was Rosa Luxemburg getan hatte, wir taten es halb bewusstlos, sie tat es bei klaren Sinnen, sie blieb auf der Seite derer, deren gegenwärtiger Weg verfehlt war und bei denen doch das Recht lag. […] Radek hatte gesagt, dass alle weiteren Handlungen außerhalb marxistischer Regeln verlaufen, dass sie das Element des Zufälligen, des Irrationalen enthalten würden, er hatte zum Abbrechen des Kampfes gemahnt, zum Rückzug auf politische Arbeit, Luxemburg aber wollte noch, dem körperlichen Zusammenbruch nah, eine Hoffnung setzen auf ein letztes, instinktives Vordringen der Kräfte, getrieben durch die angestaute revolutionäre Spannung, es war diese Vision, sagte mein Vater, die sie wie uns andre am Leben hielt, und ein paar Wochen später kämpften wir nur noch, alles andre abweisend aus unsern Gedanken, um ihren Tod zu rächen, in der zweifelhaften Genugtuung, dass der Mut zur revolutionären Handlung der Unterwerfung vorzuziehen sei. Wir waren im Wunschdenken befangen, andern ein Beispiel zu sein. Dann mussten wir einsehen, dass dies falsch war. Nicht falsch von der Sache her, sondern von der Wahl des Zeitpunkts. Denn erst in der Bestimmung des richtigen Zeitpunkts, sagte er, äußert sich das Verständnis des historischen Materialismus.« (1975, 113f)

Nachtrag

Faschismus und Zweiter Weltkrieg dezimierten die Arbeiterbewegung ungeheuer; in den Vernichtungslagern wurden die Organisatoren der Bewegung ermordet, zunächst die Kommunisten, später auch die Sozialdemokraten.

Am Ende des 20. Jahrhunderts ist die Sozialdemokratie nach eigenem Anspruch eine Partei der Mitte, keine Arbeiterpartei und nicht mehr Produkt des Klassenkampfes, den sie auch nicht mehr artikulieren will; eine Öffentlichkeit, in der auf marxistische Weise antiideologischer Kampf geführt und »Tatsachen« und Hintergründe gezeigt werden, ist weitgehend verschwunden. Eine Arbeiter-Internationale, aus der heraus kritisch gesprochen werden könnte, ist schwer auszumachen. Die Arbeiterklasse ist kaum mehr durch das Kapital selbst in der Fabrik vereinigt, sondern arbeitet in großem Umfang weltweit mit den neuen Technologien vereinzelt oder in kleinen Gruppen, während sie zugleich durch High-Tech global einander näher gerückt ist. Das Weltproletariat wächst und ist zahlenmäßig größer als je zuvor, und es wächst auch die Zahl der Erwerbslosen, der Scheinselbständigen, der nicht organisierten Prekarier und die Masse der aus den Gesellschaften Ausgemusterten, der Verelendeten. Immer dringender wird es, in internationalem Maßstab kritisch zu analysieren, was geschieht, und davon öffentlich zu berichten. Überlebensnotwendig wird es, Kapitalismus zu überschreiten und Alternativen zu erfinden. Einiges dafür ist von Rosa Luxemburg zu lernen. Fehlerkritik und Irrtumsanalyse sind unentbehrliche Mittel des Politischen. Offen bleibt, wie die verstreuten Kräfte des Weltproletariats im weiten Sinn zu bündeln sind bzw. wie sie sich selbst assoziieren.

Viertes Kapitel

Zum Spannungsverhältnis von Theorie und Empirie[92]

Vorbemerkung

Der Titel dieses Abschnitts ist umfassender gewählt als der verhandelte Stoff hergibt. Ich brauche den großen Rahmen, um die politischen und erkenntnistheoretischen Implikationen zumindest andeuten zu können, die im theoretischen Umgang mit Daten und Fakten, mit Zahlen und »wirklichen«[93] Erfahrungen stecken. Das Thema findet sich innerhalb marxistischer Diskussion an zentraler Stelle. Das Verhältnis von Empirie und Theorie entscheidet über den Zugang zur Realität; enthalten sind Vorstellungen darüber, wie Theorien kritisch eingreifen können und zugleich wie Erkenntnis aus der Anschauung von Wirklichkeit gewonnen werden kann. Schließlich birgt die Thematik zuletzt die Frage über das Verhältnis von Intellektuellen zu den ›übrigen‹ Menschen in ihrem Alltag.

Meine Erfahrungen mit marxistisch sich verstehenden Sozialwissenschaftlern in ihrem Verhältnis zur Empirie lehren mich, dass das Feld dringlich bearbeitet gehört. In meinem Habilitationsvortrag (1978) habe ich einen eigenen Entwurf vorgelegt. Seither lässt mich das Thema nicht mehr los. Sobald wir empirische Untersuchungen machen, stellt es sich neu, muss weitergetrieben werden, ohne ein für alle Mal festzustehen. Fast drei Jahrzehnte nach diesem ersten Versuch, den Zusammenhang von empirischer Forschung und marxistischer Theorie genauer zu fassen, las ich erneut Rosa Luxemburg.

Diesen Text zu dieser Thematik zu schreiben fiel mir schwer. Die einzelnen Elemente fielen wie von selbst auseinander, die Zusammenbindung erschien willkürlich, die Teile disproportional. Als sich nichts so recht fügen

92 Unter Empirie soll im Folgenden nicht bloß eine in Zahlen ablesbare Messung von Wirklichkeitsausschnitten verstanden werden, nicht bloß Statistiken und Meinungsumfragen, sondern auch der weitere Vorgang, aus dem Verhalten der wirklichen Menschen Erkenntnisse zu gewinnen, die diesen Menschen nützen, was wir unter »eingreifender Sozialforschung« fassen können (vgl. dazu die Stichworte *Empirie/Theorie* und *Eingreifende Sozialforschung* in Bd. 3 des HKWM).

93 Wenn im Folgenden mehrfach von »wirklichen« Menschen, Erfahrungen, Taten die Rede ist, so bezieht sich dieser Gebrauch des Wortes »wirklich« auf Marx' und Engels' Ausführungen in der *Deutschen Ideologie.*

wollte, musste ich mir zunächst Rechenschaft ablegen, warum ich mich zum Verhältnis von Theorie und Empirie bei Luxemburg überhaupt äußern und dies in den Zusammenhang einer *Kunst der Politik* stellen wollte.

Mein Motiv folgt mehreren auseinanderstrebenden Tendenzen. Es scheint mir zunächst notwendig und wichtig, Luxemburgs polemische Bemerkungen[94] zur Empirie, mit denen sie ihre politischen Gegner verurteilt, als Allgemeinaussagen über Empirie zurückzuweisen; sie könnten schlechte Schule machen. Mehr noch scheinen mir Luxemburgs Vorstellungen von marxschem methodischem Vorgehen, die sich in den Verurteilungen des Empirischen äußern, falsch zu sein und zugleich ihrem eigenen Vorgehen (wie vorne im zweiten Kapitel ausgeführt) grotesk zuwiderzulaufen.

Ferner habe ich in der Kritik an Luxemburg in diesem Punkt die Möglichkeit, noch einmal marxsches Verfahren auszustellen, wo es für empirische Sozialwissenschaften elementar wichtig ist. Zudem dient mir die Kritik genau dazu, Luxemburgs tatsächliche Anknüpfung an Marx herauszuarbeiten, ihr Ernstnehmen seines kritischen Vorgehens, indem sie es auf ihn selbst anwendet. Die Widerspenstigkeit des Stoffes steckt in dem kritikwürdigen Auseinander von politischer Polemik und kritischer politisch-theoretischer Arbeit.

Im Folgenden geht es mithin nicht allgemein um das Verhältnis von Theorie und Empirie, sondern um Luxemburgs Verhältnis zum Empirischen und dessen theoretische Implikationen. In ihren verstreuten Sätzen zur Empirie finden sich eine Reihe verblüffender, ja ärgerlicher Wendungen. In der Auseinandersetzung mit der Politik und dem Einfluss von Bernstein und Kautsky in der Arbeiterbewegung bezeichnet sie die beiden zunächst als

> »Flachköpfe, [denen] empirische Tatsachen […] zum Zurechtstümpern eines flachen ›empirischen‹ Sozialismus genügen« (1901, 1/2, 138),

und stellt dem das angebliche Vorgehen von Marx entgegen:

> »Er hat nämlich eine Deduktion des Sozialismus geschaffen, er hat a priori die Notwendigkeit des sozialistischen Sieges und Kampfes vorausgesehen, statt sich einfach an die empirische Tatsache des ›Mehrprodukts‹ und seiner ›Ungerechtigkeit‹ zu halten.« (1/2, 140f)

94 In seinem Luxemburgbuch schlägt Schütrumpf (2006) in den lehrreichen zusammenfassenden Empfehlungen vor, von Luxemburg die Polemik zu erben: »Polemik als Arznei gegen die stolz gepflegte Beliebigkeit wieder neu zu erlernen« (45). Tatsächlich ist Polemik eine beliebte politische Form bei Luxemburg. Allerdings scheint mir ihre Polemik an vielen Stellen, so in der Frage des Empirischen, fragwürdig zu sein. Schütrumpfs Vorschlag aber stiftet an, über die verschiedenen Formen der Kritik und Rhetorik im Politischen zu diskutieren und jedenfalls die politische Landschaft und die eigene Sprache auch durch scharfen Witz zu bereichern.

Der Satz ist auf mehrfache Weise provokativ. Er behauptet eine Politik und eine Theorieauffassung, die in den Sphären des Wissens und der Ideen ableitend (deduktiv) die richtigen Erkenntnisse produziert und sich um die ärgerlichen Tatsachen des alltäglichen Lebens nicht kümmern muss. Dass Luxemburg solches vertritt, verwundert zunächst, da sie gewöhnlich nicht in den ausgetretenen Pfaden des Ableitungs-Marxismus zu finden ist.

Dieser Satz beunruhigt damit ferner selbstverständlich alle diejenigen, die Erfahrung, Alltag, Wirklichkeit zur Grundlage von Theorie und Politik machen und dies nicht nur selbst bei Luxemburg vorzufinden meinen, sondern vor allem als Aufforderung auch bei Marx und Engels lesen können: In der *Deutschen Ideologie* umreißen diese ihr Forschungsprogramm unter wiederholtem Verweis auf die »Sprache des wirklichen Lebens«, den »wirklichen Lebensprozess« der Menschen, die »wirklichen lebendigen Individuen«, die »leibhaftigen Menschen«.

> »Da, wo die Spekulation aufhört, beim wirklichen Leben, beginnt aber die wirkliche positive Wissenschaft, die Darstellung der praktischen Betätigung, des praktischen Entwicklungsprozesses der Menschen.« (MEW 3, 27)

Man sieht, beim »wirklichen Leben« in der menschlich-alltäglichen Praxis zu beginnen, ist zugleich Wissenschaftskritik. In knappen Worten wird klar, dass die Abgehobenheit wissenschaftlichen Denkens von den wirklichen Menschen Wissenschaft nicht nur spekulativ und beliebig macht, sondern auch selbst eine spitzfindige Konstruktion ist.

So irritieren Luxemburgs Worte drittens insbesondere als Charakterisierung des Vorgehens von Marx. Ist es eine Deduktion des Sozialismus, eine Aufstellung wissenschaftlicher Gesetze, eine Begründung der A-priori-Notwendigkeit des sozialistischen Sieges und Kampfes? Und hat er sich also nicht um die Banalitäten der empirischen Tatsachen gekümmert?[95]

Alle drei Beunruhigungen stiften dazu an, den Zusammenhang, der elementar ist für Theorie und Politik, mit der zusätzlichen Frage nach Luxem-

95 Wolfgang Fritz Haug hat der Frage von *Standpunkt und sozialistischer Perspektive in der Kritik der politischen Ökonomie*, also bei Marx, eine sorgfältige Untersuchung gewidmet, die praktisch das Gegenteil der luxemburgschen Formulierung von »Deduktion«, »Sieg« und »Gesetz« zum Resultat hat. Nicht von außen kommt die sozialistische Perspektive zum Material, nicht von ihr wird abgeleitet (deduziert), in welchem Licht sich die Phänomene zeigen, es ist »der innere Antagonismus der politischen Ökonomie« (2006, 258) selbst, der das Allgemeininteresse gegen das Privatinteresse hervortreten lässt. »Marxens Kritik der Politischen Ökonomie stellt sich durchweg auf den Standpunkt dessen, was allgemein ist oder doch seine Verallgemeinerung verträgt. Ihrer Verallgemeinerung drängt insbesondere die Arbeit entgegen, weil sie durch sie verkürzt und aus ihrer gegensätzlichen Form befreit wird« (257). Die Beziehung auf die »gemeinsame Produktion« »trägt eine Perspektive in den Stoff hinein«, hat »Schlüsselfunktion für die Kritik der Politischen Ökonomie« (240f).

burgs eigenem Umgang mit empirischen Daten und theoretischem Denken näher zu rücken.

Die Gesamtproblematik wird in vier Schritten bearbeitet:

1. knappe Rekapitulation des Status des Empirischen in der marxschen Theorie[96],
2. explizite Äußerungen zum Empirischen im Werk von Luxemburg,
3. Prüfung von Luxemburgs implizitem Verständnis vom Empirischen in ihren politischen Texten,
4. Untersuchung der Rolle des Empirischen in ihrem theoretischen Werk zur *Akkumulation des Kapitals.*

Marx

Selbst wenn man von marxschem Theorieverständnis wenig weiß, so doch, dass er für das Schreiben des *Kapitals* immer wieder auf die Berichte von Fabrikinspektoren zurückgriff, sie in seine Analysen einarbeitete, ja seine Theorie über den Mehrwert ebenso auf der Grundlage empirischer Daten wie auf der Kritik bürgerlicher Theorie erarbeitete. Die Fabrikinspektoren beschrieb er mit folgenden für die Frage nach dem Theorie-Empirie-Verhältnis aufschlussreichen Worten:

> »Es sind eigene Wächter des Gesetzes bestellt, die dem Ministerium des Innern direkt untergeordneten Fabrikinspektoren, deren Berichte halbjährlich von Parlaments wegen veröffentlicht werden. Sie liefern also eine fortlaufende und offizielle Statistik über den Kapitalistenheißhunger nach Mehrarbeit.« (MEW 23, 254)

Die Wendung hin zu Daten, Berichten, Erfahrungen für die eigene theoretische Arbeit – statt ausschließlich theoriekritisch ohne Bezug zu wirklichen Prozessen zu verfahren – wird in den Feuerbachthesen angekündigt. In der ersten heißt es:

> »Der Hauptmangel alles bisherigen Materialismus [...] ist, dass der Gegenstand, die Wirklichkeit, Sinnlichkeit, nur unter der Form des *Objekts oder der Anschauung* gefasst wird; nicht aber *als sinnlich menschliche Tätigkeit, Praxis*; nicht subjektiv.« (MEW 3, 5).

96 Dabei geht es nicht um eine umfassende Untersuchung marxscher Geschichtsschreibung, sondern Marx dient gewissermaßen als Spiegel für ein realistisches Abbild von Luxemburg in diesem Kontext, wird also nur mit expliziten Äußerungen zum Umgang mit Wirklichkeit/Empirie vorgeführt. Dabei wird ungerechterweise nur Marx genannt, wenn auch Engels hätte aufgeführt werden müssen – dies geschieht, weil Luxemburg selbst sich im Wesentlichen auf Marx bezieht.

In dieser These steckt auch eine Aufforderung zur Subjektwissenschaft, also eine Wendung hin zur Wahrnehmung dessen, was Menschen wirklich tun, wenn sie ihr Leben führen. Grundlegend wird der Bezug zur Empirie für die weiteren Arbeiten in der *Deutschen Ideologie* so formuliert:

> »Die Voraussetzungen, mit denen wir beginnen, sind keine willkürlichen, keine Dogmen, es sind wirkliche Voraussetzungen, von denen man nur in der Einbildung abstrahieren kann. Es sind die wirklichen Individuen, ihre Aktion und ihre materiellen Lebensbedingungen, sowohl die vorgefundenen wie die durch ihre eigene Aktion erzeugten. Diese Voraussetzungen sind also auf rein empirischem Wege konstatierbar.« (MEW 3, 20)

Sozialtheoretisch übersetzt können wir sagen, dass die von Marx anvisierte Forschung die Analyse der gesellschaftlichen Bedingungen braucht, die die Menschen je historisch anders fertig vorfinden, als auch untersuchen wird, wie die Menschen mit diesen Bedingungen tatsächlich umgehen, sie sich aneignen und dabei sowohl die Bedingungen als auch sich selbst verändern. Sozialstruktur und Praxisforschung wären die möglichen Schlagworte. In beiden wird empirisches Vorgehen relevant.

In der *Deutschen Ideologie* folgen Verweise auf die Natur der Menschen, »die körperliche Organisation«, die natürlichen Grundlagen ihrer Existenz, schließlich darauf, dass sie ihr Leben selbst produzieren:

> »Die Weise der Produktion ist […] schon eine bestimmte Art der Tätigkeit dieser Individuen, eine bestimmte Art, ihr Leben zu äußern, eine bestimmte *Lebensweise* derselben.« (21)

Die empirische Beschreibung hätte es also mit Menschen als tätigen Wesen zu tun. Das Plädoyer für Empirie geht zugleich gegen »abstrakte Empiriker«, also gegen die bloße Zahlenhuberei, als auch gegen Spekulation, Idealisten, deren Theorien unabhängig vom täglichen Leben entwickelt werden. Voraussetzung der neuen Betrachtungsweise sind Menschen

> »nicht in irgendeiner phantastischen Abgeschlossenheit und Fixierung, sondern in ihrem wirklichen, empirisch anschaulichen Entwicklungsprozess unter bestimmten Bedingungen. Sobald dieser tätige Lebensprozess dargestellt wird, hört die Geschichte auf, eine Sammlung toter Fakta zu sein, wie bei den selbst noch abstrakten Empirikern, oder eine eingebildete Aktion eingebildeter Subjekte, wie bei den Idealisten« (27).

Das Forschungsproblem wird zur Frage von Praxis, Darstellung und Entwicklung. Der Begriff Empirie wird in der *Deutschen Ideologie* auffällig häufig gebraucht und zwar immer dann, wenn es darum geht, einen Zugang zum historischen Prozess zu bekommen, der es vermeidet, theoretisch abzuleiten oder spekulativ zu erfinden, was die tätigen Menschen in ihrem Lebensgewinnungsprozess tun. Empirie wird zum Schlüsselbegriff[97], der den Bruch mit dem Idealismus kennzeichnet. Er steht für die Aufforderung, Forschung subjektiv, von den Menschen her zu betreiben. Grundlage ist der bekannte Satz, dass das Sein das Bewusstsein bestimme, nicht umgekehrt (MEW 13, 9). In der *Deutschen Ideologie* heißt das:

> »Das Bewusstsein kann nie etwas anderes sein als das bewusste Sein, und das Sein der Menschen ist ihr wirklicher Lebensprozess.« (26)

Insofern ist empirische Herangehensweise auch eine radikale Kritik von Theorie, wenn diese von außen an den Lebensgewinnungsprozess herangetragen wird. Die Vorgehensweise, die für Marx' und Engels' historisch-kritische Forschung gilt, bezieht sich so nicht allein auf Praxisforschung, sie ist auch Theoriekritik. Die Ablösungen der Theorien von den Praxen sind dabei

> »notwendige Sublimate ihres materiellen, empirisch konstatierbaren und an materielle Voraussetzungen geknüpften Lebensprozesses« (ebd.).

Das Verfahren von Begriffsproduzenten, welche die »Oberherrlichkeit des Geistes« nachweisen wollen, zeigt Marx in drei Schritten, wobei wiederum der Begriff Empirie eine zentrale Rolle spielt:

> »Man muss die Gedanken der aus empirischen Gründen, unter empirischen Bedingungen und als materielle Individuen Herrschenden von diesen Herrschenden trennen und somit die Herrschaft von Gedanken oder Illusionen in der Geschichte anerkennen« (49).

Dies sei möglich, weil die Gedanken »eine empirische Grundlage« haben und kraft dieser miteinander zusammenhängen. Das Resultat aber solcher von der Empirie losgelösten Gedankengespinste sei die Beseitigung »sämtlicher materialistischen Elemente aus der Geschichtsschreibung« (ebd.). Es folgt ein Vorschlag, »aus dem Zusammenhang mit der Illusion der Ideologen überhaupt, z.B. den Illusionen der Juristen, Politiker (auch die praktischen Staatsmänner darunter), aus den dogmatischen Träumereien und Verdrehungen dieser Kerls, die sich ganz einfach erklärt aus ihrer praktischen Lebensstellung, ihrem Geschäft und der Teilung der Arbeit« (49f), die neue empirische Geschichtsmethode zu entwickeln. Die materielle Wirklichkeit verhält sich zur Praxis des Begreifens als Herausforderung und Korrektur. Empirie zwingt zum Umdenken. – Die Kritik bezieht sich auf

97 Eben weil der Begriff Empirie bei Marx und Engels strategisch wichtig ist, werden die Fundstellen hier ausführlich zusammengetragen, um Luxemburgs Verwendung des Empiriebegriffs als Schimpfwort als äußerst problematisches und folgenreiches Kontrastprogramm zu kennzeichnen.

Ideologie und Illusion, die ihre scheinbare Selbständigkeit aus der Teilung der Arbeit und damit der gesellschaftlichen Stellung der Illusionsproduzenten gewinnen.

> »Die empirische Beobachtung muss in jedem einzelnen Fall den Zusammenhang der gesellschaftlichen und politischen Gliederung mit der Produktion empirisch und ohne alle Spekulation aufweisen.« (25)

Die Aufforderung wirft die empirisch Forschenden in einen komplizierten theoretischen Zusammenhang.

> »Die Tatsache ist also die: bestimmte Individuen, die auf bestimmte Weise produktiv tätig sind, gehen diese bestimmten gesellschaftlichen und politischen Verhältnisse ein« (ebd.).

Der empirische Blick richtet sich hier auf den Produktionsprozess; verlangt ist die analytische Herstellung eines Zusammenhangs zu den Produktionsverhältnissen und der gesellschaftlichen und politischen Gliederung. Auch dieser Auftrag an die Empirie richtet sich gegen bloße »Mystifikation und Spekulation«. Die These, dass die Produktionsverhältnisse Politik, Kultur, Lebensweise etc. bestimmen, ist eine Art Leitfaden, entlang dessen die Empiriker ihre Daten und Fakten ordnen und zusammensetzen sollen. Empirie ist also theoriegeleiteter Ordnungsprozess als Erkenntnisprozess.

Zu dem zunächst gemachten Vorschlag, den Blick auf bestimmte Dimensionen im Zusammenhang mit ihren Rahmenbedingungen zu richten, kommt als zusätzliche Größe der Begriff der Entwicklung der Menschen, was in diesem Kontext die Aneignung der gesellschaftlichen Lebensbedingungen meint. Nicht alles, was geschieht, wird vom Empiriker aufgenommen, sondern nur die Dimensionen, die von den Menschen selber mit einer bestimmten Bedeutung versehen sind. Der Empiriker wird ein Forscher, der vom Standpunkt der sich entwickelnden Menschen auf ihre Tätigkeit in bestimmten gesellschaftlichen und politischen Verhältnissen blickt. Dies ist die Grundlage seiner Wissenschaft, die in dieser Weise Einzelnes verallgemeinern kann, ohne zugleich den lebendigen Bezug aufgeben zu müssen. Die einfachen, wirklichen, konkreten Anschauungen unterstellen, dass der Zusammenhang, in dem sie stehen, begriffen und also auch bei der Betrachtung voraussetzbar ist. Empirie hat es also mit dem Begreifen menschlicher Praxis zu tun.

Der Zusammenhang von Praxen und Praxisverhältnissen ist Grundlage für das Zueinander von Empirie und Theorie. Erfahrung ist Grundlage von Erkenntnis, nicht aber schon selbst begriffen ohne die Arbeit, den Bezug zu den umfassenden Prozessen der Lebensgewinnung und ihrer Verhältnisse jeweils herzustellen. Umgekehrt ist Erfahrung keinesfalls auf diese Prozesse zu reduzieren und auch nicht aus ihnen abzuleiten, wie dies im oben zitierten Satz von Luxemburg klang.

Bei Marx findet man auch kritische Wendungen, in denen Empirie eine Rolle spielt. So in seiner Auseinandersetzung mit Frederick Bastiats Verfahren »eintönig verkündender Abstraktion«, das er eine »läppisch selbstzufriedene Gemeinplätzlichkeit« nennt (*Grundrisse*, MEW 42, 174):

> »Nachdem also erst aus der Empirie hereingenommen ist, dass der Tauschwert nicht nur in dieser einfachen Bestimmtheit, sondern auch in der wesentlich verschiednen des Kapitals existiert, wird das Kapital wieder reduziert auf den einfachen Begriff des Tauschwerts, und der Zins, der nun gar ein bestimmtes Verhältnis des Kapitals als solchen ausdrückt, ebenfalls aus der Bestimmung herausgerissen, gleich Tauschwert gesetzt« (175).

Marx spricht hier nicht gegen Empirie überhaupt, sondern gegen einen Abstraktionsprozess, der sich der Empirie vergewissert, nur um sie auf ein ewig gleiches Grundverhältnis zu reduzieren. Als empirische Aussage kann existieren, was noch theoretischer Durchdringung bedarf. In dieser Weise lässt sich die Kritik der politischen Ökonomie als Ganze auch auffassen als ein Projekt, empirische Aussagen anders »kritisch« anzuordnen. So spricht Marx im Kontext der Entfremdung in der Arbeit davon, dass das paradox erscheinende Resultat, dass der Arbeiter seine eigene schöpferische Kraft sich selbst als fremde Macht gegenüberstellt, von den Ökonomen schon »mehr oder minder empirisch« ausgedrückt wurde (228).

Auch der Begriff der Erfahrung, der zentral ist für empirische Forschung, ist nichts ein für allemal positiv Feststehendes. Marx operiert im empirischen Forschungszusammenhang mit einem vielschichtigen Erfahrungsbegriff, der sich nicht nur auf individuell Erlebtes bezieht. Erfahrung steht bei ihm auch für die Wiederholung von Vorgängen, bis sie durchschnittliches Verfahren werden (so bei der Frage der durchschnittlichen Umschläge von Kaufmannskapital, MEW 25, 320). Schließlich kann der Blick vom Einzelfall, der als Zufall erscheint (etwa in der Konkurrenz, 836), gelöst werden und Verständnis entstehen, wenn »Zufälle in großen Massen zusammengefasst werden« und so das »innere Gesetz, das in diesen Zufällen sich durchsetzt und sie reguliert«, »sichtbar wird« (ebd).

Marx schreibt »Erfahrung« meist dann in Anführungszeichen, wenn durch sie ein Irrtum in Bezug auf die Erkenntnis der Vorgänge vorbereitet wird. Untersuchungsgegenstand muss daher auch werden, was nicht erfahren wird:

> »Es wird hier also jedenfalls in einigen Produktionssphären die Erfahrung gemacht, dass der Durchschnittspreis einer Ware steigt, weil der Arbeitslohn gestiegen, und fällt, weil er gefallen. Was nicht ›erfahren‹ wird, ist die geheime Regulierung dieser Änderungen durch den vom Arbeitslohn unabhängigen Wert der Waren [...] Die ›Erfahrung‹, die dabei gemacht wird, ist wieder Bestimmung des Preises durch den Arbeitslohn. Was in diesen beiden Fällen also erfahren wird, ist, dass der Arbeitslohn die Warenpreise bestimmt hat.

> Was nicht erfahren wird, ist die verborgne Ursache dieses Zusammenhangs.« (MEW 25, 875f)

In diesem Kontext folgen eine Reihe von Beispielen, in denen jeweils ein Zusammenhang erfahren wird, seine Ursache aber der Erfahrung verschlossen (verborgen) ist, gar verkehrt herum sich darbietet. Letzteres nennt Marx einmal beiläufig »theoretisch«, weil vom Standpunkt der Erfahrenden absehend:

> »Die Erfahrung zeigt hier also theoretisch, und die interessierte Berechnung des Kapitalisten zeigt praktisch, dass die Preise der Waren durch Arbeitslohn, Zins und Rente, durch den Preis der Arbeit, des Kapitals und des Bodens bestimmt und dass diese Preiselemente in der Tat die regulierenden Preisbildner sind.« (882)

Man kann bei Marx eine Menge über die Dialektik von Empirie lernen, findet aber keine Absage an sie. Er selbst trägt auch direkt zur Methodenentwicklung in der empirischen Sozialforschung bei. Da in Frankreich, anders als in England, keine Berichte über die Arbeitsbedingungen des Proletariats erstellt wurden, versuchte er diese in einer eigenen Umfrage zu erkunden[98]. Dabei ändert er die üblichen empirischen Verfahren in drei entscheidenden Punkten: Eine genaue Kenntnis der Arbeitsbedingungen sollte mittels Untersuchung durch die Befragten selbst erreicht werden, was Fragen der Organisierung der Arbeiter ebenso einschloss wie solche nach Widerstand; die Arbeiter sollten die Dokumentierung übernehmen, sodass nicht ›Experten‹ die Erhebung machten, sondern die Arbeiter selbst zu Experten wurden, indem sie ihren Erfahrungen Worte geben mussten; schließlich war die Umfrage so angelegt, dass in umfassender und forschender Selbstdokumentation ein Bewusstsein über die eigene Lage entstehen konnte. Und so hatte die Fragebogenaktion selbst aufklärende Funktion. Die hier schon praktizierten Formen der Erhebung wurden in der zweiten Hälfte des 20. Jahrhunderts als gesellschaftskritische empirische Sozialforschung ausgebaut und als Fragen von Subjekt und Objekt in der Forschung diskutiert, als eingreifende Sozialforschung, als Zweifel an der Rolle der Experten und schließlich als Zweifel an den Leitbegriffen Objektivität und Wertfreiheit.

Luxemburgs Empiriekritik

Luxemburg erwähnt Empirie, empirische Tatsachen, Leute, die mit empirischen Daten arbeiten, jeweils im Kontext einer Politik, die sie kritisiert. Bernstein und Kautsky verfahren ihrer Auffassung nach so, dass sie Ausbeutung als Ungerechtigkeit in der Verteilung vorführen. Dies nennt sie eine neue Tendenz in der Arbeiterbewegung, das marxsche »Lehrgebäude zu zersetzen«:

98 Vgl. das Stichwort »Arbeiterumfrage« im Historisch-kritischen Wörterbuch des Marxismus (HKWM) 1, 496f.

»Die rein empirische Beobachtung der Tatsache der Ausbeutung, des ›Mehrprodukts‹ soll genügen als Basis, das bloße Bewusstsein der ›Ungerechtigkeit‹ der Verteilung als Legitimation der sozialistischen Arbeiterbewegung.« (*Aus dem Nachlass unserer Meister,* 1/2, 137f)

Soweit sie Marx kommentiert, bleiben ihre Aussagen zum Verhältnis von Empirie und Theorie im Modus einer Beschwörung:

»Umgekehrt, erst in der Beleuchtung der Deduktion sind ihm alle ›empirischen Tatsachen‹ im neuen Licht erschienen, erst als er den Ariadnefaden des historischen Materialismus in der Hand hatte, fand er durch das Labyrinth der alltäglichen Tatsachen der heutigen Gesellschaft den Weg zu wissenschaftlichen Gesetzen ihrer Entwicklung und ihres Unterganges.« (140f)

Diese »Deduktion« habe er »erst nach einer Auseinandersetzung mit dem hegelschen Idealismus« gewonnen (138).

Immer wieder polemisiert sie gegen empirisches Vorgehen, positioniert es gegen die ›richtige‹ Theorie, nennt es

»Reduzierung der sozialistischen Theorie auf ein paar hausbackene nüchternplatte Wahrheiten […] zum Prinzip erhobene Gedankenkleinheit und […] als Methode erklärte Zaghaftigkeit des empirischen Tastens« (295).

Die Formulierungen verdanken sich ohne Zweifel politischer Auseinandersetzung und haben vielleicht dort ein historisches Recht; so wie sie artikuliert sind, tragen sie jedoch zumindest zu einem fetischisierten Theorieverständnis und einer dogmatischen Ablehnung von Fakten bei. Mit den vielfach ins Feld geführten »ehernen Gesetzen der Geschichte« stützt sie zudem ein Geschichts- und Bewegungsverständnis, das ihrer eigenen Politik (wie sie in diesem Buch ausgearbeitet ist) widerspricht. Zudem zeigen die Ausführungen zu Marx' »historischem Materialismus« eine Vorstellung marxscher Theoriearbeit, die nicht der Entwicklung marxschen Denkens nach den *Feuerbachthesen* entspricht.

Luxemburgs Umgang mit Empirie

Luxemburg geht selbst mit Sozialstatistiken, Tatsachen, Fakten, Dokumenten anders um, als nach ihrer Verurteilung der Empiriker anzunehmen ist. Sie macht mit empirischen Daten Politik, indem sie die Kontexte einbezieht und damit die Bedeutung der Aussagen verschiebt. Dies geschieht weniger dadurch, dass sie die Daten ins Licht einer vorher deduzierten Theorie taucht (wie oben von ihr für Marx behauptet), als eher diskursanalytisch (wie im zweiten Kapitel vorgeführt). So z. B. nach ausführlichen Tabellen über die Handelsbewegung:

> »Gerade die Länder, deren Erwerbung und Erhaltung dem Volke eine Unmasse Geld kostete, sind für den deutschen Handel und die Industrie, um derentwillen sie angeblich erworben wurden, von einer Bedeutung, die gleich Null ist.« (1/1, 284)

> »Nicht kommerziellen und industriellen Aufschwung, bloß enorme Opfer an Gut und Blut und stets wachsende Gefahren für eine ruhige Entwicklung kann die Weltabenteuerpolitik dem deutschen Volke bringen.« (285)

Sie nutzt selbst Wirtschaftsstatistiken für das Ringen gegen die Hegemonie der herrschenden Klasse. Empirische Daten sprechen dabei nicht für sich, sie sind Momente in einem Kampffeld, das von der herrschenden Klasse hegemonisiert ist. Daher wird der Umgang mit Sozialdaten Teil des Klassenkampfes. Umgekehrt begrüßt sie selbst zu staatlichen Kontrollzwecken durchgeführte Datenerhebungen als Informationszuwachs für das Volk. Gerade wenn Daten über die soziale Lage für Herrschaft nützlich sind, müssen sie Wissenswertes über die Gesellschaft aussagen, so bei der Volkszählung (vgl. das erste und das dritte Kapitel in diesem Buch sowie 1/1, 291).

Wie kaum anders zu erwarten, nutzt Luxemburg auch in fast allen Analysen, in allen Polemiken statistisches Material. Man kann fast beliebig ihre Texte aufschlagen und stößt auf empirische Daten. So etwa:

> »Trotz aller gesetzlichen Klauseln haben die Kongregationen unter der Dritten Republik ihre Mitgliedschaft auf 200 000 erhöht und ihr Vermögen verdreifacht.« (*Die sozialistische Krise in Frankreich*, 1/2, 23)

Oder:

> »Im Bäckergewerbe hat die Lehrlingszüchterei in Hamburg zu unerhört niedrigen Löhnen (bei 105-stündiger Arbeit in der Woche!) dazu geführt, dass zum Beispiel 1886 250 Gesellen gleichzeitig arbeitslos waren.« (*Kapitalistische Entwicklung und Arbeitervereinigungen*, 1/1, 595).

Vor allem bei der von ihr stets studierten Entwicklung des Weltkapitalismus wird man geradezu in Zahlen ertränkt. So gibt es detaillierte Tabellen zur Kartellwirtschaft in Nordamerika (1/1, 686ff), die als Beleg dienen, dass die »Agrarier« Deutschlands

> »die treuesten Bundesgenossen der pennsylvanischen Kohlen- und Eisenmagnaten sind, unter deren Joch Hunderttausende von Proletariern zugrunde gehen« (689).

Oder man lese ihre Polemik gegen Schutzzölle (1/1, 709ff), in der man sorgfältig das Material herbeigetragen findet zum Fall der Weizenpreise und zur Entwicklung des Getreideweltmarkts. So etwa:

> »In den Jahren 1861 bis 1870 betrug die Weizenausfuhr aus den Vereinigten Staaten durchschnittlich 22 Millionen Bushel, ein Jahrzehnt darauf schon 78 Millionen Bushel, und 1879 allein belief sie sich auf 153 Millionen Bushel!« (1/1, 716)

Diese Textstellen sollen hier lediglich belegen, dass Luxemburgs journalistische Arbeit gerade im Verfolgen von Fakten, Statistiken, Zahlen und ihrer Auswertung für die tägliche Politik bestand, sodass sie mit einer Polemik gegen Empirie sich selbst ein Bein stellen musste. Ihre abfertigende Kritik an anderen, die Zahlen ins Feld führen, hätte also in Ansehung eigener Praxis nicht diese Tatsache als solche verhöhnen, sondern auf das Wie des Umgangs mit solchem Material hinarbeiten, also das Verhältnis des Empirischen zum Theoretischen thematisieren müssen.

Es gibt auch andere Arbeitsweisen von ihr, so wenn sie an Kautskys Bernsteinkritik (1/1, 537–554) lobend hervorhebt, dass sie »statistische Beweise gegen die sozialdemokratischen Lehren« (554) überprüft und auf ihrem eigenen Terrain als fehlerhaft überführt.

Auch in der *Industriellen Entwicklung Polens* (ihrer Dissertation von 1898) findet man geradezu Kolonnen von Zahlen, Tabellen, Daten zusammengetragen, um die jeweiligen Argumente zu belegen. Allerdings könnte gerade diese Arbeit ein Beleg dafür sein, dass die empirischen Belege theoretisch zuvor gedachten allgemeinen Entwicklungsgesetzen subsumiert werden, also der bloßen Veranschaulichung dienen. In ihrem Schlusswort schreibt sie:

> »Es ist ein immanentes Gesetz der kapitalistischen Produktionsweise, dass sie darnach strebt, nach und nach die entlegensten Orte miteinander materiell zu verknüpfen, in ökonomische Abhängigkeit voneinander zu bringen und schließlich die ganze Welt in einen einzigen fest zusammengefügten Produktionsmechanismus zu verwandeln. [...] Ferner bewegt sich aber der kapitalistische Produktionsprozess mit unaufhaltsamer Eile demjenigen Moment entgegen, wo die Entwicklung der Produktivkräfte auch im russischen Reiche mit der Herrschaft des Kapitals unverträglich und wo an Stelle der privaten Warenwirtschaft eine neue soziale Ordnung auf der Basis einer planmäßigen genossenschaftlichen Produktion treten wird.« (1/1, 209ff)

Man kann hier entziffern, dass Lehrsätze aus dem *Kommunistischen Manifest* (das übrigens nicht genannt wird) der Arbeit mit der Empirie eine Orientierung geben, geradezu ein Licht auf einzelne Daten werfen können und Bewegung erkennen lassen, wo ein untheoretischer Blick nichts Besonderes entdeckt. Sie benutzt die analytischen Sätze von Marx und Engels als Aussagen über Tendenzen, die es ihr erlauben, die empirischen Befunde als Entwicklungen und/oder Blockierungen in einer allgemeinen Bewegung dennoch je spezifisch in welthistorischen Kraftfeldern vorzuführen. Fragwürdig aber bleiben die Begriffe der »Deduktion«, der »Gesetze«, der »Unaufhaltsamkeit«, welche sie über den Streit mit Bernstein hinaus gelegentlich benutzt.

Diese Begriffe müssen gerade die vielfältigen Bewegungen im Widerstreit und insbesondere die subjektiven Akteure selbst übersehen und daher eine Anleitung zur immergleichen Erkenntnis und zum Dogmatismus sein.

Das Fazit aus dieser Überprüfung von Luxemburgs Umgang mit Datenmaterial lautet: Politisch, in ihren journalistischen Arbeiten und Reden setzt sie empirische Daten gerne und in großer Zahl ein. Sie sind Teil ihrer revolutionären Realpolitik und also Material, welches in der Dialektik von Nah- und Fernziel politisches Gewicht erhält. In ihrer Dissertation zieht sie theoretisch geleitete Überlegungen heran, an denen sie die Ordnung des Materials orientiert. – Ihre scharfen und mit großem Wissen gespeisten historisch-kritischen Analysen der kapitalistischen Produktionsweise und des Imperialismus (vgl. dazu die Kapitel zwei, drei und fünf) sind hier in unsere Überprüfung nicht einbezogen, obwohl sie natürlich ebenso empirisch unterlegt sind wie alle Geschichtsschreibung. Undiskutiert ist, was wir als marxistische Sozialwissenschaftler eigentlich unter Empirie begreifen und wie wir verfahren wollen.[99]

Luxemburg als marxistische Theoretikerin

Von Marx war zu lernen, dass die Wahrnehmung »empirischer Tatsachen« selbst mit der eigenen Praxis in der Gesellschaft zusammenhängt und überdies eine eigene Praxis ist. Was sich als Wirklichkeit darbietet, sind fertige Phänomene, deren Gewordensein es zu entziffern gilt. Sie kommen aus bestimmter Praxis in benennbaren Interessen. Der Umgang mit Sozialstatistiken, Daten, Dokumenten etc. ist also historisch-rekonstruktiv und verortet die involvierten Agenten gemäß Interessen nach den jeweiligen Standpunkten und Perspektiven. Die Daten können auf den ersten Blick das Gegenteil von dem aussagen, was in ihnen aufbereitet ist, so z.B. dass Geld mehr Geld wird, wenn man es lange genug auf der Bank liegen lässt. Der empirische Augenschein verdankt sich tatsächlicher Verfahrensweise. Aber die Entstehungsbedingungen des Zinses sind auf diese Weise praktisch in ihrer Erkennbarkeit verstellt.

Reflektiert werden muss auch die eigene Beteiligung im Erkenntnis- und Wahrnehmungsprozess. Luxemburg hat solche Überlegungen von Marx, seine Analysen und Vorschläge, von den Praxen der Menschen auszugehen, historisch-rekonstruktiv zu verfahren, Standpunkt und Perspektive herauszuarbeiten etc., in der Auseinandersetzung mit Bernsteins Reformismus sprachlich mystifiziert und die bei Marx ebenfalls vorzufindenden Gewissheitspassagen zu einer sakrosankten Deduktion des Sieges des Sozialismus,

99 Eine Klärung kann an dieser Stelle nicht vorangetrieben werden. Vgl. dazu meinen Beitrag *Dialektische Theorie und empirische Methodik*, 1978.

einer fertigen Theorie, der gegenüber die auf empirische Ungerechtigkeiten blickenden Sozialdemokraten nur verräterische Flachköpfe sein können, gemacht. Ihr Vorgehen gegen die Empiriker ist nicht nur als fahrlässig oder flüchtig zu bezeichnen, es hat vor allem dem rigiden Dogmatismus im weiteren Marxismus Vorschub geleistet.

Daher ist es besonders interessant zu überprüfen, wie sie in eigenen Arbeiten überhaupt noch *Kritik an Marx* begründen kann und ob und wie sie dabei »empirische Daten« einsetzt.

Ihre einzige große Schrift, *Die Akkumulation des Kapitals*, ist eine Kritik der marxschen Reproduktionsschemata mit dem Hauptargument einer mangelnden Lösung des Akkumulations- und des Realisationsproblems. Wie geht sie vor? Erstens kritisch-immanent:

> »Prüft man das Schema der erweiterten Reproduktion gerade vom Standpunkt der marxschen Theorie, so muss man finden, dass es sich mit ihr in mehreren Hinsichten im Widerspruch befindet.« (5, 285)

Offenbar gibt es den zuvor proklamierten festen und ein für alle Mal fertigen Block »marxsche Theorie« so nicht, sondern Marx selbst kann theoretisch irren oder mehr noch: Seine Theorie fordert zur Kritik an sich selbst auf, ist per se selbstreflexiv. Indem er vorschlägt, sich auf die Praxen der Menschen zu beziehen, muss geprüft werden, ob er selbst dieses tut. »Seine Theorie« ist ein Projektvorschlag, wie zu forschen ist.

Luxemburg analysiert also zunächst Ungereimtheiten und Lücken in der marxschen Modellannahme. Ein Modell abstrahiert von einer Reihe von Besonderheiten, die wirklich (also empirisch konstatierbar sind), aber im Modell weggelassen werden müssen, um die Hauptwirkkräfte in ihrem Zusammenhang zu erfassen. Zu den von Marx weggelassenen Momenten gehört u.a. »die fortschreitende Produktivität der Arbeit« (ebd.) – diese darf aber nicht fehlen, weil sie grundlegend ist für die erweiterte Reproduktion und den Gang der Entwicklung. Luxemburg argumentiert sofort ›empirisch‹: Die Annahmen dürfen mit der Wirklichkeit nicht in Widerspruch stehen (286), es muss »der wirkliche Gang der Dinge« erfasst werden. Sie hält fest, dass eine Reihe von weiteren Annahmen kontrafaktisch sind, so die Voraussetzung, dass die verschiedenen Teile des Kapitals in entsprechend reproduzierbarer Sachgestalt zur Welt kommen, als Konsumtionsmittel oder Produktionsmittel, und kommt zu dem Ergebnis: Eine Verschiebung der technischen Grundlage des Kapitals sei in Marx' Schema undenkbar (290), eben dies aber sei »die tatsächliche Praxis des Kapitals«.

> »[Die] technische Verschiebung der Produktionsweise im Fortgang der Akkumulation […] kann sich nicht durchsetzen, ohne die grundlegenden Beziehungen des marxschen Schemas aus den Fugen zu bringen, [auch die reale Existenz von] anlagesuchendem Kapital [ist] ausgeschlossen« (291),

ebenso die sprunghafte Erweiterung der Produktion, des Absatzes und die einseitige Entwicklung einzelner Zweige. Marx' Berechnungen hätten so einer Reihe von kurzschlüssigen Theorien über Akkumulation und Krise Vorschub geleistet.

> »Das Schema setzt also eine Bewegung des Gesamtkapitals voraus, die dem tatsächlichen Gang der kapitalistischen Entwicklung widerspricht.« (292)

Ihre Widerlegung bewegt sich also zunächst analytisch im Modell und seinen Denkvoraussetzungen, um sogleich die Überprüfung an der Wirklichkeit, an Geschichte vorzunehmen. Ihre Worte – der »wirkliche Gang«, kein »Widerspruch zur Wirklichkeit«, die »tatsächliche Praxis«, der »tatsächliche Gang«, der »erste Blick« etc. – beziehen sich umstandslos auf »empirische Tatsachen«, ja Luxemburg zieht Daten heran, um theoretisches Modelldenken in Frage zu stellen. So schließt sie sogleich eine Skizze mit Daten, Tabellen zur Geschichte der Baumwollindustrie (Konsumtionsmittel) und zum Eisenbahnbau (Produktionsmittel) an, um festzustellen: »In beiden Fällen kommt der Mehrwert nicht in der Naturalgestalt zur Welt« (302).

Das marxsche Schema hinterließ das Problem der Unerklärbarkeit der erweiterten Reproduktion. Die analytische Auseinandersetzung mit dieser Frage, gestützt durch die empirische Überprüfung der Vorannahmen und Lücken, erbrachte ein weiteres theoriekritisches Resultat: Eine der Abstraktionen, nämlich die, dass alle Gesellschaften kapitalistisch produzieren und in jeder einzelnen ausschließlich kapitalistisch produziert werde, also nur Kapitalisten und Arbeiter die wesentlichen Produzenten und Konsumenten seien, erwies sich als ein Hauptfehler. Logisch kommen die marxschen Schemata ohne den treibenden Widerspruch aus, der die Kapitalisten zwingt, Absatzmärkte in nicht-kapitalistischen Umwelten zu suchen. Aber die

> »Realisierung des Mehrwerts zu Zwecken der Akkumulation ist also in einer Gesellschaft, die nur aus Arbeitern und Kapitalisten besteht, eine unlösbare Aufgabe« (299).

Dies aber bestimmt die Existenz kapitalistischer Wirtschaften. Der Widerspruch entsteht, wie Luxemburg Marx selbst sagen lässt,

> »indem das Kapital sich die beiden Urbildner des Reichtums, Arbeitskraft und Erde, einverleibt, erwirbt es eine Expansionskraft, die ihm erlaubt, die Elemente seiner Akkumulation auszudehnen jenseits der scheinbar durch seine eigene Größe gesteckten Grenzen, gesteckt durch den Wert und die Masse der produzierten Produktionsmittel, in denen es sein Dasein hat« (MEW 23, 630f – zit. bei Luxemburg 5, 305).

Luxemburg führt eine Reihe von Theoretikern vor, Sismondi, Malthus, Say, Ricardo, MacCulloch, Rodbertus, Kirchmann, Struve, Bilgakow, Tugan-

Baranowski u.a., die »das richtige Gefühl« hatten, dass »dritte Personen« im marxschen Schema fehlten, die aber der Versuchung erlagen, die Schemata ohne den treibenden Widerspruch bloß zu ergänzen. Luxemburgs eigene Argumentation führt sie zur Entwicklung einer Imperialismustheorie, deren Tragfähigkeit aktuell zur Diskussion steht.

Ihre Gesamtkritik arbeitet keineswegs, wie proklamiert, als bloße Anwendung fertiger marxscher Theorie und auch nicht ›anti-empirisch‹; sie schlägt vielmehr jetzt implizit vor, marxsche Theorie als einen Vorschlag zu begreifen, die eigene Forschungsarbeit auch als Kritik des bisher am weitesten vorangeschrittenen Wissens zu leisten und sie stets und in jedem Schritt dem wirklichen Gang der Geschichte anzumessen; empirisch zu arbeiten, freilich unter den angeführten Bedingungen des Historisch-Rekonstruktiven, des Bezugs auf die beteiligten Interessen, auf die Praxis der wirklichen Menschen. Diese können sich in vielfältige Widersprüche verstricken in sich stets verschiebenden Kräfteverhältnissen mit einander widerstreitenden Akteuren. Das historische Ergebnis ist offen.

Aus dem zweifelnden Hin und Her, in das uns die Frage nach Luxemburgs Umgang mit Empirie und Theorie schickte, gewinnen wir zumindest:

Der Umgang mit empirischen Daten ist grundlegend fürs politische Handeln. Die Analyse ebendieser Daten, die für die Politik gebraucht wird, muss theoriegeleitet sein. Dabei sind Empirie und Theorie nicht zwei Seiten oder Stufen; ein jedes vom anderen getrennt ist so unsinnig wie leblos. Die Frage wird verschoben in die nach der Dialektik von Nah- und Fernziel. Die Arbeit der theoretischen Durchdringung des empirisch Vorfindlichen wurde von Luxemburg in ihrer Kritik der marxschen Reproduktionsschemata weiterentwickelt. Die jetzt empirisch gestützte theoriekritisch erarbeitete Imperialismustheorie wurde interessanterweise insbesondere für feministische Forschung politisch fruchtbar[100]. Die theoretische Erkenntnis, dass der Kapitalismus auf seiner Jagd nach Profit außerkapitalistische Sphären braucht, in deren Zerstörung und Inwertsetzung[101] er sich Absatzmärkte und neue Rohstofflieferanten (einschließlich billiger Arbeitskraft) sucht, ist auf die innere Kolonisierung, also die Indienstnahme und Zerstörung der häuslichen Produktionsweise im eigenen kapitalistischen Land, anwendbar und gehört zu den aktuellen Praxen, auch im neoliberalen Kapitalismus. Beide Prozesse, die »äußere« wie die »innere Kolonisierung« gehören weiter zur politischen Tagesordnung, ihr Begreifen und die Übersetzung in konkrete Tagespolitik bleiben aktuelle Aufgabe.

100 Vgl. Mies u.a. 1983 u. 1986, v. Werlhof 1982, in Haug, F.: Stichwort »Hausfrauisierung« in HKWM 5, 2001, 1209–1214.

101 Vgl. Görg, C.: Stichwort »Inwertsetzung« in HKWM 6/II, 2004, 1501–1506, der sich allerdings nicht auf Luxemburg bezieht.

Nachtrag: Lukács

In seiner Leninstudie (1924) liest Georg Lukács Luxemburgs Imperialismusbuch im Verhältnis zu Lenin und prüft Theorie und Politik:

> »Die leninsche Auffassung des Imperialismus ist in scheinbar paradoxer Weise einerseits eine bedeutende theoretische Leistung, andererseits und zugleich enthält sie, als rein ökonomische Theorie betrachtet, wenig wirklich Neues. Sie ist in mancher Hinsicht auf Hilferding aufgebaut und verträgt, rein ökonomisch angesehen, an Tiefe und Großartigkeit keineswegs den Vergleich mit Rosa Luxemburgs wundervoller Weiterführung der marxschen Reproduktionstheorie.« (1967, 38; Werke, Bd. 2, 548)

Lukács beurteilt zunächst die ökonomisch-theoretische Leistung in Luxemburgs Marxkritik, für die er höchstes Lob findet. Um Lenin im Vergleich zu kennzeichnen, dem er eine Überlegenheit im Politischen zuerkennt, die der Luxemburgs im Theoretischen keineswegs nachsteht, benutzt er den eigenartigen Begriff der »theoretischen Großtat«:

> »Lenins Überlegenheit besteht darin – und dies ist eine theoretische Großtat ohnegleichen –, dass es ihm gelungen ist, die ökonomische Theorie des Imperialismus restlos mit allen politischen Fragen der Gegenwart konkret zu verknüpfen; die Ökonomik der neuen Phase zu einer Richtschnur für sämtliche konkreten Handlungen in der so entscheidenden Umwelt zu machen.« (Ebd.)

Lukács führt Lenin also als einen vor, der zwar in der ökonomischen Theorie nichts Neues leistete, im Gegensatz zu Luxemburg, jedoch einzigartig das theoretisch Bekannte mit konkreter Politik so zu verbinden verstand, dass er im Grunde genau Luxemburgs Vorstellung von Theorie als Leitfaden für Politik entsprach. Kurz, Lenin war großartig bei der Verbindung von Nah- und Fernziel. Luxemburg hingegen – so die Kritik von Lukács – konnte das theoretisch Gewusste und von ihr sogar auf marxscher Grundlage Weiterentwickelte nicht wirklich politisch umsetzen:

> »Freilich ist die Theorie des Imperialismus von Rosa Luxemburg (und von Pannekoek und anderen Linken) keineswegs ökonomistisch im engeren, im eigentlichen Sinne. Sie alle – Rosa Luxemburg vor allem – heben gerade jene Momente der Ökonomik des Imperialismus hervor, wo sie notwendig ins Politische umschlägt (Kolonisation, Rüstungsindustrie usw.). Jedoch diese Verknüpfung wird nicht konkret. Das heißt, Rosa Luxemburg zeigt in unübertrefflicher Weise, dass infolge des Akkumulationsprozesses der Übergang in den Imperialismus, die Epoche des Kampfes um die kolonialen Absatz- und Rohstoffgebiete, um die Möglichkeiten des Kapitalexportes usw. unvermeidlich geworden ist; dass diese Epoche – die letzte Phase des Kapitalismus – eine Epoche der Weltkriege sein muss. Sie begründet aber damit bloß die Theorie der ganzen Epoche, die Theorie dieses modernen Imperialismus überhaupt.« (39)

Lukács' Urteil folgt aus dem Studium des Akkumulationsbuches und der *Juniusbroschüre*, also aus den theoretischen Arbeiten, die sich auf internationale Politik, auf die Weltform des Kapitalismus beziehen. Hier kommt Lukács zu dem Schluss:

> »Einen Übergang aus dieser Theorie zu den konkreten Forderungen des Tages vermochte auch sie nicht zu finden; die ›Juniusbroschüre‹ ist in ihren konkreten Teilen keineswegs eine notwendige Folge der ›Akkumulation des Kapitals‹. Die theoretische Richtigkeit der Beurteilung der ganzen Epoche konkretisiert sich bei ihr nicht zu einer klaren Erkenntnis jener konkreten bewegenden Kräfte, die abzuschätzen und revolutionär auszunützen die praktische Aufgabe der marxistischen Theorie ist.« (Ebd.)

Lukács vermisst an Luxemburg die konkrete Analyse der Kräfteverhältnisse, also sowohl die Analyse der herrschenden Klasse und ihrer Widersprüche sowie die der Arbeiterklasse und wiederum deren Widersprüche und Möglichkeiten in internationalem Maßstab. Dagegenzuhalten wäre, dass Luxemburg in der Juniusbroschüre ja doch auch eine scharfe Analyse der Fehler und Irrtümer (vgl. das dritte Kapitel in diesem Buch) der Arbeiterbewegungspolitik gerade im Verhältnis zum Internationalismus vorlegt und eben daraus zu Überlegungen neuer konkreter Politik gelangt, in der Selbstkritik, Fehleranalyse und Handeln in Widersprüchen zu den bestimmenden Momenten gehören sollten. Wegen ihrer Ermordung während des von ihr politisch zu diesem Zeitpunkt nicht gewollten Spartakusaufstandes kam sie nicht mehr zu deren Ausarbeitung. Zum Zweiten müsste ihre konkrete Politik, also die Politik in Widersprüchen, die Dialektik von Nah- und Fernziel in ihrer tatsächlichen Tagespolitik, ihrer revolutionären Realpolitik verfolgt werden (vgl. das zweite Kapitel), die sich von der leninschen wesentlich dadurch unterscheidet, dass sie in den Widersprüchen des Kapitalismus hantieren muss, nicht beim Aufbau des Sozialismus, was der Dialektik von Nah- und Fernziel andere Aufgaben stellt.

Gleichwohl zeigt unsere Analyse der luxemburgischen Theorie und Politik bis hierher und zeigen die Urteile von Lukács strategische Lücken und offene Fragen in ihrer sozialistischen Politik. Sie betreffen vor allem die Analyse der Widersprüche in der herrschenden Klasse und ebenso die in der Arbeiterklasse und deren Folgen für eine revolutionäre Politik, also, wie Lukács hervorhebt, die konkrete Analyse der Kräfteverhältnisse. Solche Problematik wird Antonio Gramsci weiterentwickeln. Die bis hierher gesammelten und liegen gelassenen offenen Fragen zu Staat, Partei, Parlament, Demokratie, Revolution, Freiheit, Kultur u.a. werden im folgenden Kapitel aufgenommen und in der Perspektive auf Gramsci, also als »Linie Luxemburg-Gramsci« (Peter Weiss) weitergeführt.

Fünftes Kapitel

Die Linie Luxemburg-Gramsci

Zwischen den Extremen, schonungslos für Gewalt sich einzusetzen und friedlich Toleranz zu predigen, schwankt das Luxemburgbild in der Geschichte. In den Zeiten nach 1989 überwiegt freilich die Friedens-Variante. Der Name Luxemburg wurde gleichbedeutend mit der »Freiheit der Andersdenkenden«, bis sich dieser Anspruch zu einer bloßen Phrase, zum Plädoyer für tolerantes Miteinander verdünnte. Neben historischen Umbrüchen, die wir auch für veränderte Geschichtsbilder haftbar machen können, muss es etwas in Luxemburgs Denken geben, das zugleich eine Nähe zu gewaltsamer Revolution als auch eher umgekehrt zu parlamentarischer Demokratie und Frieden herstellt. Versuchen wir diesem Widerspruch auf die Spur zu kommen. Es wird im Folgenden um die in den vorigen Kapiteln angerissenen Probleme gehen, nämlich um Luxemburgs Verhältnis zu Parlamentarismus, zu Revolution, zu Demokratie, zur Diktatur des Proletariats, zu Freiheit, zum Kulturellen, zu bürgerlichen Rechten, zu Zivilgesellschaft und Staat. Dabei werden die Problematiken bis zu dem Punkt zugespitzt, an dem weitergearbeitet werden muss. Es soll u.a. die Lehre gezogen werden, dass Luxemburg das Verdienst zukommt, eine Reihe von Fragen gestellt zu haben, deren weitere Ausarbeitung dann Antonio Gramsci übernahm, dass von einer »Linie Luxemburg-Gramsci« zu sprechen den politischen Horizont erweitert und dass dies der Kunst der Politik zustatten kommt.

In einer Planskizze für seine *Ästhetik des Widerstands* notiert Peter Weiss:

> »Mitgliedschaft in der Partei – dass es eine kleine Partei war, unwichtig. Mitgliedschaft Prinziperklärung – ideologische Zugehörigkeit – Abwesenheit von Zwang und Dogmatismus – Linie Luxemburg Gramsci – Voraussetzung: Aufklärung der historischen Fehler – die lebendige kritische Wissenschaft, Ablehnung jeglicher Illusionsbildungen, Idealismen, Mystifikationen« (*Notizbücher*, 608).

In den vorhergehenden Kapiteln wurden die wesentlichen Punkte der Skizze von Weiss bei Luxemburg aufgespürt und aufgehoben. Im Folgenden wird es darum gehen, die Problematik für die gramscianische Weiterführung klarer herauszuarbeiten, um die »Linie« auch als historisches Fortschreiten zu zeigen.

Parlamentarismus

Mit der Frage, ob Luxemburg dem Parlamentarismus eher das Wort redete oder ihn als »Schwatzbude« für belanglos erklärte, ja ihn bekämpfte, begibt man sich schon aufs Glatteis. Ohne große Schwierigkeit wird man in ihren Werken beides finden. So schreibt sie etwa 1904:

> »Der Parlamentarismus ist – weit entfernt, ein absolutes Produkt der demokratischen Entwicklung, des Fortschritts im Menschengeschlecht und dergleichen schöner Dinge zu sein – vielmehr die bestimmte historische Form der Klassenherrschaft der Bourgeoisie und – dies nur die andere Seite dieser Herrschaft – ihres Kampfes mit dem Feudalismus.« (1/2, 449)

Aber auf dem Gründungsparteitag der KPD 1918/19 argumentiert sie gegen einen Wahlboykott:

> »Die Wahlen stellen ein neues Instrument des revolutionären Kampfes dar. [...] Für Sie existiert nur das Parlament des deutschen Reichstags. Sie können sich nicht vorstellen, dieses Mittel zu gebrauchen im revolutionären Sinne. Sie verstehen: entweder Maschinengewehre oder Parlamentarismus [...] das ist eine Vereinfachung, die nicht der Schulung und Erziehung der Massen dient.« (4, 481)

Die Differenz zwischen den beiden Zitaten ist nicht einfach der unterschiedlichen historischen Situation und auch nicht einem Wandel in Luxemburgs politischer Auffassung geschuldet. Dass wir die Aussagen als gegensätzliche lesen können, liegt vielmehr in der Logik des Alltagsverstandes, mit dem wir einige Ergänzungen vornehmen und der allemal zur Metaphysik neigt.[102] So scheint klar, dass die »demokratische Entwicklung« (aus dem ersten Zitat) auf der Seite der sozialistischen Ziele liegt, ebenso wie der »Fortschritt im Menschengeschlecht«, während die »Klassenherrschaft der Bourgeoisie« eindeutig auf der Seite der Feinde des Sozialismus zu Hause ist. Daraus folgt, dass der Parlamentarismus nicht nur nicht gestützt werden darf, sondern selbst bekämpft werden sollte. Umgekehrt fordert Luxemburg vierzehn Jahre später (im zweiten Zitat) dazu auf, sich nicht nur am Parlament zu beteiligen, sondern es sogar als Mittel im revolutionären Kampf zu nutzen. Gewohnt, in einfachen Gegenüberstellungen von Gut und Böse, Freund und Feind zu denken, entgehen dem Alltagsverstand die dialektischen Nuancierungen, die aber grundlegend sind für Luxemburgs Marxismus und ihre Geschichtsauffassung bestimmen.

102 Luxemburg schreibt im Kontext der Einschätzung der Erhebung des russischen Proletariats: »Wir sind alle, mögen wir noch so dialektisch denken, in unseren unmittelbaren Bewusstseinszuständen unverbesserliche Metaphysiker, die an der Unwandelbarkeit der Dinge kleben.« (1/2, 487)

Zeichnen wir den Zusammenhang ihres Denkens vereinfacht und daher angreifbar nach, so erkennen wir:

Parlamentarismus hat an sich kein bestimmtes Wesen, er ist vielmehr eine Form, deren sich die Bourgeoisie im Kampf mit dem Feudalismus bediente. Zum Parlamentarismus gehören das Wahlrecht, die Freiheit der Rede usw. Parlamentarismus entstand also als eine Bühne des Klassenkampfs in der Demokratie. Die Bourgeoisie hat diesen Kampf teils als Kompromiss, teils vollständig gewonnen. Der Feudalismus trat von der historischen Bühne ab. Ab diesem historischen Moment wurde der Parlamentarismus für die jetzt herrschende Klasse, die Bourgeoisie, funktionslos. Seine weitere Geschichte ist eine des Zerfalls. Luxemburg wird nicht müde, die »Öde«, das »Geschwätz«, die geistige Leere des Parlaments zu geißeln: »der Reichstag ein Haus der tödlichsten Geistesöde« (*Sozialdemokratie und Parlamentarismus,* 1/2, 450).

Die verbleibenden Repräsentanten des Bürgertums im Parlament aber täuschen sich, schon aus persönlichem Selbsterhaltungstrieb, über die tatsächliche Macht bzw. Ohnmacht des Parlaments. So sei eine

> »natürliche Blüte jener famose ›parlamentarische Kretinismus‹ [...], der über dem selbstgefälligen Redegeplätscher von ein paar hundert Abgeordneten in einer bürgerlichen Gesetzgebungskammer die weltgeschichtlichen Riesenkräfte übersieht, die draußen im Schoße der gesellschaftlichen Entwicklung, ganz unbekümmert um die parlamentarische Gesetzmacherei, wirksam sind. Es ist aber gerade dieses Spiel der blinden Elementarkräfte der sozialen Entwicklung, an der die bürgerlichen Klassen selbst mittun, ohne es zu wissen und zu wollen, das zur unaufhaltsamen Unterwühlung nicht bloß der eingebildeten, sondern jeglicher Bedeutung des bürgerlichen Parlaments führt.« (448)

Die Geschichtskräfte konzentrieren sich jetzt anders, das Parlament wird Spielball des Kapitals und zugleich hinderlich für seine wirtschaftspolitischen Ziele.

> »[Die] *Weltpolitik* [reißt] das ganze wirtschaftliche und soziale Leben der kapitalistischen Länder in einen Strudel unübersehbarer, unkontrollierbarer internationaler Wirkungen, Konflikte, Umgestaltungen, in dem die bürgerlichen Parlamente wie ein Balken auf stürmischem Meer ohnmächtig hin- und hergezerrt werden« (ebd.).

Dabei bleibe es eine

> »notwendige Illusion des um die Herrschaft kämpfenden und noch mehr des zur Herrschaft gelangten Bürgertums, dass sein Parlament die Zentralachse des sozialen Lebens, die treibende Macht der Weltgeschichte sei« (ebd.).

In der Wirklichkeit findet sich das »wichtigste deutsche Parlament« im rapiden Verfall, weil es »lauter fertige Tatsachen, Ergebnisse der *außerparlamen-*

tarischen Wirkung politischer Faktoren« annimmt (Marineforderungen, Handelsverträge), »um als automatische Jasagemaschine die Kosten dieser außerparlamentarischen Politik zu beschaffen« (447).

In der Folge wird der parlamentarische Zerfall begleitet vom Bemühen, die jetzt auch störenden Waffen des Wahlrechts, den »Eckstein des Parlamentarismus« (450), die Demokratie, die Pressefreiheit usw. abzuschaffen.[103]

Luxemburg schließt:

> »So hat der bürgerliche Parlamentarismus den Zyklus seiner geschichtlichen Entwicklung durchlaufen und ist bei der Selbstnegation angelangt« (ebd.).

Inzwischen aber hat das Proletariat als neue Klasse die historische Bühne betreten und erscheint kraft des allgemeinen Wahlrechts im Parlament, dieser Verfallsform aus vorhergehenden Klassenkämpfen.

> »Hat der Parlamentarismus für die kapitalistische Gesellschaft jeden Inhalt verloren, so ist er für die aufstrebende Arbeiterklasse eines der mächtigsten und unentbehrlichen Mittel des Klassenkampfes geworden. Den bürgerlichen Parlamentarismus vor der Bourgeoisie *und gegen* die Bourgeoisie zu retten ist eine der dringendsten Aufgaben der Sozialdemokratie.« (451)

Das vermeintliche Paradox findet seine Lösung in der geschichtlichen Situation. Denn die Arbeiterklasse muss das Parlament aus mehreren Gründen gegen seine Gründer und die parlamentarische Form beherrschende Klasse verteidigen:

Es dient der Arbeiterklasse selbst als Tribüne, als Öffentlichkeit, in der »die Erziehung der Massen« vorangetrieben werden kann; es ist Garant, dass die mit der Form einhergehenden (bürgerlichen) Rechte, zu denen das Wahlrecht, das Versammlungsrecht, die Pressefreiheit usw. gehören und die alle von Abschaffung bedroht sind, erhalten bleiben. Daher übernimmt die Arbeiterklasse oder die linke Opposition an dieser Stelle die Aufgabe, bürgerliche Rechte ebenso wie bürgerliche Kultur gegen die Zerstörung durch die Bourgeoisie selbst zu verteidigen. Dass sich das fragwürdig anhört, liegt an unserer Gewohnheit, die Worte ›bürgerlich‹ oder ›Bourgeoisie‹ ausschließlich negativ zu hören. Für Luxemburg ist die Bourgeoisie, wie auch Marx dies betont, ja zunächst die historische Klasse, die den Fortschritt der Menschheit vorangetrieben hat in der Form der Entwicklung der Produktivkräfte, Vergesellschaftung der Arbeit und damit Schaffung einer

103 Historisch beziehen sich diese Diagnosen auf den Wilhelminismus und haben sich von daher auch mit der Möglichkeit des Faschismus als Perspektive bewahrheitet. Freilich hat der Parlamentarismus nach 1945 einen neuen Aufschwung erlebt und gehört bis heute zu den wirksamen, nicht den zerfallenden Produkten der bürgerlichen Gesellschaft.

neuen Klasse: des Proletariats, das von ihr zugleich geschult wird. Mit historisch würdigenden Augen betrachtet, hat die Bourgeoisie also eine Reihe von Verdiensten, die als ›Errungenschaften‹ in die weitere Geschichte der Menschheit eingehen. Im historischen Drama kommt jedoch die Form der Herrschaft der Bourgeoisie an ihre Grenzen, an denen die Produktivkräfte im alleinigen Dienst des Profits nicht weiterentwickelt werden können. Die Bourgeoisie (als Name fürs Kapital) zerstört permanent ihre eigenen Grundlagen, den Arbeiter und die Erde. Modern gesprochen verbraucht sie alle Ressourcen und entwickelt die Produktivkräfte so, dass die lebendige Arbeit diejenigen nicht mehr ernährt, die die wachsenden Reichtümer schaffen. Es wird also notwendig, dass die Assoziation der Arbeitenden eine alternative Gesellschaft vorantreibt. Dafür müssen die Arbeitenden, wie Luxemburg vielfach hervorhebt, »die politische Macht erobern«.

Hier stoßen wir auf eine neue Schwierigkeit für begreifendes Denken, die bis heute an Aktualität nichts verloren hat. Die »politische Macht erobern« heißt auch, die Parlamentswahlen gewinnen. Zugleich ist aber klar, dass die politische Macht des Parlaments nicht sehr groß ist, dass diese Form im entwickelten transnationalen Kapitalismus auch ein Spielball der Interessen der großen Kapitale ist. Insofern kämpft die Partei der Arbeiter um ihre Repräsentanz in einer Regierungsform, deren Abschaffung sie gleichzeitig betreiben muss, ohne die ohnehin stattfindende faktische Abschaffung durch die Bourgeoisie zu stützen, ja im Gegenteil ihr in den Arm zu fallen.

Die Aufgabe

> »erscheint in sich selbst wie ein Widerspruch: Allein, sagt Hegel, *der Widerspruch ist das Fortleitende*. Aus der widerspruchsvollen Aufgabe der Sozialdemokratie gegenüber dem bürgerlichen Parlamentarismus ergibt sich für sie die Pflicht, diese verfallende Ruine der bürgerlich-demokratischen Herrlichkeit in einer solchen Weise zu schützen und zu unterstützen, die zugleich den schließlichen Untergang der gesamten bürgerlichen Ordnung und die Machtergreifung des sozialistischen Proletariats beschleunigt« (451).

Luxemburg schlägt dafür eine klare, wenn auch schwierig umzusetzende Strategie vor. In den Wahlkämpfen wie auch auf der Tribüne des Parlaments muss der Zerfall dieser Form als Tat der herrschenden Klasse in allen Punkten vorgeführt werden. Denn der Sozialdemokratie

> »eigentliches Wesen, ihr historischer Beruf [besteht] gerade darin, dem Proletariat das klare Bewusstsein über die sozialen und politischen Triebfedern der bürgerlichen Entwicklung im Ganzen wie in allen Einzelheiten beizubringen« (ebd.).

Der Verfall sei fortwährend zu analysieren, weil sonst die klassenbewusste Arbeiterschaft sich der »verderblichen Illusion« hingebe, es könne

> »durch Milderung und Abstumpfung des sozialdemokratischen Klassenkampfes der bürgerlichen Demokratie und Opposition künstlich zu neuem Leben [verholfen werden]« (452).

Zugleich muss die Partei der Arbeiter (bei Luxemburg also die Sozialdemokratie) klarstellen, dass die alltäglichen Sorgen der Menschen in ihren Händen besser aufgehoben sind. Sie muss das Volk überzeugen, wie »gescheiter, fortschrittlicher, wirtschaftlich vorteilhafter sich die Zustände im Gegenwartsstaat gestalten würden«, wenn die Anträge und Wünsche der Sozialdemokraten erfüllt würden, aber noch wichtiger sei es zu überzeugen, »wie nötig es sei, diese gesamte Ordnung umzustürzen, um den Sozialismus zu verwirklichen« (455).

Ein eindrückliches Beispiel für solche Strategie und Taktik ist Luxemburgs Diskussion der »Budgetbewilligung« (1/2, 119ff). Nach sorgfältiger Analyse des Hin und Her in den verschiedenen Landtagen gibt sie die klare Anweisung, um jeden einzelnen Posten im Budget zu streiten und hier für die jeweils sozialste Möglichkeit zu stimmen, das Gesamtbudget aber immer abzulehnen, auch wenn die sozialistischen Abgeordneten die ganze Debatte hindurch sich keineswegs der Stimme enthalten hätten.

> »Nur durch die schließliche Ablehnung der Summa auch dort, wo wir einzelne Posten an sich bewilligt haben, nur durch die Ablehnung des *Ganzen,* worin sich die materielle Existenz des Klassenstaats widerspiegelt, lässt sich unsere Opposition zum Ganzen des Klassenstaats ausdrücken.« (123)[104]

Gegen alle Argumente, dass das Volk es nicht verstehen könne, wenn die Abgeordneten für einzelne Reformen im Staat stimmten, um dann das gerade von ihnen Miterkämpfte im Ganzen wiederum abzulehnen, streitet sie für eine Politik, die den Massen unaufhörlich »die Unzulänglichkeit der sozialreformerischen Flickarbeit und die Notwendigkeit der sozialistischen Umwälzung« erklärt (125). Da die soziale Frage in der Form der kapitalistischen Gesellschaft nicht gelöst werden, gleichwohl aber die Lage der Arbeiter verbessert werden kann, erscheint so die Politik der sozialistischen Abgeordneten im Parlament nach außen hin widersprüchlich, aber in sich kohärent.

Die Wahlversprechen der Sozialisten müssen so bescheiden sein wie das unter kapitalistischen Bedingungen für die Arbeiterklasse Erreichbare und so unbescheiden, eine sozialistische Gesellschaft für möglich zu halten. Das

104 Diese Strategie geht realistischerweise davon aus, dass die Arbeiterpartei selbst keine Mehrheit im Parlament hat und auch keineswegs selbst an einer Regierungskoalition beteiligt ist. Diese Strategie wurde übrigens vor der neoliberalen Hochschulreform ganz offenkundig von linken Studentenfraktionen in den Hochschulparlamenten übernommen. Sie stritten wie der Teufel um jeden Posten, um dann zur Verblüffung der sympathisierenden und sie unterstützenden Fraktion des liberalen Lehrkörpers den mühsam errungenen Kompromiss immer einstimmig abzulehnen. Sie wurden alsbald unglaubwürdig und verloren die Unterstützung der Liberalen.

bedeutet also, dass die Versprechen der sozialistischen Partei nicht so groß sein dürfen, dass das Volk geradezu notwendig von ihnen betrogen wird. Solcher Betrug schafft »Ekel« und Politikmüdigkeit auf der einen Seite, Anarchismus auf der anderen. Luxemburg polemisiert gegen Jaurès, der übertriebenste Hoffnungen und Illusionen über das im Parlament Erreichbare nährte, z.B. es sei das berufene Werkzeug des sozialen Fortschritts, führe zur Hebung der Arbeiterklasse und zum Weltfrieden, gar zum Sozialismus. Solche Agitation konzentriere alle Erwartungen der Arbeiterklasse aufs Parlament mit dem Ergebnis einer »Verwirrung der Begriffe«, einer Demoralisierung der Abgeordneten und einer Enttäuschung der Arbeiter in Bezug auf den Parlamentarismus, sodass sie von Politik nichts mehr wissen wollen (1/2, 453).

Der Parlamentarismus sei nicht dadurch zu schützen, dass keine Kritik an ihm geübt werde, sondern allein durch scharfe Betonung des Klassenkampfes im Parlament selbst.

> »Dazu gehört sowohl die Kräftigung der *außerparlamentarischen Aktion* des Proletariats wie eine bestimmte Gestaltung der *parlamentarischen Aktion* unserer Abgeordneten.« (Ebd.)

Luxemburg bestimmt also den Parlamentarismus als eine Arena unter anderen, in denen zusammenzuwirken erst sozialistische Politik ausmache. Als weitere Kampfformen nennt sie die Mobilmachung ›auf der Straße‹, den Generalstreik und besonders die Pressearbeit:

> »Noch wichtiger ist aber die allgemeine Gestaltung unserer Agitation, unserer Presse in dem Sinne, dass die Arbeitermasse immer mehr auf die eigene Macht, auf die eigene Aktion hingewiesen wird und nicht die parlamentarischen Kämpfe als die Zentralachse des politischen Lebens betrachtet.« (454)

Indem die bürgerlichen Errungenschaften für die politischen Kämpfe der Sozialisten eine Grundvoraussetzung sind, muss um sie und gegen ihre Abschaffung gekämpft werden. Das macht, dass dieser Schritt des Kampfes um die Mittel und Bedingungen leicht mit dem Ziel einer alternativen Gesellschaft verwechselt wird. Die Kämpfe für politische Freiheiten oder soziale Reformen sind als »Vorstufen zur Ergreifung der Staatsgewalt und zur Aufhebung der heutigen Gesellschaft« zu verstehen, während der Opportunismus sie »schon für den Zweck des Kampfes hält«, wodurch »sozialistische Aufklärung« überflüssig werde (*Zum kommenden Parteitag*, 1/1, 524).

Für die sozialistische Fraktion im Parlament ergibt sich so die schwierige Aufgabe, zugleich Vertreter einer oppositionellen Partei und einer revolutionären Klasse zu sein. Das bedeute konkret, nicht bloß

> »vom Standpunkt der bestehenden Gesellschaft selbst zu kritisieren, sondern ihr auch auf Schritt und Tritt das sozialistische Gesellschaftsideal, das über

> die fortschrittlichste bürgerliche Politik hinausgeht, entgegenzuhalten« (1/2, 454f).[105]

Parlamentarismus, Demokratie, Pressefreiheit, bürgerliche Rechte sind also an sich keine sozialistischen Ziele. Innerhalb der bürgerlichen Gesellschaft bleiben sie notwendige Kampfbedingungen. Sobald die Sozialdemokraten aufhören, die komplizierte Agitation um die soziale Frage innerhalb der Grenzen der bürgerlichen Gesellschaft zugleich als ständigen Nachweis dieser Grenzen und die Notwendigkeit ihrer Überschreitung zu führen, sobald sie also die Bedingungen selbst als Ziele verkünden, erstarren sie in bürokratischen Formen und werden eine bürgerliche Partei unter anderen.

Wie aber denkt sich Luxemburg den steten Nachweis des Zerfalls des Parlamentarismus? Auch hierfür findet sie unzweideutige Worte. Es muss in jedem Moment gezeigt werden, dass die Weltgeschicke eben nicht durch das Parlament, sondern durch die sich ins Transnationale entwickelnden Kapitale beherrscht werden und dies Krieg, Zerstörung, Massenelend herbeiführt. Grundlage dafür ist ein ständiges Studium durch die Parteiintellektuellen. Diese fordert sie (u.a. im *Vorwärts* 1905) auf,

> »zurück[zu]gehen von der kupfernen Scheidemünze der notdürftigen Tageslosungen und -lösungen zum lauteren Gold der marxschen Konzeption in ihrer gesamten weltumspannenden Gewalt« (476).

Wie später Gramsci denkt Luxemburg eine wachsende Gruppe von geschulten Wissenschaftlern im Dienste des Weltproletariats, dessen Sache als verallgemeinerbaren Standpunkt zeigend.

Damit die Parteiintellektuellen wirksam sein können, müssen sie u.a. auch im Parlament vertreten sein und dort große Reden halten, also das Parlament als Fenster zum Volk nutzen – »das Reden im Parlament ist seinem Wesen nach *immer* ein Reden ›durch das Fenster‹« (450). Luxemburg nutzt diese Aufforderung, um in einem Seitenhieb die bürgerlichen Parlamentarier zu charakterisieren, die offenbar zu ihrer Zeit eine Abneigung gegen »lange Reden« zeigten. Dies sei Beleg, dass sie dem Volk auch nichts zu sagen hätten.[106]

> »Die Redeschlacht als parlamentarisches Mittel hat überhaupt nur für eine Kampfpartei Zweck, die im Volke einen Rückhalt sucht.« (Ebd.)

Es geht Luxemburg, in Gramscis Worten, um Politik für sozialistische Hegemonie. Die Frage, ob Reform oder Revolution diese Politik ausmacht,

105 Vgl. dazu das zweite Kapitel.

106 In unseren Parlamenten hören wir auch lange Reden der bürgerlichen Parlamentarier, allerdings halten sie keineswegs dem Vergleich stand mit den stundenlangen Reden der sozialistischen Führer der lateinamerikanischen Länder, allen voran Fidel Castro, aber jetzt auch Evo Morales, Hugo Chavez u.a.

erweist sich als falsch gestellt.[107] Beide sind Kampfmittel, die eine notwendig innerhalb des bürgerlichen Staates zur Verbesserung der Lage der arbeitenden Klasse und zu ihrer Schulung, die andere notwendig zu seiner Überwindung, weil die politische Macht nicht ohne Umsturz zu erlangen ist.

Revolution

Lesen wir zunächst noch einmal genau, wie Luxemburg sich die Frage der Gewalt der Revolution stellt:

> »Allerdings nicht aus Vorliebe für Gewalttaten oder für revolutionäre Romantik müssen die sozialistischen Parteien früher oder später, in Fällen, wo unsere Bestrebungen sich gegen viele Interessen der herrschenden Klassen richten, auch auf gewaltsame Zusammenstöße mit der bürgerlichen Gesellschaft gefasst sein, sondern aus bitterer historischer Notwendigkeit. Der Parlamentarismus als allein selig machendes politisches Kampfmittel der Arbeiterklasse ist ebenso phantastisch und in letzter Linie reaktionär wie der allein selig machende Generalstreik oder die allein selig machende Barrikade. Freilich ist die gewaltsame Revolution unter den heutigen Verhältnissen ein äußerst schwer anwendbares, zweischneidiges Mittel. Und wir dürfen auch erwarten, dass das Proletariat von diesem Mittel nur dann Gebrauch machen wird, wenn es den einzigen passierbaren Weg für sein Vordringen darstellt, und selbstverständlich nur unter Bedingungen, wo die gesamte politische Lage und das Kräfteverhältnis mehr oder minder die Wahrscheinlichkeit des Erfolges verbürgen. Aber die klare Einsicht der Notwendigkeit der Gewaltanwendung sowohl in einzelnen Episoden des Klassenkampfes wie zur endgültigen Eroberung der Staatsgewalt ist dabei von vornherein unerlässlich, sie ist es, die auch unserer friedlichen, gesetzlichen Tätigkeit den eigentlichen Nachdruck und die Wirksamkeit zu verleihen vermag.« (1/2 247)

Die Sätze sind eindeutig. Der Zusammenstoß mit den herrschenden Klassen ist unvermeidlich und wird immer wieder und schlussendlich mit

107 Sie kann allerdings kaum, wie Tanja Storløkken (2005) dies tut, so beantwortet werden, dass beide Pole ineinander übergehen, das eine immer zugleich das andere zu sein habe. In ihrem Eröffnungsvortrag auf einer Konferenz in Johannesburg 2005 fasst Storløkken Luxemburgs Position zur Revolution knapp und kundig zusammen. Sie kommt dabei zu dem Resultat, Luxemburg begreife gewissermaßen die lange Arbeit des politischen Kampfes selber als Revolution, die demnach nicht schnell und voller Gewalt sei, sondern lang dauernd und wesentlich in der Erziehung der Massen bestünde. »The socialist revolution had to be some kind of a revolution of patience« (13). In dieser Weise kann sie die Not, aus Niederlagen zu lernen, geradezu als Beschwörung von Niederlagen lesen. Die Bedeutung der Erfahrung für Luxemburgs Politik rückt sie in die Nähe des rechtskonservativen Hans Georg Gadamer (20), eine Verwandtschaft, die wohl beide, Luxemburg wie Gadamer, gleichermaßen entsetzt zurückgewiesen hätten. – Man lese die Dissertation von Teresa Orozco, 1995, die u.a. auch herausarbeitet, dass Gadamer die Bücherverbrennung der Nazis befürwortete.

Gewalt verbunden sein. Dieser Aspekt bestimmt auch die ganz »friedlichen gesetzlichen Tätigkeiten«, gibt ihnen den Ernst und die Schärfe, die sie zur Durchsetzung der Interessen der Arbeitenden brauchen. Jede Gewalt ist schrecklich, also auch jede Revolution. Obwohl dies von allen gewusst wird, ist es notwendig zu bejahen, allerdings als das äußerste und letzte Mittel, anzuwenden nur, wenn irgendeine Aussicht auf Erfolg besteht. – Diese Wendungen sind nicht so überraschend wie die, dass die Alleinstellung des Parlamentarismus als Kampfmittel genauso reaktionär sei wie die nämliche des Generalstreiks oder des Barrikadenkampfs. Luxemburg orientiert auf die Verknüpfung der verschiedenen Mittel, also zu kämpfen im Parlament, im Betrieb, auf der Straße, im Kulturellen. Diese Vielseitigkeit ist nötig für sozialistische Politik. Als alleinige proklamiert und praktiziert kippt jede Kampfform ins Reaktionäre. Die Folge seien passivierende Bürokratie, lähmender Fatalismus, idealistische Opferung bzw. Mischungen dieser Erscheinungen im Wechsel und einander unterstützend. Jede Verselbständigung der einzelnen Formen des Kämpfens muss nämlich, auf Dauer gestellt, die aus der Einbeziehung möglichst vieler resultierende Lebendigkeit, die für Luxemburg Sozialismus ausmacht, verfehlen. Sie versucht also eine Bündelung von unterschiedlichen Kräften und Aktivitäten, die politisches Handeln zur wissenschaftlich gestützten Kunst in den rasanten Entwicklungen des Kapitalismus machen müssen.

Das Beunruhigende beim Denken an Revolution bleibt. Es ist nicht allein die Einsicht, dass eine kühle Analyse der Weltumstände deren Erfolg ganz unwahrscheinlich sein lässt. Insbesondere der Blick zurück vom Weltproletariat ins eigene Land Deutschland im 21. Jahrhundert lässt wenig Hoffnung, nicht einmal die Befürchtung, es könne eine proletarische Massenerhebung geben. Wie überzeugt man auch immer sein mag, dass die kapitalistische Form des globalisierten Profitmachens immer größere Katastrophen im Weltmaßstab heraufbeschwört, erscheinen uns dennoch die revolutionären Losungen von Rosa Luxemburg als historisch gescheitert und daher auch veraltet. Dies selbst dann, wenn die vorausgehenden Analysen überzeugend sind und zum größeren Teil von überraschender Aktualität. Die fatalistische Müdigkeit, die uns beim Lesen revolutionärer Aufrufe, ja Gewissheiten ergreift, hindert uns, genau zu lesen, was eigentlich gemeint ist. Schlimmer noch, sie blockiert uns, in kritischer Selbstreflexion darüber Auskunft zu geben, in welcher Perspektive wir eigentlich politisch denken und handeln.

Überwinden wir also die verbreitete Hoffnung, mit Luxemburg wesentlich die »Freiheit der Andersdenkenden« zu erben und bei Annahme das Erbe in ein unblutiges Stück liberalen Denkens zu verwandeln, und wenden uns konkret ihren Vorstellungen von Revolution zu.

> »Es gibt nichts Unwahrscheinlicheres, Unmöglicheres, Phantastischeres als eine Revolution, noch eine Stunde, bevor sie ausbricht, und es gibt nichts Einfacheres, Natürlicheres und Selbstverständlicheres als eine Revolution, nachdem sie ihre erste Schlacht geschlagen und ihren ersten Sieg errungen hat.« (4, 255)

Der Satz führt uns in die Dialektik von Luxemburgs Denken, die so viele Male unverstanden zu eigenartigen Mutmaßungen über ihren Standpunkt zur Frage der Revolution geführt hat. War sie dagegen, weil sie gegen Gewalt war, oder war sie dafür, weil sie noch in altem Denken verhaftet war, oder hatte sie das Verhältnis von Emanzipation und Gewalt nicht wirklich durchdacht, wie Schütrumpf (2006) ihr vorwirft? Der zuletzt zitierte Satz ist die Bündelung verschiedener Elemente aus ihrem Denken, die zusammengenommen eine Aussage über historische Prozesse sind, über die Entwicklung von Kapitalismus und Revolution nicht nach Plan, nicht nach zuvor entworfenen Strategien, nicht nach Gesetzen, sondern im Stolpergang von Zufälligkeiten, wie sie die »Krisenhaftigkeit der kapitalistischen Produktionsweise« hervorbringt[108]. Auseinandergelegt heißt dies u.a.: Revolutionen sind nichts von oben Gemachtes, nicht von der Partei angeordnet.

> »Eine wirkliche Revolution, eine große Massenerhebung, ist *nie, kann* niemals ein künstliches Produkt bewusster, planmäßiger Leitung und Agitation werden.« (1/2, 510)

So schreibt sie zur *Revolution in Russland* 1905, auch zum *belgischen Experiment* 1901; so schreibt sie 1916, kurz, sie hat ihre Gedanken zur Revolution in den Kämpfen des beginnenden 20. Jahrhunderts nicht geändert. Unter gegebenen Kräfteverhältnissen sind Revolutionen nicht nur unplanbar, sondern auch unwahrscheinlich. Wenn eine Revolution ausbricht wie etwa ein Vulkan, rücken die Standpunkte der Unteren, derjenigen, die die Revolution beginnen, in ein einfaches und selbstverständliches klares Licht. Jetzt geht es darum, nächste Schritte zu planen und zu lenken, Informationen zu sammeln, Losungen auszugeben usw. auf der Grundlage, dass die Unteren um die Macht im Staat real zu kämpfen begannen. Der Übergang vom »Stellungskrieg« in den »Bewegungskrieg«, wie Gramsci das nennt, ist das Unwahrscheinliche und Unvorhersagbare. Ist erst einmal der Bewegungskrieg begonnen, herrschen Gewalt und blutige Kämpfe, aber es herrscht

108 Wolfgang Fritz Haug schreibt zu »Luxemburgs Dialektik«: »Für den Versuch, sich dem Quellpunkt ihres Denkens anzunähern, gibt es nur den indirekten Weg. Er führt [...] zu einem Denken der Revolution, das eine implizite leidenschaftliche Dialektik bezeugt, die sich im Verhalten unter widerstreitenden Notwendigkeiten auf die Probe gestellt findet.« (2005, 236) In diesem Kontext spricht er von der »Stolperbewegung der kapitalistischen Produktionsweise« und Luxemburgs (wie Marx') Interesse für das »Nichtlinear-Plötzliche, Unvorhergesehene«, das »einen Zeitsprung realisiert« (237).

auch Klarheit, dass es jetzt um den praktischen Versuch der Aneignung der Macht geht. Doch auch diese ›Aneignung‹ denkt Luxemburg nicht als einmaligen Gewaltstreich, sondern als unendliche Kleinarbeit immer noch der Überzeugung, der Bewegung bis in jedes Dorf. Auf dem Gründungsparteitag der KPD erklärt sie:

> »So soll die Machteroberung nicht eine einmalige, sondern eine fortschreitende sein, indem wir uns hineinpressen in den bürgerlichen Staat, bis wir alle Positionen besitzen und sie mit Zähnen und Nägeln verteidigen. Und der ökonomische Kampf, auch er soll nach meiner Auffassung und der Auffassung meiner nächsten Parteifreunde durch die Arbeiterräte geführt werden. Auch die Leitung der ökonomischen Auseinandersetzung und die Hinüberleitung dieser Auseinandersetzung in immer größere Bahnen soll in den Händen der Arbeiterräte liegen. Die Arbeiterräte sollen alle Macht im Staate haben. Nach dieser Richtung hin haben wir in der nächsten Zeit zu arbeiten, und daraus ergibt sich auch, wenn wir uns diese Aufgabe stellen, dass wir mit einer kolossalen Verschärfung des Kampfes in der nächsten Zeit zu rechnen haben. Denn hier gilt es, Schritt um Schritt, Brust an Brust zu kämpfen in jedem Staat, in jeder Stadt, in jedem Dorf, in jeder Gemeinde, um alle Machtmittel des Staates, die der Bourgeoisie Stück um Stück entrissen werden müssen, den Arbeiter- und Soldatenräten zu übertragen.« (4, 509)

So dialektisch Revolution zu denken erlaubt es, auf der Zeitachse das Unmögliche dennoch als Mögliches zu sprechen, die historische Last der Lähmung davor hineinzudenken als Aufgabe, die ebenfalls abgearbeitet werden muss.

Denken wir an Revolution im Zusammenhang mit Rosa Luxemburg, wirft uns dies in den niedergeschlagenen Spartakusaufstand von 1918, gegen den Luxemburg war, weil sie den Zeitpunkt für falsch hielt, und in dessen Folge sie ermordet wurde. Ihre Reden und Artikel in diesem Kontext sind Vorschläge in einer »revolutionären Periode«, also in einer Situation, in der Aufstände begonnen waren, und sprechen im Wesentlichen vom Mut, von der Notwendigkeit des Kampfes, von der Empörung über den Gegner, von der Verzweiflung über blutige Niederlagen, schließlich von der Sicherheit, dass aus Niederlagen zu lernen ist. Das »Ich war! Ich bin, ich werde sein!« (4, 536) am Ende ihres letzten Artikels, nachdem wieder *Ordnung in Berlin herrscht*, bezieht sich nicht, wie dies so oft interpretiert wird, auf Rosa Luxemburg selbst, sondern auf die Revolution.[109]

109 Peter Weiss spricht diesen Satz so: »Immer wieder würde es sein, als sollten alle früheren Hoffnungen zunichte gemacht werden von den später verloren gegangenen Vorsätzen [...] Die Hoffnungen würden bleiben. Die Utopien würden notwendig sein. Auch später würden die Hoffnungen unzählige Male aufflammen, vom überlegenen Feind erstickt und wieder neu erweckt werden. Und der Bereich der Hoffnungen würde größer werden, als er es zu unserer Zeit war, er würde sich über alle Kontinente erstrecken. Der Drang zum Widerspruch, zur Gegenwehr würde nicht erlahmen.« (*Ästhetik*, 3, 265)

Oberflächlich gelesen war Luxemburg so eine unbedingte Verfechterin der Revolution. Es klingt, als hätte sie zum blutigen Umsturz einer friedlich funktionierenden Wirtschaft und Gesellschaft aufgerufen. Um ihre Haltung zur Revolution zu begreifen, genügt es jedoch nicht, einige Sätze aus dem Kontext des Spartakusaufstands zusammenzustellen, welche die Kämpfenden ermutigen, ihnen ihre Stärke vorführen sollten, und dies als ihre feste Theorie des revolutionären Kampfes auszugeben. Es müssen die zwei Hauptlinien rekonstruiert werden, die sich durch alle ihre Arbeiten ziehen: die Einschätzung der kapitalistischen Produktionsweise – mit Marx – als selber revolutionär bis zu einem Punkt, an dem die ihr innewohnenden Zerstörungskräfte sich gegen die Gesellschaft richten (dies ist ausführlich herausgearbeitet in den vorhergehenden Kapiteln), und das fortwährende Studium der Geschichte der Klassenkämpfe, der Revolutionen, des Auftritts der Arbeiterklasse, ihrer Fehler, um aus ihnen zu lernen. Die Bände sind voll von genauen Analysen jedes Streiks, jedes Aufstands, jeder Resolution der Beteiligten und der jeweiligen Rolle der Führung in Frankreich, in Belgien, in Polen, vor allem in Russland. Immer wieder bezieht sie sich auf Marx' Analysen zum *Bürgerkrieg in Frankreich*, zu den *Klassenkämpfen in Frankreich* und verwebt seine Worte in ihre Diagnose zur Situation in Deutschland in der *Krise der Sozialdemokratie*. Sie gewinnt aus dem historischen Prozess ein Bild von den Kräfteverhältnissen und den notwendigen und den möglichen politischen Bewegungen. Sie ruft in Erinnerung, dass die Arbeiterklasse historisch zunächst die Kämpfe der Bürger, für deren Rechte focht und dafür niedergemetzelt wurde, nun aber der Zeitpunkt gekommen sei, da sie gegen die Bürger für sich selbst und damit »als letzte Klasse« für die Befreiung der Menschheit kämpfen muss.

> »Teuer erkauft die moderne Arbeiterklasse jede Erkenntnis ihres historischen Berufes. Der Golgathaweg ihrer Klassenbefreiung ist mit furchtbaren Opfern besät. Die Junikämpfer, die Opfer der Kommune, die Märtyrer der Russischen Revolution – ein Reigen blutiger Schatten schier ohne Zahl. Jene waren aber auf dem Feld der Ehre gefallen, sie sind, wie Marx über die Kommunehelden schrieb, auf ewige Zeiten ›eingeschreint in dem großen Herzen der Arbeiterklasse‹ (MEW 17, 362).« (4, 62f)

Luxemburg schreibt die Geschichte als historische Entwicklung, in der Klassenkämpfe gefochten werden mit unterschiedlichen Akteuren und Zielen, bis die Arbeiterklasse als historisch letzte Gruppierung, die als Klasse unterdrückt und die selbst ein Produkt des Kapitalismus und damit der herrschenden Bourgeoisie ist, die Bühne betritt. Hier folgt sie vollinhaltlich Marx und ebenso darin, dass es auf die Lernfähigkeit der Menschen ankommt, was bedeutet, dass sie die »historische Aufgabe« auch verfehlen können.

»Und sollte die heutige Führerin des Proletariats, die Sozialdemokratie, nicht zu lernen verstehen, dann wird sie untergehen, ›um den Menschen Platz zu machen, die einer neuen Welt gewachsen sind‹ (MEW 7, 79).« (63)

Es ist im Zusammenhang von Revolutionstheorie wichtig, erneut zu überprüfen, wie Luxemburg die Partei als Organisatorin denkt. Sie nimmt ja nicht an, dass es die Parteien sind, also auch nicht die sozialdemokratische, die Revolutionen »machen«.

»Der Entschluss zur unmittelbaren Aktion der Masse kann nicht von Partei- oder Gewerkschaftsführern, sondern nur von der Masse selbst ausgehen.« (1910, 2, 299)

»Freilich lassen sich Revolutionen nicht auf Kommando machen. Dies ist aber auch gar nicht Aufgabe der sozialistischen Partei.« (1917, 4, 289)

Die Partei gibt vielmehr Losungen aus und zeigt die Aufgabe im historischen Moment. In einer nicht-revolutionären Zeit besteht ihre Aufgabe in der ständigen Aufklärung über die bestehenden Verhältnisse.

»Die Sorge dafür, ob und wann die revolutionäre Massenerhebung sich daran knüpft, muss der Sozialismus getrost der Geschichte überlassen.« (Ebd.)

Die Worte »Sorge« und »getrost« hören sich an wie Entlehnungen aus einem anderen Kontext und wollen so gar nicht in den revolutionären Duktus von Luxemburgs Auffassungen passen. Der Fatalismus, der aus der Wendung zur Geschichte als Subjekt des Handelns spricht, zeigt sich als eine Dimension in Luxemburgs dialektischer Auffassung von Geschichte. Sie fasst sie von der Seite der inneren Dynamik, die aus Klassenkämpfen kommt. Die Entwicklungsgesetze des Kapitalismus selbst untergraben unaufhörlich den Boden, auf dem sie sich durchsetzen; bringen das Proletariat als eigene Kraft zur Welt und arbeiten an der Zersetzung aller alten Formen. Luxemburg benutzt für diese Bewegung häufig die Metapher des *Maulwurfs*. Wie Marx fasst sie darunter die Dialektik der Geschichte als unaufhörliches Wühlen im Innern der Gesellschaft, die Bewegung, die die feste Oberfläche sprengt. So kann als Maulwurf einmal der Kapitalismus auftreten, der das erstarrte Russland in Bewegung bringt:

»[...] sein Fundament unterwühlt jetzt der junge Maulwurf – der Kapitalismus, und das gibt eine Garantie für die Niederwerfung des Absolutismus von innen heraus« (*Sozialpatriotismus in Polen*, 1/1, 42).

Dabei befördert die Maulwurfsarbeit des Kapitalismus den Prozess des Werdens des klassenbewussten Proletariats:

> »Es ist eine gründliche Lektion revolutionären Optimismus, die uns durch die Petersburger Ereignisse erteilt wird. Durch tausend Hindernisse, durch alle mittelalterlichen Bollwerke, ohne alle modernen politischen und sozialen Lebensbedingungen setzt sich das eherne Gesetz der kapitalistischen Entwicklung in die Klassengeburt, das Wachstum und das Bewusstsein des Proletariats siegreich durch. Und erst in vulkanischen Ausbrüchen der Revolution zeigt sich, wie rasch und gründlich der junge Maulwurf gearbeitet hat. Wie lustig arbeitet er erst der westeuropäischen bürgerlichen Gesellschaft unter den Füßen!« (*Nach dem ersten Akt*, 1905, 1/2, 488)

Unterirdische Wühlarbeit und eherne Gesetze sind selbst eine paradoxe Zusammenbindung, wie sie für Luxemburgs Dialektik kennzeichnend ist. Die Maulwurfsmetapher ist so die Form, in der plötzliche und auch unerwartete Bewegung und zielgerichtete Entwicklung zugleich ausgedrückt werden, sodass ständige Agitation notwendig bleibt und doch keine Berechnung möglich ist, wann eine Revolution ausbricht, ja nicht einmal gesagt werden kann, ob sie es tut.

Mehrfach ist es die Geschichte selbst, für die die Maulwurfsmetapher benutzt wird:

> »Hier war es endlich mit Händen zu greifen, wie der Maulwurf der geschichtlichen Entwicklung die Dinge unterwühlt, auf den Kopf gestellt [hatte]« (*Krise*, 116).

Und im Mai 1917 veröffentlicht Luxemburg in den *Spartakusbriefen* einen Artikel, der selbst schon den Titel »Alter Maulwurf« trägt:

> »Alter Maulwurf Geschichte, du hast brav gearbeitet! In diesem Moment ertönt über dem internationalen, über dem deutschen Proletariat wieder das Losungswort, der Mahnruf, wie ihn nur die große Stunde einer Weltwende bringen kann: Imperialismus oder Sozialismus! Krieg oder *Revolution*! Ein Drittes gibt es nicht!« (4, 264)

In einem *Brief an Marta Rosenbaum* schreibt sie:

> »Heute müssen wir mit der Geschichte Geduld haben – ich meine nicht untätige, bequeme, fatalistische Geduld, ich meine eine solche, die bei höchster Aufbietung der Tatkraft nicht verzagt, wenn sie vorläufig auf Granit zu beißen scheint, und nie vergisst, dass der brave Maulwurf Geschichte rastlos Tag und Nacht wühlt, bis er sich ans Licht hervorgewühlt hat.« (April 1917)

Die Maulwurfsmetapher dient nicht nur als Code für die Bewegung im Fundament der Gesellschaft, sie ist auch Begriff für die Auffassung, dass es am Ende eben doch ein »ehernes Gesetz«, ein »großes historisches Gesetz« gibt, was aber heißen soll, dass die Klassenkämpfe nicht stillzustellen sind, dass sie selbst wie eine Naturkraft wirken. So heißt es im oben zitierten Brief weiter:

> »Trotz Verrat, trotz allgemeinem Versagen der Arbeitermassen, trotz Zerfall der sozialistischen Internationale bricht sich das große historische Gesetz Bahn – wie ein Bergwasser, dem man das gewohnte Bett verschüttet hat und das, in die Tiefe gefallen, an unerwarteter Stelle wieder in hellem Strahl an den Tag springt.« (Ebd.)

In dieser sich in Gegensätzen entwickelnden Gesellschaft wird es Aufgabe der Partei-Intellektuellen, solche innere Bewegung stets genau zu erkunden, also den jeweiligen beweglichen Zustand theoretisch zu durchdringen. Deren Arbeit der »Agitation« nennt sie zuweilen auch »Maulwurfsarbeit« (1/2, 481). Zugleich ist die Partei auch praktischer Organisator, d.h. sie gewinnt über die Arbeiterklasse hinaus weitere Bevölkerungsteile, die sie in ihre Reihe integriert. Gegen Lenin, der schon dies als Opportunismus ablehnt, hält Luxemburg:

> »Der Satz, dass die Sozialdemokratie, eine Klassenvertreterin des Proletariats, doch gleichzeitig die Vertreterin der gesamten Fortschrittsinteressen der Gesellschaft und aller unterdrückten Opfer der bürgerlichen Gesellschaftsordnung ist, ist nicht bloß in dem Sinne zu deuten, dass in dem Programm der Sozialdemokratie ideell alle diese Interessen zusammengefasst sind. Dieser Satz wird zur Wahrheit in Gestalt des geschichtlichen Entwicklungsprozesses, kraft dessen die Sozialdemokratie auch als *politische Partei* nach und nach zur Zufluchtstätte der verschiedensten unzufriedenen Elemente, dass sie wirklich zur Partei des Volkes gegen eine winzige Minderheit der herrschenden Bourgeoisie wird.« (1/2, 441)

Die Kritik der Revolutionen (Aufstände, Streiks) in der Geschichte führt in Luxemburgs Gegenwart bis zur Kritik der Russischen Revolution. Und hier erst treffen wir unverhofft auf die bekannte Losung von der »Freiheit der Andersdenkenden«. Luxemburg war von dieser Revolution ebenso begeistert, wie sie gleichzeitig den Zentralismus in der Weiterführung scharf verurteilte. Der Satz über die »Freiheit der Andersdenkenden« gehört in den Kontext der Auseinandersetzung in der Partei um die Politik mit den Massen. Gegen Lenins »einfache« Vorstellung, der sozialistische Staat sei bloß der auf den Kopf gestellte kapitalistische, also statt der Arbeiterklasse werde nun die Bourgeoisie unterdrückt, schreibt sie:

> »Diese vereinfachte Auffassung sieht von dem Wesentlichen ab: Die bürgerliche Klassenherrschaft braucht keine politische Schulung und Erziehung der ganzen Volksmasse, wenigstens nicht über gewisse eng gezogene Grenzen hinaus. Für die proletarische Diktatur ist sie das Lebenselement, die Luft, ohne die sie nicht zu existieren vermag.« (4, 359)

Luxemburg verurteilt Trotzkis Aussage, es ginge ausschließlich um »den offenen und unmittelbaren Kampf um die Regierungsgewalt«, und rechnet vor, wie die Bolschewiki die »Erdrückung des ›öffentlichen Lebens‹« vorantrieben, wodurch sie »die Quelle der politischen Erfahrung und das Steigen der Entwicklung« und damit die »Verwirklichung des Sozialismus« verunmöglichten. Jetzt kommt der Satz:

> »Freiheit nur für die Anhänger der Regierung, nur für Mitglieder einer Partei – mögen sie noch so zahlreich sein – ist keine Freiheit. Freiheit ist immer die Freiheit der Andersdenkenden. Nicht wegen des Fanatismus der ›Gerechtigkeit‹, sondern weil all das Belebende, Heilsame und Reinigende der politischen Freiheit an diesem Wesen hängt und seine Wirkung versagt, wenn die ›Freiheit‹ zum Privilegium wird.« (4, 359, Fn. 3)[110]

Der Satz spricht eine Absage gegen die Parteidiktatur und vor allem gegen die Weigerung oder zumindest Unterlassung, alle in den Entwicklungsprozess, in die Gestaltung des politischen Lebens einzubeziehen. Nur wenige Seiten später diskutiert Luxemburg die Problematik des Lumpenproletariats, also derer, die aus den verschiedensten Gründen aus der Gesellschaft herausgefallen sind[111] – auch ein Thema, das im 21. Jahrhundert höchste Aktualität besitzt. Hier steht wieder ihr Verständnis von Freiheit als politisches Handeln in klarer Zuspitzung im Mittelpunkt: Das einzig wirksame Mittel gegen »Ausbrüche des lumpenproletarischen Unwesens« (darunter fasst sie auch die Korruption von Gewerkschaftsführern) seien

> »radikale Maßnahmen politischer und sozialer Natur, rascheste Umwandlung der sozialen Garantien des Lebens der Masse und – Entfachung des revolutionären Idealismus, der sich nur in uneingeschränkter politischer Freiheit durch intensives aktives Leben der Massen auf die Dauer erhalten lässt« (4, 360f, Fn. 1).

Immer beinhalten Luxemburgs Vorschläge Verknüpfungen. Hier plädiert sie zunächst für die Garantie eines Existenzminimums, dies aber nicht als

110 Obwohl Jörn Schütrumpf in seinem kleinen Buch zu Luxemburg die »Freiheit der Andersdenkenden« als wesentliche Münze hervorhebt, verurteilt er praktisch ihren Gehalt, indem er im gleichen Zug eine Absage an marxsches Revolutionsdenken und eine Leerstelle bei Luxemburg notiert: »Gerade am Punkt Revolution hatte sich Rosa Luxemburg am wenigsten vom traditionellen Marxismus emanzipiert [...] Den Ausweg aus dem Kapitalismus sah Rosa Luxemburg letztlich nicht in einem Weiterverfolgen ihres eigenen Emanzipationsansatzes, sondern in einer ›traditionellen‹ Revolution; ein Irrtum [...] Statt Revolutionen wirklich als ›Lokomotiven der Weltgeschichte‹ zu nehmen, mit denen die bis zum Platzen aufgeladenen Widersprüche entspannt werden und Wege zu demokratischen Entwicklungen freigesprengt werden können, blieb sie in dem Gedanken befangen, dass die ›sozialistische‹ Revolution zu einer völlig anderen Qualität führen würde als die ›bürgerliche‹ Revolution.« (2006, 38)

111 Die eindrücklichsten Schriften der Anklage gelten Obdachlosen, am Leben Verzweifelten, Kriminellen. In jedem Fall zeigt Luxemburg, dass Anklage gegen gesellschaftliche Verhältnisse geführt werden muss, die Menschen zu Lumpenproletariern oder auch zu Mördern machen: »Die Klassenspaltung zieht sich schroff und grausam bis in den Irrsinn, bis ins Verbrechen, bis in den Tod hinein« (GW 3, 87). Vgl. auch Ito (2002).

Ziel an sich, sondern als Voraussetzung für die zunehmende Beteiligung der Massen an der Gestaltung von Politik. Letzteres ist der springende Punkt. Dass er sich utopisch im Sinne von illusionär anhört, liegt vermutlich daran, dass wir uns ein solches Experiment mit den Menschen, so wie sie heute sind, vorstellen, nämlich politisch weitgehend passiv. Bei Luxemburg besteht sozialistische Politik eben darin, die unkundigen und noch stumpfen Massen überhaupt erst ins politische Leben zu ziehen und für den Aufbau einer alternativen Gesellschaft zu gewinnen. In diesem Sinn ist die Freiheit der Andersdenkenden nicht Toleranz, sondern das Daseinsmoment lebendiger Diskussion und des Experiments.

Bei Marx heißt es:

> »Proletarische Revolutionen [...] kritisieren beständig sich selbst, unterbrechen sich fortwährend in ihrem eigenen Lauf, kommen auf das scheinbar Vollbrachte zurück, um es wieder von neuem anzufangen, verhöhnen grausam-gründlich die Halbheiten, Schwächen und Erbärmlichkeiten ihrer ersten Versuche« (MEW 8, 118).

Luxemburg nimmt dies auf und schreibt:

> »Wie gegen Krankheitsinfektionen und -keime die freie Wirkung der Sonnenstrahlen das wirksamste, reinigende und heilende Mittel ist, so ist die Revolution selbst und ihr erneuerndes Prinzip, das von ihr hervorgerufene geistige Leben, Aktivität und Selbstverantwortung der Massen, also die breiteste politische Freiheit als ihre Form – die einzige heilende und reinigende Sonne.« (360f, Fn. 1)

An dieser Stelle setzt sie erneut auf Erfahrung. Dies nicht in dem Sinn, dass erfahren sein muss, wer zur Politik zugelassen wird, sondern umgekehrt, dass beim Tun Erfahrungen gemacht werden, die zu neuen Ufern gelangen lassen. Eine neue Gesellschaft kann nicht nach alten Rezepten konstruiert werden. Sie braucht das Experiment – sie ist ein solches.

> »Nur Erfahrung ist imstande, zu korrigieren und neue Wege zu eröffnen. Nur ungehemmtes, schäumendes Leben verfällt auf tausend neue Formen, Improvisationen, erhält *schöpferische Kraft*, korrigiert selbst alle Fehlgriffe [...] Sonst wird der Sozialismus von einem grünen Tisch eines Dutzends Intellektueller dekretiert, oktroyiert.« (Ebd., ähnlich 356)

In diesem Kontext entwickelt Luxemburg ihre Auffassung vom Aufbau des Sozialismus als einer Perspektive, die überhaupt erst beim Machen Konturen erhält und inhaltlich gefüllt werden kann. Sozialismus gilt ihr zunächst als eine negative Bestimmung. Klar ist, was beseitigt werden muss. Sie führt die Kritik am utopischen Sozialismus von Marx und Engels an diesem Punkt weiter. Als Vorteil des wissenschaftlichen Sozialismus bezeichnet sie, dass er eben nicht einer geträumten Wirklichkeit nachjage, sondern:

> »Das sozialistische Gesellschaftssystem soll und kann nur ein geschichtliches Produkt sein, geboren aus der eigenen Schule der Erfahrung, in der Stunde der Erfüllung, aus dem Werden der lebendigen Geschichte, die genau wie die organische Natur, deren Teil sie letzten Endes ist, die schöne Gepflogenheit hat, zusammen mit einem wirklichen gesellschaftlichen Bedürfnis stets auch die Mittel zu seiner Befriedigung, mit der Aufgabe zugleich die Lösung hervorzubringen.« (Ebd.)

Man sieht Luxemburg hier die schon in der Maulwurfsmetapher aufscheinende Zusammenbindung von Vertrauen auf die Geschichte als Bewegung aus den Klassenkämpfen zu einem Bild über zukünftige Prozesse verlängern. Oder anders: Sie buchstabiert aus, dass es darum gehe, tatsächlich die Gestaltung von Gesellschaft in eigene Hände zu nehmen, dies als eigentlicher Beginn bewusster Menschengeschichte.

Aus solcher Einschätzung, dass es »kein sozialistisches Parteibuch und kein sozialistisches Lehrbuch« (ebd.) zur Einrichtung sozialistischer Wirtschaft gebe, alle Arbeitenden also in die Anstrengung, eine neue Gesellschaft zu machen, einbezogen gehörten, sind die Einschränkung der Pressefreiheit, des Vereins- und Versammlungsrechts durch die Politik der Bolschewiki gegen die Revolution gerichtet, weil es eine Tatsache sei,

> »dass ohne eine freie ungehemmte Presse, ohne ungehindertes Vereins- und Versammlungsleben gerade die Herrschaft breiter Volksmassen undenkbar ist« (358).

Sie sagt in solcher Kritik praktisch die Entwicklung in den Stalinismus voraus. Sie fordert dazu auf,

> »sich kritisch mit der Russischen Revolution in allen ihren historischen Zusammenhängen auseinanderzusetzen [als] beste Schulung der deutschen wie der internationalen Arbeiter« (335).

Die Kritik der Revolution wird so Teil der Politisierung der arbeitenden Massen.

Wenngleich der Satz von der »Freiheit der Andersdenkenden« nicht als ein Ausdruck für die Beteiligung der Massen an der Gesellschaftsgestaltung verstanden und überliefert wurde, sondern sich in den verbreiteten Wunsch nach liberaler Toleranz schmiegen konnte[112], gibt es zusätzliche Gründe,

112 Sobhanlal Datta Gupta hat auf der Luxemburgkonferenz in Tampere, Finnland, 1998 sehr klar und eindeutig den Hang zum liberalen Einverständnis mit dem bekannten Freiheitssatz Luxemburgs kritisch herausgearbeitet und dagegen die Bedeutung innerhalb des sozialistischen Aufbaus unterstrichen: »Was Rosa Luxemburg hier betonte, hat nichts mit irgendeiner liberalen Vorstellung von einer abstrakten, ungezügelten Freiheit zu tun, sondern mit einer Art von ›sozialistischem Pluralismus‹, um einen Begriff von Michail Gorbatschow aus einer frühen Phase der Perestroika zu benutzen.« (77) – Und Gilbert Badia (2002) schreibt zum beliebten Freiheitssatz: »Merkwürdigerweise sollte ein kleiner Satz dieses

warum er so populär wurde und auf den Plakaten jeder Luxemburgdemonstration zu finden ist. Er spricht nicht nur für eine Politik von unten, gewissermaßen basisdemokratisch, sondern auch für eine andere Parteiführung, die nicht von oben herab regiert und verwaltet, sondern sich unaufhörlich in den Dienst der Massen stellt. – Überdies: In der DDR-Ausgabe wurde der Satz in eine winzige Fußnote (in 8 Punkt gehalten) verbannt – sodass man ihn mit durchschnittlichen älteren Augen gar nicht lesen kann – mit der Erklärung, es sei eine »Bemerkung am linken Rand ohne Einordnungshinweis« gewesen. Diejenigen, die ihn dennoch fanden, müssen sich wie Detektive und Entdecker vorgekommen sein und das Hervorholen und Vergrößern schon selbst als Akt gegen die Regierung aufgefasst haben.

Luxemburgs Kritik gilt nicht dem Wagnis, die Revolution überhaupt begonnen zu haben. Sie kritisiert zum einen – entsprechend ihren Vorstellungen von revolutionärer Realpolitik – alle Maßnahmen, die in der Perspektive keine sozialistische Gesellschaft anzielen. Dazu gehören für sie Lenins Politik »Alles Land den Bauern«, weil es der Kollektivierung des Bodens zuwiderlief, und das Selbstbestimmungsrecht der einzelnen Nationen im Sowjetreich, weil dies der Entwicklung des Internationalismus schade.[113] In der Hauptsache verurteilt sie die Weise, wie aus dem Notstand des Umsturzes die Formen der sozialistischen Gesellschaft fortgeschrieben wurden, so als herrsche permanenter Kriegskommunismus.[114] Nach einem leidenschaftlichen Plädoyer für die »entschlossene revolutionäre Haltung« und der positiven Unterstreichung dessen, was erreicht wurde, schreibt sie:

> »Das Gefährliche beginnt dort, wo sie aus der Not eine Tugend machen, ihre von diesen fatalen Bedingungen aufgezwungene Taktik nunmehr theoretisch in allen Stücken fixieren und dem internationalen [Proletariat] als das Muster der sozialistischen Taktik zur Nachahmung empfehlen wollen. Wie sie sich damit

Manuskripts [zur Russischen Revolution], an den Rand notiert, ein eigentümliches Schicksal erleben: ›Freiheit ist immer die Freiheit der Andersdenkenden‹. Es ist der meistzitierte Satz Rosa Luxemburgs, der auch von jenen verwendet wird, die ihre politischen Vorstellungen nicht im Mindesten teilen. Sogar der frühere Kanzler Helmut Kohl hielt es im Wahlkampf 1994 für angebracht, ihn zu zitieren mit der Bemerkung, dies sei das einzig Gute, was diese Frau jemals geschrieben habe. Auf diese Weise wurde Rosa Luxemburg, die ihr Leben lang gegen die Bourgeoisie und für eine sozialistische Revolution gekämpft hatte, in einen Apostel der Demokratie und der Freiheit überhaupt umgewandelt.« (180) – Übrigens hatte die chinesische Parteiführung Ende der 1990er Jahre eine Luxemburgtagung genau unter diese Thematik gestellt: Der Freiheitsgedanke Richtung Liberalismus begleitet auch die Öffnung Chinas (vgl. dazu *Das Argument* 268, 2006).

113 Vgl. zu dieser Auseinandersetzung ausführlich W.F. Haug, der die Stärke Luxemburgs in der Orientierung auf das Fernziel herausarbeitet, Lenin aber umgekehrt die wirksamere Nahzielpolitik attestiert, 2005, 252–289.

114 Vgl. dazu das entsprechende Stichwort »Kriegskommunismus« in HKWM 7/II, 2008 (in Vorbereitung).

selbst völlig unnötig im Lichte stehen und ihr wirkliches, unbestreitbares historisches Verdienst unter den Scheffel notgedrungener Fehltritte stellen« (4, 364).

In dieser Weise würden die Bolschewiki praktisch die »Ausstrahlungen des Bankerotts des internationalen Sozialismus« (ebd.) zur Norm für kommende Sozialismen machen. Dies geschah tatsächlich nach Luxemburgs Tod, indem eben das von ihr als Kriegskommunismus kritisierte Sowjetmodell zum Muster für den internationalen Sozialismus gemacht wurde.

Demokratie und Diktatur des Proletariats

Nicht nur die Zentralisierung der Regierung anstelle der vielfältigen Einbeziehung des Volkes, vor allem die Abschaffung gerade derjenigen Formen aus der bürgerlichen Gesellschaft, die zu den Kampfbedingungen gehört hatten, werden von Luxemburg scharf kritisiert:

> »Lenin und Trotzki haben anstelle der aus allgemeinen Volkswahlen hervorgegangenen Vertretungskörperschaften die Sowjets als die einzige wahre Vertretung der arbeitenden Massen hingestellt. Aber mit dem Erdrücken des politischen Lebens im ganzen Lande muss auch das Leben in den Sowjets immer mehr erlahmen. Ohne allgemeine Wahlen, ungehemmte Presse- und Versammlungsfreiheit, freien Meinungskampf erstirbt das Leben in jeder öffentlichen Institution, wird zum Scheinleben, in der die Bürokratie allein das tätige Element bleibt.« (4, 362)

Die vom Bürgertum erkämpften Formen verändern nach der Revolution ihren Inhalt und damit auch ihren Status. Jetzt sind sie nicht mehr Vorbedingung, sondern das nährende Element des Wiederaufbaus einer Gesellschaft von unten.

> »Der einzige Weg zu dieser Wiedergeburt: die Schule des öffentlichen Lebens selbst, uneingeschränkte breiteste Demokratie, öffentliche *Meinung*. Gerade die Schreckensherrschaft demoralisiert. Fällt das alles hinweg, was bleibt in Wirklichkeit? [...] Das öffentliche Leben schläft allmählich ein« (ebd.).

Luxemburg legt geradezu hellseherisch klar, dass die Lähmung des öffentlichen Lebens, also die Folge der Nichteinbeziehung der Massen, einen doppelten Effekt auf die Gesamtstruktur der sozialistischen Führung hat. Von ihr wird ein unglaublicher Idealismus, werden hervorragende Qualitäten gefordert, während die geschulte Arbeiterklasse zu Scheingrößen, die Zustimmung vorspielen, verkommt, was schließlich am Ende dazu führt, dass praktisch eine Art bürgerlicher Diktatur entsteht.

> »[...] einige Dutzend Parteiführer von unerschöpflicher Energie und grenzenlosem Idealismus dirigieren und regieren, unter ihnen leitet in Wirklichkeit

> ein Dutzend hervorragender Köpfe, und eine Elite der Arbeiterschaft wird von Zeit zu Zeit zu Versammlungen aufgeboten, um den Reden der Führer Beifall zu klatschen[115], vorgelegten Resolutionen einstimmig zuzustimmen, im Grunde also eine Cliquenwirtschaft – eine Diktatur allerdings, aber nicht die Diktatur des Proletariats, sondern die Diktatur einer Handvoll Politiker, d.h. Diktatur im rein bürgerlichen Sinne, im Sinne der Jakobinerherrschaft [...] Solche Zustände müssen eine Verwilderung des öffentlichen Lebens zeitigen: Attentate, Geiselerschießungen etc. Das ist ein übermächtiges, objektives Gesetz, dem sich keine Partei zu entziehen vermag.« (Ebd.)

Der bürgerlichen Diktatur stellt sie die Diktatur des Proletariats entgegen. In der Revolution geht es nicht mehr darum, die »bürgerliche Demokratie« zu schützen, sondern es müssen die »Endziele des Sozialismus als unmittelbares Programm der praktischen Politik« – als sozialistische Demokratie proklamiert werden. Die Dialektik von Nah- und Fernziel gelangt auf eine andere Stufe. Dafür braucht es »die Diktatur des Proletariats« (341).[116]

In ihrer Kritik an der bolschewistischen Politik nach Beginn der Revolution verfährt Luxemburg wie zuvor bei der Kritik um »Reform oder Revolution« mit den ›Alternativen und Entgegensetzungen‹, denen sich die unterschiedlichen Fraktionen ausgesetzt meinen. Lediglich die Pole, um die gestritten wird, haben sich geändert. Jetzt ist die Frage nicht mehr »Reform oder Revolution«, sondern »Diktatur oder Demokratie«. Luxemburg geht es auch hier um den Aufweis einer falschen Polarisierung, die den bürgerlichen Inhalt der jeweiligen Formen festschreibt. Die proletarische Diktatur kann nicht bürgerliche Diktatur bloß mit Proletariern an der Spitze sein. Sie muss vielmehr *als Diktatur demokratisch* sein.

> »Der Grundfehler der Lenin-Trotzki'schen Theorie ist eben der, dass sie die Diktatur, genau wie Kautsky, der Demokratie entgegenstellen. ›Diktatur oder Demokratie‹ heißt die Fragestellung sowohl bei den Bolschewiki wie bei

115 An dieser Stelle klingt es, als hätte Luxemburg als geniale Literatin von Science-Fiction die unmittelbare Zukunft der staatssozialistischen Länder vorwegnehmend ausgemalt. Jeder der Nachgeborenen kennt die Szene aus den Reportagen der Versammlungen und Demonstrationen.

116 In der als Eurokommunismus in die Geschichte eingegangenen Diskussion um die Erneuerung des Marxismus wurde diese Ineinssetzung nicht aufgenommen, sondern »die eurokommunistischen Parteien [entfernten]die Orientierung auf die ›Diktatur des Proletariats‹ aus ihren Programmen, um sozialistische Demokratie in die Grundlagen ihres Projekts einzuschreiben« (Haug 1989, 10). Und Peter Weiss notiert: »Richtig für uns, sich des Begriffs der Diktatur des Proletariats zu entledigen. Es gibt in unseren Ländern die bestimmte Klasse, die sich Proletariat nennen ließe, nicht mehr, hier bestehn nur die großen Blockbildungen von Menschen, die miteinander durch die gleichen Interessen, durch die gleichen Wünsche, durch den gleichen Überdruss verbunden sind (wie von Gramsci definiert) [Aber] Abgenutzt als Klasse hat sich das Proletariat nur in unseren Ländern, in der verarmten Welt besteht es noch, ist vielerorts erst im Entstehen begriffen.« (*Notizbücher*, 749)

> Kautsky. Dieser entscheidet sich natürlich für die Demokratie, und zwar für die bürgerliche Demokratie, da er sie eben als die Alternative der sozialistischen Umwälzung hinstellt. Lenin-Trotzki entscheiden sich umgekehrt für die Diktatur im Gegensatz zur Demokratie und damit für die Diktatur einer Handvoll Personen, d.h. für bürgerliche Diktatur. Es sind zwei Gegenpole, beide gleich weit entfernt von der wirklichen sozialistischen Politik.« (362)

Dagegen stellt sie als

> »historische Aufgabe des Proletariats, wenn es zur Macht gelangt, anstelle der bürgerlichen Demokratie sozialistische Demokratie zu schaffen, nicht jegliche Demokratie abzuschaffen« (363).[117]

Die Unterscheidung bestimmt sie wie folgt: Während die bürgerliche Demokratie keine Schulung der Massen braucht, weil sie in ihrem System eine Elite über die Massen stellt, denen sie zwar das Wahlrecht, aber keine wirkliche Beteiligung an der Gestaltung der Gesellschaft zumisst, verwandelt sich die Demokratie in einer sozialistischen Gesellschaft in ein Instrument zur Beteiligung der Massen, zu ihrer Schulung und Erziehung, zur Anfeuerung des Experiments, zum Wettstreit, eben zur Veränderung der Vielen, die die Entwicklung der Gesellschaft als eigene Aufgabe vorantreiben. Dies, welches ja das Ziel war, um dessentwillen gekämpft wurde, muss nach Luxemburg sogleich und von Anfang an den Wiederaufbau der Gesellschaft, die Verwandlung der bürgerlichen Gesellschaft in eine sozialistische bestimmen. Dafür gibt es noch kein klares Konzept und keine Erfahrung, und so ist

> »die praktische Verwirklichung des Sozialismus als eines wirtschaftlichen, sozialen und rechtlichen Systems eine Sache, die völlig im Nebel der Zukunft liegt« (359).

117 In seinem tendenziösen und zumeist ohne viel Quellenstudium geschriebenen Buch zu Luxemburg und Liebknecht behauptet Scharrer (2002) kontrafaktisch: »Demokratie war für Rosa Luxemburg nur nützlich bis zum Tag der Revolution, dann kam die Phase der Diktatur. Demokratie war für sie allenfalls ein Mittel zur Eroberung der Macht. [...] Sie ist fasziniert von der Revolution und nicht von der Demokratie, sie ist fasziniert von der Gewalt und nicht vom Parlieren. Sie beschwört den Glauben vom Zusammenbruch des Kapitalismus.« (15) Was Scharrer offenkundig nicht denken kann, sind Widersprüche, die das Denken erst fruchtbar machen. Ganz im Gegensatz zu Scharrer erkennt Oskar Negt (1976): »Für Rosa Luxemburg sind der grundsätzliche, unabdingbar demokratische Charakter des Organisationsaufbaus der proletarischen Organisationen und die bis in die Diktatur des Proletariats hineinreichende demokratische Struktur der sozialistischen Revolution nicht nur Postulate, die sich aus der Vorstellung vom Endziel der Befreiung der Menschen von Unterdrückung und Ausbeutung, ergeben, sondern sie haben auch einen methodischen Grund. Jede nicht-demokratische proletarische Organisation oder Bewegung setzt sich in Widerspruch zur materialistischen Dialektik und führt, selbst wenn die revolutionäre Machteroberung gelingen sollte, in der einen oder anderen Form zum Scheitern.« (198)

In einer Randbemerkung ergänzt sie:

> »Die Bolschewiki werden selbst mit der Hand auf dem Herzen nicht leugnen wollen, dass sie auf Schritt und Tritt tasten, versuchen, experimentieren, hin- und herprobieren mussten und dass ein gut Teil ihrer Maßnahmen keine Perle darstellt. So muss es, so wird es uns allen gehen, wenn wir darangehen« (ebd., Fn. 4).

Entgegen der interessierten Überlieferung[118] verdammt Luxemburg die bolschewistische Revolution keineswegs. Trotz scharfer Kritik hebt sie als »wesentlich« und »bleibend« »das unsterbliche geschichtliche Verdienst« hervor, die Probe gewagt zu haben,

> »mit der Eroberung der politischen Gewalt und der praktischen Problemstellung der Verwirklichung des Sozialismus dem internationalen Proletariat vorangegangen zu sein [...] In Russland konnte das Problem nur gestellt [...] es kann nur international gelöst werden« (365).

Zur Gestaltung braucht es alle. Die »Diktatur des Proletariats« denkt Luxemburg daher einerseits als unbeschränkte Herrschaft, den Umsturz durchzusetzen – Enteignung, »Bahnfrei der sozialistischen Wirtschaft« (360). Der Sozialismus »hat zur Voraussetzung eine Reihe Gewaltmaßnahmen« usw.; andererseits begreift sie eben diese Diktatur als »sozialistische Demokratie«, die »mit dem Abbau der Klassenherrschaft und dem Aufbau des Sozialismus« (363) beginnt. Immer wieder schärft sie ganz unmissverständlich ein, dass eine sozialistische Politik, eine sozialistische Demokratie ein Werk von unten, nicht von oben sein muss oder eben ihren Daseinszweck verfehlt.[119]

> »Aber diese Diktatur besteht in der Art der *Verwendung* der Demokratie, nicht in ihrer Abschaffung, in energischen, entschlossenen Eingriffen in die wohlerworbenen Rechte und wirtschaftlichen Verhältnisse der bürgerlichen Gesellschaft. [Sie] muss das Werk der Klasse und nicht einer kleinen, führenden Minderheit im Namen der Klasse sein, d.h. sie muss auf Schritt und Tritt aus der aktiven Teilnahme der Masse hervorgehen, unter ihrer unmittelbaren Beeinflussung stehen, der Kontrolle der gesamten Öffentlichkeit unterstehen, aus der wachsenden politischen Schulung der Volksmassen hervorgehen« (363f).

118 Es würde hier zu weit führen, die vielfältige Literatur zur negativen oder positiven Einschätzung Luxemburgs zur Russischen Revolution vorzustellen. Stellvertretend lese man etwa Yoskiki Ota 2002.

119 Der Gedanke wird von Oskar Negt aktualisiert: »Es ist deshalb notwendig, prinzipiell zu argumentieren, einen *positiven und offensiven Begriff der sozialistischen Demokratisierung* zu entwickeln, der nicht nur den Verstand der Menschen, sondern auch ihre Gefühle, ihre Befreiungsphantasien, ihre unmittelbaren Interessen erreicht und so in allen Gesellschaftsbereichen als anschauliche Alternative zu den bestehenden Herrschaftsverhältnissen verstanden werden kann.« (1976, 462)

Die Perspektive erscheint so selbstverständlich wie schwierig zu verwirklichen. Aus Erfahrung, aus dem Machen, aus der Gestaltung selbst sollen die Massen ihre Gesellschaft als sozialistische konstituieren. Diktatur kann hier als Zwang zur Entwicklung verstanden werden oder als permanenter kategorischer Imperativ: Alle sollen lernen zu regieren, indem sie die Regierung übernehmen.

Brecht schreibt in seinem Lied zum

Lob des Kommunismus:

Er ist vernünftig, jeder versteht ihn. Er ist leicht.
Du bist doch kein Ausbeuter, du kannst ihn begreifen.
Er ist gut für dich, erkundige dich nach ihm.
Die Dummköpfe nennen ihn dumm, und die Schmutzigen nennen ihn schmutzig.
Er ist gegen den Schmutz und gegen die Dummheit.
Die Ausbeuter nennen ihn ein Verbrechen.
Er ist keine Tollheit, sondern
Das Ende der Tollheit.
Er ist nicht das Chaos
Sondern die Ordnung.
Er ist das Einfache
das schwer zu machen ist.«

(GA 11, 234; GW 9, 463)

Die Rolle der Intelligenz

Die Kunst der Politik wird für Luxemburg im öffentlichen Raum geübt. Nicht hinter verschlossenen Türen, nicht als Geheimnis, sondern im öffentlichen Aussprechen dessen, was ist, wird der Boden bereitet, der es dem Volk, den Menschen, dem Proletariat ermöglicht, die Gestaltung von Gesellschaft in eigene Hände zu nehmen. Die Begriffe, die Luxemburg benutzt – »Aufklärung«, »Befähigung«, »Agitation« – sind allesamt in den letzten Jahrzehnten in Verruf gekommen, zumeist weil in ihnen auch sozialistische Politik von oben gedacht war, als Tat einer Avantgarde, einer Führung, die den Arbeitern, der »Masse« beibringt, worum es geht und was zu tun ist.

Aber Luxemburg denkt ja die Partei nicht sakrosankt, die Führung nicht als Befehlsgewalt, die Massen nicht als bloß Ausführende. Sie denkt sozialistische Politik als prozessierenden Versuch, die »Masse« instand zu setzen, sich selbst zielorientiert zu bewegen, die Macht als Gestaltungsmacht auszuüben. Selbst der hier gewählte Begriff der *Instandsetzung* spricht noch zu sehr von oben angesichts der Rolle, die Luxemburg sozialistischer Organisation zuweist. Am ehesten trifft, was Gramsci ein wenig später den Kampf um Hegemonie nennt[120], als Versuch, Zustimmung im Volk zu bekommen für das Projekt einer alternativen Weise der Gesellschafts- und Wirtschaftsgestaltung, dass dies schließlich als notwendig begriffen und als befreiend verstanden wird und entsprechende Aktivitäten unternommen werden.

Beim Versuch, solche Politik sprachlich zu fassen, stockt die Sprache. Fast alle Worte sind so besetzt, dass, was unten ist, zugleich als dumm und unfähig erscheint, und wer oben ist und das Sagen hat, dies zu seinen privaten Gunsten tut. In dieser spontanen Oben-Unten-Logik geraten mindestens zwei Organe sozialistischer Politik ins Zwielicht: die Partei und die Intellektuellen, die nach Luxemburg ganz klar die Aufgabe, ja die »Pflicht« haben, bei der Bewegung der Massen »führend« tätig zu sein. Beide Organe werden von ihr vielfach beschrieben, sie »dienen«, geben »Losungen« aus, nennen »die Richtung« usw., aber sosehr der Geist der Unternehmung klar scheint, so schillernd ist die genaue Bestimmung der Ausführenden. Die Partei ist keine Partei im bürgerlichen Sinn, eher ist sie diffus überall in der Gesellschaft tätig, unermüdlich.[121] Wenn Luxemburg Parteiführung anspricht, dann, wenn sie »versagt«, schärfste Kritik verdient (vor allem in *Krise*). Zwischen Weltkriegsbeginn und Spartakusaufstand scheint Partei zu sein, was den Geist der Revolution weiterträgt – was im »Ich war. Ich bin, ich werde sein« seinen letzten Ausdruck findet.

Da die Partei also nicht als Institution im bürgerlichen Sinn verstanden wird, kann der konkreten Sozialdemokratie etwa so grundsätzliche Kritik gelten, dass sie verlassen werden kann und eine andere neue Partei an ihre Stelle tritt. Die Kritik an den Bolschewiki als Partei der Revolution kann so zweiteilig vorgehen: Zur Revolution gehört nicht nur das Machen im Sinne der Destruktion des Alten, sondern auch der Aufbau des Neuen. Letzterem wird von Luxemburg der Prozess gemacht. Die Bolschewiki seien in die Falle der Wiederherstellung bürgerlicher Institutionen gegangen. Da Parlamentarismus die wirksamste Bühne ist, auf der um Hegemonie gestritten wird, Reden »durchs

120 Sobhanlal Datta Gupta (2002) hat diese Nähe zu Gramsci in seinem 1998 gehaltenen Vortrag (vgl. Fn. 112) angedeutet: »Grundsätzlich war dies eine Strategie [dass der Sozialismus mit kulturellen und moralischen Mitteln aufgebaut werden müsse], die dem, was Gramsci als Hegemonie und als den Unterschied zum Zwang beschrieb, sehr nahe kam.« (77f)

121 In seiner vor mehr als 30 Jahren (1972) geschriebenen und bis heute aktuellen Studie zu Rosa Luxemburg erklärt Oskar Negt (1976), sie denke Partei als »prozesshaft«: »Rosa Luxemburg begreift die Partei nicht als eine fest gefügte Institution, die das einzige aktive Zentrum des revolutionären Prozesses ist, sondern als etwas selber Prozesshaftes, in dem die kollektiven Erfahrungen und die vielfältigen Organisationsansätze der Arbeiterklasse aufbewahrt, bewusst gemacht, weitergetrieben und mit Hilfe der materialistischen Dialektik auf das Endziel ausgerichtet werden.« (213)

Fenster« gehalten werden, ist es notwendig, dass sich der Geist der Revolution in die Parteiform verdichtet, damit seine Repräsentanten wählbar werden. Sie sind dann Abgeordnete im bürgerlichen Sinn und sie sind es zugleich nicht, da sie beständig den Boden, auf dem sie stehen, das parlamentarische System untergraben. Für diesen ›Wechselbalg‹ der Geschichte, eine sozialistische Partei, die ihre Form zugleich in Frage stellt, braucht es im Grunde einen anderen Begriff, zu dessen Erarbeitung Luxemburg nicht gekommen zu sein scheint[122].

Dieser Vagheit in der Bestimmung der sozialistischen Partei entspricht die gleiche Unbestimmtheit über die Rolle der Intellektuellen. Es kann kaum bezweifelt werden, dass Luxemburg in allen Aufrufen, was jetzt zu tun sei, wie Agitation zu machen, wie Politik als ständiges Studium zu begreifen sei, auf die Intellektuellen in der Arbeiterbewegung setzt. Sehr klar spricht sie diese Funktion in der Analyse der Lage in Russland von 1904 aus. Dort fehlte das Kleinbürgertum, das sonst als »revolutionäres Bindeglied«, als »radikal-demokratischer Charakter«, »notwendiger materieller Mechanismus«, »lebendiger Kitt« mit der »notwendigen Fiktion vom gesamten ›Volke‹«, als »politischer, geistiger, intellektueller Erzieher« fungiert. In dieser Lage kamen die »Intelligenz, liberale Berufe mit sozialen Berührungspunkten zum Proletariat« direkt zum Zuge. Sie »agierten als ideologische Vertretung der Arbeiterklasse« und vollbrachten die »Maulwurfsarbeit der sozialistischen,[…] sozialdemokratischen Agitation« (1/2, 481).

Innerhalb der deutschen Sozialdemokratie spricht sie von Abgeordneten, Parlamentariern, Journalisten, Literaten; darin kann man sie stets selbst erkennen, als unermüdlicher wissenschaftlicher Maulwurf der Bewegungspolitik in der Partei. Sie verhöhnt unbarmherzig die Mietlinge, die gekauften Intellektuellen der Bourgeoisie. Über die »Gelehrten« schreibt sie:

> »Seit dreißig Jahren glaubt der deutsche Professor fest und unerschütterlich an seinen historischen Beruf, die Geschichte zu erklären, indem er sie zerfasert, das soziale Leben zu beeinflussen, indem er sozialpolitische Einsichten tauben Ohren predigt, und die Wissenschaft in den Dienst des gesellschaftlichen Fortschritts zu stellen, indem er der herrschenden Reaktion dient.« (*Im Rate der Gelehrten,* 1/2, 382)

Sie führt den Verein für Sozialpolitik mit seiner »Ableugnung der marxschen Krisenlehre« (383) praktisch als lächerlichen Helfer des Kapitals vor. Sie polemisiert gegen Sombart, der aus der Zusammensetzung der Stoffe – organischer oder anorganischer – die Eigenschaft, »hohe Profite zu erzeugen«, ableitet, um »unter der Wucht ›anorganischer Stoffe‹ die rebellische marxsche Krisenlehre […] zu erdrücken« (389), und ironisiert:

122 Die vorsichtige Formulierung verdankt sich der Tatsache, dass Luxemburgs Schriften nicht vollständig zur Verfügung stehen.

»Die Schranken der Produktion liegen somit in der organischen Beschaffenheit gewisser Stoffe, das krisenbildende Moment in der anorganischen Beschaffenheit anderer Stoffe. Das Reich der Steine ist der Stein des wissenschaftlichen Anstoßes und die Eiweißzelle das Korrektiv der kapitalistischen Ordnung.« (1/2, 387)

Luxemburg gelingt es in ihrem kurzen Bericht, die Arbeit der bürgerlichen Intellektuellen so vorzuführen, dass aus dem Standpunkt der Kritik zugleich die notwendige Analyse und Vorgehensweise marxistischer Theorie deutlich wird.

»Ein abgeschmacktes Gemisch von einer Goldtheorie und einer Eiweißtheorie zur Erklärung der Krise, ein verlegenes Gestammel über die Kartelle, ein völliges Stillschweigen über die Gewerkschaften – das ist alles, was von der mit stolzen Trompetenstößen verkündigten, ›*dennoch*‹ friedlichen sozialen Entwicklung geblieben ist.« (387f)

In knappen Worten führt Luxemburg auch meisterhaft vor, mit welchen Methoden bürgerliche Wissenschaft arbeitet, sodass ihre Ergebnisse nutzlos sind. Diese Zerlegung faszinierte offenbar Brecht, da er sie in seinem TUI-Romanfragment als eine Art Anleitung für den möglichen Erfolg bürgerlicher Wissenschaftler im Wettstreit um Anerkennung und Bezahlung aufspießte. Luxemburg schreibt:

»[…] als natürliche Ergänzung des Bürokraten tritt der deutsche Professor auf dem Katheder hinzu, der theoretisierende Bürokrat, der den lebendigen Stoff der sozialen Wirklichkeit in die kleinsten Fasern und Partikelchen zerpflückt, nach bürokratischen Gesichtspunkten umordnet und rubriziert und so abgetötet als wissenschaftliches Material für die verwaltende und gesetzgebende Tätigkeit der Geheimräte abliefert. Diese fleißige Atomisierungsarbeit, die es erreicht, das Bild des sozialen Lebens wie in einem in tausend Splitter zertrümmerten Spiegel wiederzugeben, ist zugleich das sicherste Mittel, alle großen sozialen Zusammenhänge theoretisch aufzulösen und den kapitalistischen Wald hinter lauter Bäumen ›wissenschaftlich‹ verschwinden zu lassen.« (1/2, 388)[123]

Sie arbeitet heraus, dass der freundliche Liberalismus der deutschen Gelehrten sie nicht bloß zu Handlangern des Kapitals, sondern dieses sie im Ernstfall einfach mundtot macht. Es zeigt sich,

123 In Brechts *Turandot oder Der Kongress der Weißwäscher* bekommen die Gelehrten die Aufgabe, das Verschwinden der Baumwolle aus den Lagern des Kaisers, das inszeniert war, um die Baumwollpreise zu erhöhen, dem Volk so zu erklären, dass soziale Unruhen nicht aufkämen. Die Kunst, die die Einzelnen im Vortrag entwickeln, folgt genau dem hier von Luxemburg verspotteten Verfahren. GW 9, Frankfurt 2000.

> »dass das Kapital [...] nichts gegen das harmlose Geschwätz der ›deutschen Wissenschaft‹ einzuwenden hat, insofern es dazu taugt, den großen Lümmel Proletariat einzulullen und von der Sozialdemokratie abwendig zu machen; dass es ihr aber sofort respektlos den Mund verbietet, insofern sie in ihrer ›vorurteilslosen‹ Blödigkeit einmal vorbeitappt und sich umgekehrt, ein schwaches Echo der sozialdemokratischen Donnerstimme, gegen das Kapital selbst als Anwalt der Arbeiterinteressen zu wenden versucht« (389).

In einem Brief an Franz Mehring schreibt sie:

> »Heute, wo uns Intelligenzen bürgerlicher Herkunft rudelweis verraten und verlassen, um zu den Fleischtöpfen der Herrschenden zurückzukehren, können wir ihnen mit verächtlichem Lächeln nachblicken; Geht nur! Wir haben der deutschen Bourgeoisie doch das Letzte und Beste weggenommen, was sie noch an Geist, Talent und Charakter hatte: Franz Mehring.« (27.2.1916, GB 5, 104)

Aus den verstreuten Bestimmungen entnehmen wir probehalber: Luxemburg spricht die sozialistischen Intellektuellen als eine Funktion, als Personifikationen der Kritik der bürgerlichen Gesellschaft vom Standpunkt der Arbeiterklasse oder des ›Volkes‹, kurz vom Standpunkt des werdenden Allgemeinen. Das umfasst als Aufgabe der Intellektuellen auch Theoriekritik wie die Analyse der Weltlage und ebenso des Staates.

Im politischen Alltag lassen sich Begriffe wie Schneebälle nutzen, sie werden aufgelöst und neue werden geformt. Für die Tradierung, also für die politische Schulung der Späterkommenden, wird der wechselnde Gehalt eines Begriffs wie beispielsweise *Intellektuelle* ein Problem. Luxemburg hat diese Frage nach der Funktion der Intellektuellen in der Arbeiterbewegung aufgenommen. Wollte man sie festlegen, könnte man wie bei einigen anderen Begriffen[124] ganz gegensätzliche Bestimmungen vorführen. Mal geht jede Praxis vor Theorie, mal sind Intellektuelle an sich Handlanger der Herrschenden, mal borniert, mal eingebildet, mal stehen sie dem einfachen Volk gegenüber, mal sind sie Teil desselben, mal sind sie unentbehrlich für sozialistische Arbeiterpolitik. Gramsci hat die Problematik zu einer Theorie der Intellektuellen weitergeführt, mit der sich, hätte man sie zur Kenntnis genommen, die endlosen soziologischen Bemühungen, die Intellektuellen klassenmäßig zu bestimmen, die bis in die 1960er Jahre gang und gäbe waren, ebenso erübrigt hätten, wie Luxemburg von dorther klarer gedacht werden kann.

Gramsci geht nicht von Intellektuellen als separate Berufsgruppe aus, sondern betrachtet die Sache als eine Funktion in der Gesellschaft, als eine qualifizierte Praxis. Insofern kann jeder ein Intellektueller sein, und

124 Dies ist in den verschiedenen Kapiteln zur Rolle der Produktivkräfte, zur Partei, zur Demokratie, zum Empirischen usw. durchgeführt.

jede Klasse wird ihre eigenen Intellektuellen haben (*Gefängnishefte*, H. 12, §1, 1500)[125], die sie für ihre Interessen einsetzt, die das jeweilige Anliegen auf den Begriff bringen, zu Losungen verdichten, öffentlich wirksam verkünden, für sie schreiben. Für diesen Zusammenhang formt Gramsci den Begriff der »organischen Intellektuellen«.

> »Es gibt keine Organisation ohne Intellektuelle, das heißt ohne Organisatoren und Führer, das heißt, ohne dass die theoretische Seite des Theorie-Praxis-Nexus sich konkret ausdifferenziert in einer Schicht von Personen, die auf die begriffliche und philosophische Ausarbeitung ›spezialisiert‹ sind.« (H. 11, §12, 1385).

Für Gramsci haben Intellektuelle nicht nur in der Kultur, sondern in der Gesellschaft überhaupt organisierende Funktion. Die Intellektuellen der Herrschenden behaupten besondere Interessen als allgemeine, arbeiten also an deren Hegemonie, indem sie die subalternen Gruppen zu gewinnen suchen. Entsprechend umgekehrt wirken Intellektuelle der Emanzipationsbewegungen, die gegen die herrschende Hegemonie arbeiten. Ihre Tätigkeit ist aufklärerisch, anti-herrschaftlich, organisierend auf den verschiedenen Stufen in der Gesellschaft – als Lehrer, als »Verwalter des intellektuellen Reichtums«, als Bewegungsintellektuelle (1503). Sozialistischer Politik wird es auch darum gehen, möglichst viele von den Intellektuellen, die der herrschenden Klasse dienen, für sich zu gewinnen. Dies ist deshalb möglich, weil es den Intellektuellen darum geht, Wahrheiten kritisch zu verbreiten, was sich erst bewährt, wenn sie kein partikulares Interesse vertreten, sondern als »Organisatoren einer neuen Kultur« (H. 12, §1, 1497), einer neuen »intellektuellen und moralischen Ordnung« (H. 11, §12, 1377) auftreten können. Kurz, die sozialistische Bewegung ist für die intellektuelle Tätigkeit im Grunde die ihre Arbeit wirklich erfüllbar machende Praxis. Ausgerüstet mit solchen Bestimmungen können wir für Luxemburgs Politik jetzt schreiben, dass sie selbst weniger als Parteimitglied, sondern als organische Intellektuelle der Arbeiterbewegung sprach und handelte und andere als solche organischen Intellektuellen zu gewinnen suchte und sich an sie richtete, etwa auch, um gegen die alte Sozialdemokratie eine neue Partei zu gründen usw.

Politik des Kulturellen

Luxemburg und Gramsci hatten den Ersten Weltkrieg erfahren und darin die Politik der Sozialdemokratie, das Handeln der Arbeitermassen, was sie zur Erneuerung und Kritik bisheriger Arbeiterbewegungspolitik trieb. Gramsci erlebte darüber hinaus den beginnenden Aufbau des Sozialismus

125 Vgl. auch Alex Demirović und Peter Jehle 2004.

in Russland und das Aufkommen des Faschismus in Italien, der ihn ins Gefängnis warf. Beide zwangen ihn auf ihre Weise, über die Erneuerung der Arbeiterbewegungspolitik nachzudenken. Nach dem Studium seiner *Gefängnishefte* erkennt man rückwirkend auch entscheidende Lücken in Luxemburgs Analysen und Politik. Was sie in ihre Arbeit für die Massen und mit dem ›Volk‹ nicht einbezieht und also dessen Kraft verkennt, ist, was Gramsci das »Kulturelle« nennt und für dessen Begreifen und für die Orientierung der Kämpfe er den Begriff der »Zivilgesellschaft« umbaute.

Zivilgesellschaft ist bei Gramsci eine theoretische Kategorie, kein Ort in Gesellschaft und nicht, wie dies in der herrschenden politischen Theorie gefasst ist, eine Qualität, etwa die einer sittlichen Verfeinerung. Unter zivilgesellschaftlichem Handeln können alle die öffentlichen Praxen gedacht werden, in denen die Einzelnen sich eine Weltanschauung bilden, einen Reim auf die Gesellschaft machen, was ihre politische Meinung und schließlich auch ihr Handeln bestimmt – am Stammtisch, im Verein, in der Familie, in der Schule, im Betrieb usw. In dieser Weise sind die Einzelnen in unzähligen Fäden in die bestehende Gesellschaft verwoben. Mit ihnen gegen die herrschende Hegemonie zu arbeiten, braucht es ein Studium dieser ihrer Einbezogenheit und befreiende Vorschläge alternativer Praxen. Diese Einbezogenheit ebenso wie der Versuch der Gegenarbeit lässt sich mit Gramsci als Politik des Kulturellen fassen. Schließlich sitzen die Menschen in vielfältigen Formen und Gruppierungen im Gewohnten fest, in Kulturen, müssen dies selbst durchdringen, sich ein Bewusstsein ihres Seins wie ihrer möglichen Ziele verschaffen.

> »[...] wenn dieser Wille [ein rationaler Wille, der objektiven geschichtlichen Notwendigkeiten entspricht] anfangs von einem einzelnen Individuum repräsentiert wird, so dokumentiert sich seine Rationalität darin, dass er von einer großen Zahl aufgenommen wird, und zwar dauerhaft aufgenommen, das heißt eine Kultur wird, ein ›gesunder Menschenverstand‹, eine Weltauffassung, mit einer ihrer Struktur entsprechenden Ethik.« (H. 11, §59, 1472f)

An einzelnen Punkten sahen wir, wie Luxemburg zu solchen Gedanken ansetzt und sie dann wieder zugunsten der Hoffnung beiseitelässt, es ließe sich über das im Grunde schon vorhandene Bewusstsein der Lage eine kurze Lösung finden.[126] So verkennt sie auch die Kraft des kulturellen Milieus, in dem die Einzelnen, auch die Arbeiter, wie Fische im Wasser schwimmen. Es sind ja nicht einfach die einzelnen Arbeiter, die der Kapitalistenklasse im Betrieb und dem Milieu der kapitalistischen Produktionsweise im Alltag

126 Dies gilt exemplarisch für die Frauenfrage, bei der sie die Vorzüge und die Fesseln des Schutzes, den Familie und Heim bieten, mit einer Handbewegung zugunsten der Klassenfrage beiseitewischt.

gegenüberstehen; auch formt sich die Arbeiterklasse nicht aus der Summe der Einzelnen, sobald sie ein Bewusstsein ihrer Lage gewinnen. Sie sind als Einzelne vielfältig in die Gesellschaft eingebunden, in Vereinen, Nachbarschaften, Klubs, Freizeitvergnügen, in ihren Gewohnheiten, ihrem Denken, ihren Möglichkeiten. Insofern muss der Kampf um Hegemonie durch die organischen Intellektuellen in der Arbeiterbewegung in jedem Fall auch im Kulturellen gefochten werden.

Rosa Luxemburg hat, wie gesagt, zumindest begonnen, an dieser Problematik zu arbeiten. Sie hat einerseits eine scharfe Kritik der intellektuellen Schaumschlägereien – die Gramsci *Lorianismen* nennt – betrieben und öffentlich skandalisiert; sie setzt sich andererseits auch nicht immer einfach in großem Schwung über das Verhaftetsein der Arbeiter in kleinbürgerlichen Gewohnheiten und Fixierungen hinweg. Sie hat einige Elemente einer Arbeit im Kulturellen, zunächst anscheinend ganz neben ihrer politischen Arbeit, (auch im Gefängnis) betrieben, nämlich Literaturkritik; ebenso kommentiert sie sorgfältig Mehrings Werk als Arbeit, dem Volk die Literatur näherzubringen. Sie rezensiert seine Schillerbiografie (*Neue Zeit* 1904/05) als Teilhabe an dem »Emanzipationswerk der Arbeiterklasse« und empfiehlt und unterstreicht, Schillers Bedeutung nicht an dem zu messen, was er in die Arbeiterschaft hineintrug, sondern umgekehrt, was diese an »Streben und Empfindungen in die schillerschen Dichtungen hineinlegte« (1/2, 534). Sie hebt hervor, dass die »Worte und Sprüche, die er [Schiller] geprägt hatte, zur Form wurden, in der die deutsche Arbeiterschaft mit Vorliebe ihre revolutionären Gedanken und ihren Idealismus schwungvoll zum Ausdruck bringt« (533).

> »Es hat hier ein eigenartiger Assimilierungsprozess stattgefunden, in dem sich das Arbeiterpublikum nicht den Schiller als ein geistiges Ganzes, so wie er in Wirklichkeit war, aneignete, sondern sein geistiges Werk zerpflückte und es unbewusst in der eignen revolutionären Gedanken- und Empfindungswelt umschmolz.« (534)

Diese Weise, Literaturlesen als Praxis der Arbeiterklasse zu studieren, ist Luxemburgs Beginn einer Politik des Kulturellen. Dabei führt sie aus, dass die üblichen Feiern Schillers als eines revolutionären Dichters (mit einem künstlichen Widerspruch zwischen frühen revolutionär-idealistischen Auffassungen und späteren ästhetischen) einerseits »materialistische Misshandlung« seien, andererseits »überschwängliche Begeisterung«. Dagegen wendet sie ein, dass dieser Dualismus das gesamte Werk durchzieht, weil der Zwiespalt aus der Loslösung des revolutionären Idealismus von der materialistischen Weltanschauung herrühre:

> »[…] um Schiller als Philosoph zu verstehen, muss man eben vor allem – Karl Marx verstehen« (535).

Mit Mehring schlägt sie für das Problem der Zweiteilung Schillers in den jugendlich revolutionären und älteren ästhetischen und damit den Streit um die Bedeutung der Revolution für sein Werk vor, ihn nicht mit flachen sozialtheoretischen Augen zu lesen.

> »Schiller war vor allem ein echter *Dramatiker* größten Stils, als solcher aber brauchte und suchte er gewaltige Konflikte, gigantische Kräfte, Massenwirkungen, und er fand seine Stoffe in den Kämpfen der Geschichte, nicht weil und insofern sie *revolutionär* waren, sondern weil sie den tragischen Konflikt in höchster Potenz und Wirkung verkörpern.« (536)

Im Gefängnis in Breslau 1918 übersetzt sie Wladimir Korolenko[127] und verfasst als Einleitung einen beispielhaften Essay (4, 302–331). Weil für Korolenko die russische Literatur »Vaterland, Heimat, Nationalität« (302) war, schreibt sie ihre Einleitung als Übersicht über die gesamte Entwicklung der russischen Literatur, die sie offenbar umfassend gelesen hat. Und das ist nicht einfach eine gelehrte literaturgeschichtliche Abhandlung, sondern im besten Sinn materialistische Geschichtsschreibung. Sie verfolgt nämlich die lange Zeit der allgemeinen »Finsternis« in Russland, bis in »merkwürdiger Analogie zu der jüngsten politischen Entwicklung in Russland« (303) im 19. Jahrhundert die Entwicklung der russischen Literatur zur Weltliteratur aus dem »Kampfgeist« gegen das »herrschende Regime« »jäh emporschoss«.

> »Die russische Literatur war unter dem Zarismus [...] eine Macht im öffentlichen Leben geworden. [Die schöne Literatur hatte dem] Despotenstaat einen Platz in der Weltliteratur erobert« (ebd.).

Sie nennt unter vielen anderen Tolstoi, Gogol, Dostojewski. Sie folgt den Lebenserinnerungen des Korolenko als psychologische Entwicklung aus der Leibeigenschaft und zeigt darin, wie die russische Literatur die »psychologische Wurzel des Absolutismus unterwühlt«, soziale Verantwortung und gesellschaftliche Kritik geübt hat: »ihr Lebensprinzip der Kampf gegen Finsternis, Unkultur und Bedrückung« (305). Sie spricht von den Kosten:

> »[Sie] starben und verdarben [im Alter von] 25, 27 Jahren oder wenn es hoch ging, kaum über 40 Jahre alt durch den Strang, durch direkten oder als Duell verkleideten Selbstmord, Irrsinn, vorzeitige Erschöpfung« (305).

Bemerkenswert an diesem umfassenden Überblick ist auch, dass alle bedeutende Literatur nicht einfach als »Tendenzkunst« (306) besichtigt und eingeordnet wird, im Gegenteil. Luxemburg arbeitet bei allen, auch bei den »dekadenten«, den »reaktionären« (Tolstoi, Dostojewski) heraus, wie eine besondere Wirkung auf die Menschen ausgeht, »aufrüttelnd, erhebend, befreiend« (306).

127 Wladimir Korolenko, Die Geschichte meines Zeitgenossen.

> »Das macht, nicht ihr Ausgangspunkt ist reaktionär, nicht sozialer Hass, Engherzigkeit, Kastenegoismus, Festhalten an dem Bestehenden beherrschen ihr Denken und Fühlen, sondern umgekehrt weitherzigste Menschenliebe und tiefstes Verantwortungsgefühl für soziales Unrecht.« (306)

Sie empfiehlt also, die Literatur nicht als Sozialtheorie zu lesen, nicht nach ihrer Absicht, nach den »sozialen Rezepten«, die sie propagieren, zu beurteilen, sondern nach dem menschlichen Sinn, von dem sie ausgehen und der die Massen mitzieht, ihrem »belebenden Geist« (307).

Gramsci schreibt:

> »Kurz, der Typus der dem historischen Materialismus eigenen Literaturkritik wird von de Sanctis dargeboten [...]: Kampf für die Kultur, d.h. neuer Humanismus, Kritik der Gewohnheit und der Gefühle, leidenschaftliche Begeisterung, sei es auch in Gestalt des Sarkasmus.« (H. 4, §5, 464)

Luxemburg sieht, wie später Brecht, auch die Faszination der Literaten für das Verbrechen, in dem der Mord nicht nur eine Anklage gegen bestehende Verhältnisse werde, sondern vor allem »ein Verbrechen an dem Mörder als Menschen, für das wir alle [...] verantwortlich sind« (309).

Durch die Biografie des ungewöhnlichen Korolenko hindurch zeichnet sie die Geschichte der Hungersnöte, der Pest, des Unglücks der Vielen und ihn als einen, der gegen Gewalt schreibend den Weg mit bahnte einer

> »neuen geschichtlichen ›Gewalt‹ in Russland, die bald ihren wohltätigen Arm erheben sollte, den Arm der Arbeit wie des Befreiungskampfes« (328).[128]

Das Ungewöhnliche an Luxemburgs Umgang mit Literatur ist, dass sie durch die Person der Autoren, ihre Herkunft, ihren Lebenslauf hindurch die Geschichte des Landes herausarbeitet und lesbar macht; dass sie das Verhältnis zu den Menschen und damit zur Welt als Kriterium der Beurteilung nimmt und dass sie vor allem die Romane von der Seite ihrer Rezeption im Volk liest, der Weise also, wie die Menschen ihre Leben wiederum mit den Menschen in den Romanen verknüpfen können. So wird Literatur etwas, das »auf Schritt und Tritt zum Nachdenken und zum weiteren Lernen lebhaft« anregt, (1/2, 536), zum Medium, in dem sich das Volk selbst bilden kann.[129]

128 Diejenigen, die darüber nachdenken, welches eigentlich Luxemburgs Stellungnahme zur Gewalt ist, können aus solchen kurzen Bemerkungen zum »wohltätigen Arm geschichtlicher Gewalt« schließen, dass auch die Frage, war sie für oder gegen Gewalt, falsch gestellt ist.

129 Jakow Drabkin hat Texte Luxemburgs zur russischen Literatur zusammenfassend vorgestellt; allerdings verdichtet er diese nicht zum Beginn einer Politik des Kulturellen, sondern nutzt die Texte, um Luxemburgs »Stellung zu Literatur, Theater, Musik, Kunst und Kultur oder zu deren markanten Exponenten bildlich zu erfassen« (2002, 201), also wesentlich, um ins biografische Bild weitere Nuancen einzufügen.

Auch Gramsci rezipiert im Gefängnis Romane. Allerdings geht es ihm nicht um Weltliteratur und deren Aneignungsmöglichkeiten durch das Volk, sondern um die Lektüre, die das Volk alltäglich liest – Fortsetzungsromane in Zeitschriften und Zeitungen zum Beispiel und vor allem historische Romane, wie sie auch im 21. Jahrhundert noch an jedem Bahnhofskiosk zu finden sind. Er sucht den Sinn zu entziffern, den die Menschen in diesen Romanen suchen, ganz ähnlich, wie dies Luxemburg bei Mehrings Schillerlektüre hervorhebt. Aber Luxemburg hatte offenbar eine Arbeiterklasse vor Augen, die überhaupt bürgerliche Literatur, wenn auch nur in Auszügen, rezipierte. Gramsci denkt an eine Arbeiterschaft, die ausdrücklich in einer anderen Kultur, die extra für sie gemacht wurde, der Populärliteratur, zu Hause ist. Da diese aber das Volk vornehmlich in Illusionen verstrickt, sucht Gramsci nach Literatur, die so geschrieben ist, dass sie vom Volk verstanden und genossen werden kann, ohne ideologisch, ohne illusionär zu sein, also ohne die Menschen in Subalternität festzuhalten. Dies nennen wir im Unterschied zum Populären, das immer den Beigeschmack des Minderwertigen hat, Popularliteratur. Gramscis Ziel ist es, unter anderem die linken Literaten zu bewegen, bessere Popularliteratur fürs Volk zu schreiben und so ihre Aufgabe als »Erzieher« wahrzunehmen. Luxemburgs Ziel ist es, dem Volk die großen Werke bürgerlicher Literatur so nahezubringen, dass es diese Kultur für seine Ziele aneignen kann. Luxemburg hält vom Volk mehr als Gramsci; das macht sein Wirken nachhaltiger bei einem Volk, das selbst auf sich nicht viel hält.

Staat, Produktivkräfte und Arbeitssubjekte

So klar und bestimmt Luxemburg als politisches Ziel die »Eroberung der politischen Macht« angibt, also die Übernahme der Regierungsgewalt durch die Assoziation der Produzenten, durch Arbeiter- und Soldatenräte, durch ›das Volk‹, so unbestimmt bleibt, was sie unter Staat versteht und was unter Regierungsgewalt. Aus einer Notiz kann man schließen, dass ihr bewusst ist, dass sich der Staat selbst auch des Volkes bedient, indem er es zu Soldaten macht, dass Staat also aus Parlament und Miliz, aus Bürokratien und eben auch aus Volk besteht. Es gibt keine Theorie des Staates und der verschiedenen Instanzen, auch keine zum Verhältnis Militär und Staatsgewalt, sondern Luxemburg setzt einfach darauf, dass der Staat in der Form des Militärs auf eine für die Herrschenden möglicherweise gefährliche Weise das Volk bereits in die Position gebracht hat, die dem Schutz der Macht dienen soll und also auch zur Machtaneignung führen kann:

> »Wir wissen, dass der Kopf des deutschen Arbeiters, der einmal von der internationalen sozialdemokratischen Lehre durchleuchtet ist, dass der nicht dümmer

> wird, wenn auf ihm ein Helm mit Schuppenketten sitzt. Wir wissen und verlassen uns darauf, dass die Brüder des deutschen Arbeiters, die einmal von dem Gefühl, von dem erhebenden Gefühl der internationalen Völkersolidarität und von der Menschenliebe erfüllt wurden, dass diese Brüder nicht untreu werden dem Gebot der Menschlichkeit, auch wenn sie im Rock des Königs stecken. Verlassen Sie sich ruhig auf die geschichtliche Dialektik, die von selbst dazu führen muss, dass früher oder später die große Volksmasse unseres wirklichen Vaterlandes sich erheben und sagen wird: Nun ist es genug der verbrecherischen Politik, die bisher betrieben wurde.« (März 1914, 3, 423)

Genau dies geschah wenige Jahre später.

Luxemburg erklärt an vielen Stellen, dass die Gesellschaft von innen, gedrängt durch die Entwicklung der Produktivkräfte, immer sozialistischer werde, während Staat und Recht immer höhere Schutzmauern bauten, Sozialismus also immer unwahrscheinlicher werde.[130] Sie geht auch davon aus, dass die Staatsgewalt im Verhältnis zu den fortgeschrittenen Kapitalen, die die Entwicklung vorantreiben bis zur Krise, konservativ bis reaktionär ist und also dem Fortschritt der Menschheit entgegensteht.

So fasst sie (mit Marx) die Entwicklung der Produktivkräfte, welche die fortgeschrittenen Kapitale betreiben, als Ferment, als eine Dynamik, die mit den Produktionsverhältnissen immer unverträglicher wird. Sie diskutiert aber nicht, welche Unverträglichkeiten durch diese Entwicklung heraufziehen, sie denkt vor allem nicht über die Veränderung der Arbeit und deren Anforderungen an die Arbeitenden nach. Sie erwähnt zwar wie Marx die polytechnische Erziehung als zukünftige Ausbildung der Massen, aber anders als Marx schenkt sie der Verschiebung der Positionierung der Arbeitenden an den Maschinen und Anlagen kein Augenmerk. Bei Marx wurde herausgearbeitet, wie der lebendige Arbeiter aus dem Produktionskreislauf durch die Entwicklung der Technologie herausgesetzt wird und so zum Überwacher, zum Regler, zum Aufseher von Maschinenarbeit wird. Die Anforderungen an Qualifikation und Verausgabung von Arbeitskraft werden ebenso radikal geändert, wie die Arbeiter an Zahl reduziert werden. Strukturelle Arbeitslosigkeit und Qualifizierung von Arbeitskräften werden zu den widersprüchlichen Begleitdimensionen der Entwicklung der Produktivkräfte. Zu Marx' Zeiten war das Fließband Perspektive und mit ihm die Verwandlung von Facharbeit in massenhafte Detailarbeit, was er einerseits als Dequalifizierung der Facharbeit begriff und zugleich als Ausgangspunkt einer wirklichen Vergesellschaftung von Arbeit, in der alle beteiligt sein können, um ebendiese Arbeit zu reduzieren und Zeit für neue Entwicklung und Entfaltung zu gewinnen. Aus der Entwicklung der Produktivkräfte der Arbeit entwickelt Marx die sozialistische Perspektive.

130 Vgl. dazu das zweite Kapitel.

Gramsci folgt ihm hier und hinterlässt uns eine Analyse von Arbeitsentwicklung, Lebensweise, Unternehmerstrategien und Staatsinterventionen, die selbst noch für die Zusammenhänge im hochtechnologischen Globalkapitalismus brauchbare Instrumente liefert. In diesem Kontext eröffnet er auch einen Zugang zum historisch-kritischen Verständnis der Geschlechterverhältnisse[131].

Bei Luxemburg ergibt sich der sozialistische Standpunkt aus der Konfrontation der Arbeiterklasse mit dem Kapital und muss bewusst werden. Dies geschieht nicht allein durch Agitation und Aufklärung, sondern durch die Erfahrung von Unterdrückung und durch die Lehre aus den Klassenkämpfen, also aus einer unmittelbaren Konfrontation, die sie »politisch« nennt, im Unterschied zum bloß wirtschaftlichen Kampf. Im politischen Kampf geht es um ein alternatives Wirtschaften. Hier trifft die Arbeiterklasse auf den Staat als Garanten der bürgerlichen Form.

In dieser Weise begründet Luxemburg ihre Politik im Staat gegen den Staat. Wo aber um Hegemonie gerungen wird, wie Luxemburg dies in all ihren Reden, Artikeln, Texten und Erklärungen tut, muss ganz offensichtlich das Volk, zu dem »durch das Fenster« gesprochen wird, unter der Hegemonie der Bürger sein. Der bürgerliche Staat müsste also gefasst werden als einer, der auch durch das Volk, auch durch die Arbeiter getragen wird. Es ginge also darum, ein analytisches Instrumentarium auszubilden, das den Staat im Inneren der Einzelnen erfassen kann, ihre Subalternität[132]. Ohne Zustimmung der Vielen wird auch der herrschende Staat schwer haltbar sein beziehungsweise zu diktatorischen Formen greifen, ohne Zustimmung vieler wird keine Umwälzung machbar sein. Bei Gramsci bedeutet das für die revolutionäre Perspektive:

> »Es kann und muss eine ›politische Hegemonie‹ auch vor dem Regierungsantritt geben, und man darf nicht nur auf die durch ihn verliehene Macht und die materielle Stärke rechnen.« (H. 1, §44, 102)

Luxemburg nimmt an, dass der bürgerliche Staat tatsächlich die bürgerlichen Errungenschaften preiszugeben gewillt ist, weil sie vor allem Formen für den Klassenkampf gegen die Feudalmächte waren und nach dem Sieg funktionslos wurden, und dass die zunehmend transnationalen Kapitale sich der Staatsmächte bedienen, sie vor sich hertreiben. Aber selbst in diesen klarsichtigen Vorhersagen gibt es keine Bestimmung, wer der Staat ist und wie er wirkt, und damit auch nicht, was Übernahme der Staatsmacht bedeutet.

131 Vgl. dazu F. Haug 1998 und 2001, 508f.

132 Vgl. dazu aus den historisch-kritischen Studien des Projekts Ideologietheorie besonders: *Der innere Staat des Bürgertums*, 1986

Der dialektische Prozess des proletarischen Klassenkampfes bewirke, dass im Kampf um demokratische Verhältnisse im Staat sich der Kampf selbst organisiert, sich Klassenbewusstsein herausbildet,

> »und während das Proletariat auf diese Weise im politischen Kampf Bewusstsein erlangt und sich organisiert, demokratisiert es zugleich den bürgerlichen Staat und macht ihn in dem Maße, wie es selbst heranreift, für den sozialistischen Umsturz reif« (1/2, 318).

Für die Übernahme der Staatsgewalt durch die »Diktatur des Proletariats« hat Luxemburg (vgl. weiter oben) den Inhalt dieser »Diktatur« selbst anders gefasst als gewöhnlich, also nicht als bürgerliche Diktatur mit proletarischen Repräsentanten, sondern selbst als »sozialistische Demokratie«. Notwendig offen blieb, wie dieses neue Gemeinwesen tatsächlich geregelt und ob vom bürgerlichen Staat gelernt werden könnte.

Der »integrale Staat«

Die verschiedenen Fragen, die sich im Kontext von Luxemburgs Staatsauffassung auch als Vagheit ihrer Bestimmungen ergaben – in anderen Worten, ihr Mangel an Staatstheorie –, werden von Antonio Gramsci mit seinem Konzept des »integralen Staates« aufgehoben. Dies geschieht nicht explizit, sondern die ungelösten Fragen drängten nach den Niederlagen, nach Kenntnis der Vergeblichkeit einer Hoffnung auf klassenbewusste internationalistische Arbeiter im Ersten Weltkrieg und beim Aufkommen des Faschismus auf Bearbeitung. Die Fragen lagen gewissermaßen auf der Straße. Bei Luxemburg tritt die Problematik an den verschiedenen Kampfpunkten als Widerspruch auf oder als ein Zusammenhang, der noch nicht vollständig durchdacht ist und noch begriffen werden muss. Das betrifft vor allem die umkämpften Beziehungen zwischen Gesellschaft und Staat, Ökonomie und Politik und in alledem den Kampf der Klassen und die Frage der Revolution. Luxemburg denkt weder, dass der Staat bloß Instrument der bürgerlichen Klassen ist, auch nicht, dass er bloß von oben und außen die Gesellschaft regelt, sondern ihre Vorstellungen bewegen sich gleichsam zwischen solchen Vereindeutigungen, tragen Elemente beider Vorstellungen und stoßen immer wieder an zusätzliche Dimensionen, die bisheriges Denken in Unruhe bringen. Für die Rezeption ergibt sich, dass Luxemburg für einander ausschließende Positionen zur Zeugin gerufen werden kann, dass viele ihrer Aussagen einander zu widersprechen scheinen, dass die zentralen Begriffe wie Staat, Partei, Intellektuelle, sozialistische Politik, Reform und Revolution, Diktatur des Proletariats, Übernahme der Macht, Demokratie nicht klar herausgearbeitet sind.

Gramsci nimmt die verschiedenen Problematiken auf und führt sie im

Begriff des *integralen Staates* zusammen. Dieser fasst den »Staat = politische Gesellschaft + Zivilgesellschaft gepanzert mit Zwang« (H. 6, §88, 783); an anderer Stelle »Diktatur + Hegemonie« (H. 6, §155, 824). Damit werden Politik, Ökonomie und Ideologie als innerlich zusammenhängend gefasst. Gramsci entwickelt das Theorem in Auseinandersetzung mit dem Ökonomismus. Der integrale Staat bindet die Gesellschaftsmitglieder ein und verändert sie. Auf diese Weise kann der Staat im Inneren der Einzelnen ebenso gefasst werden, wie die Reproduktion der herrschenden Klasse analysiert werden kann. Damit wird klarer, welche Aufgaben auf eine Klasse im Streit um Hegemonie zukommen. Der Begriff erlaubt es vor allem, Veränderungen im Verhältnis von Politik und Ökonomie zu fassen, und begreift dabei »Politik als Kunst, die Menschen zu regieren, sich ihren dauerhaften Konsens zu verschaffen« (H. 5, §127, 681), und den integralen Staat selbst immer auch als »Erzieher, [der] danach strebt, einen neuen Typus oder ein neues Niveau der Zivilisation zu schaffen« (H. 13, §11, 1548f).[133] Alle diese Bestimmungen sind für eine Theorie und Strategie revolutionärer Politik zentral; sie räumen auch Ungereimtheiten in Luxemburgs Texten auf eine Weise aus, dass sie als Neubeginn politischen Denkens brauchbar werden. So notiert Gramsci für die Frage dessen, was bei Luxemburg schlicht »Ergreifung der politischen Macht« heißt:

> »Eine Klasse, die sich selbst als geeignet setzt, die gesamte Gesellschaft zu assimilieren, und die zugleich wirklich fähig ist, diesen Prozess hervorzubringen, führt diese Auffassung vom Staat und vom Recht zur Vollendung, bis sie schließlich das Ende des Staates und des Rechts konzipiert, insofern sie überflüssig geworden sind, weil sie ihre Aufgabe erfüllt haben und von der Zivilgesellschaft aufgesogen worden sind.« (H. 8, §2, 943)

An dieser Stelle sind wir dringlich zur Weiterarbeit aufgerufen, denn sowohl Marx als auch Luxemburg und Gramsci scheinen davon auszugehen, dass eine alternative Gesellschaft ohne Rechtssystem möglich und anzustreben ist. Man kann das in Bezug auf sogenannte Zivilstreitigkeiten nachvollziehen, stößt aber in großen wirtschaftlichen Zusammenhängen auf die historische Erfahrung, dass Kriminalität, Bandenwesen, mafiose Strukturen, die das Recht außer Kraft setzen, noch mit keinem realitätstüchtigen Gegenentwurf konfrontiert sind.

Man kann Luxemburg von Gramsci her lesen als eine organische Intellektuelle der Arbeiterklasse, die eine Erneuerung der Politik betrieb und dabei die Lücken und Mängel bisheriger sozialistischer Politik aufdeckte, ohne an strategischen Stellen schon theoretisch kohärent weitergearbeitet

133 Vgl. dazu das zusammenfassende Stichwort »Integraler Staat« von Bernd Röttger in HKWM 6/II, 2004.

zu haben. Das betrifft insbesondere die Politik des Kulturellen, die theoretisch-politische Bestimmung der Intellektuellen, der Hegemonie, des Staates und damit verknüpft die Analyse der Subjekte, die – eingelassen in die bürgerlichen Verhältnisse – zum Aufbruch auch Fesseln abstreifen müssen, für deren Entledigung Aufklärung und Bewusstsein nicht ausreichend sind.

Gramsci arbeitet an all diesen offengelegten Punkten auf eine Weise, dass es nicht als Bruch mit Luxemburg, sondern als Fortführung luxemburgischen Denkens und ihrer Kunst der Politik begriffen werden kann. So soll dieses Buch auch als Plädoyer verstanden werden, sowohl Luxemburg genau zu studieren und von ihr zu lernen, als auch als Auftrag, im Anschluss sich Gramsci anzueignen. Für die Erneuerung des Marxismus im Politischen gibt es keinen Besseren. Er formt die analytischen Begriffe für Luxemburgs Versuche im Politischen: Hegemonie, Zivilgesellschaft, integraler Staat, historischer Block und historisches Milieu, Politik des Kulturellen – und das Plädoyer an die politischen Subjekte, in ihrer Verhaftetheit in gegensätzlichen und widersprüchlichen Traditionen, Sitten, Kulturen sich kohärent zu arbeiten durch Teilhabe an der Gestaltung von Politik und Gesellschaft. Insofern lässt sich auch Gramsci als ›Luxemburgist‹ lesen. Mit Luxemburgs politischem Verlangen und ihrer Praxis Gramsci zu lesen lehrt, ihn besser zu verstehen; mit Gramsci Luxemburg zu lesen, führt einen auf unzählige Spuren und Vorschläge, die man ohne ihn in ihrer Bedeutung und in ihren Möglichkeiten bei Luxemburg übersehen hätte. Beide in Wechselwirkung zu studieren hat einen großen Synergieeffekt, der politische Hoffnung und damit Handlungsfähigkeit stärkt.

Sechstes Kapitel

Entführungen aus der Kommune. Hannah Arendt zu Rosa Luxemburg

Vorbemerkung

> »Nach dem Fall des autoritären Kommunismus und seitdem die marxistische Theorie weltweit den Rückzug angetreten hat, erwies sich Hannah Arendts Denken als die kritische politische Theorie des posttotalitären Augenblicks.«

Dies schrieb Seyla Benhabib 1998 (18). Nehmen wir dies als Herausforderung und prüfen Arendt hier im Spannungsrahmen von marxistischer Theorie und luxemburgischem Denken. Die neun Jahre, die seit Benhabibs Diktum vergangen sind, haben Arendt eine weitere so unglaubliche Popularität und Anerkennung gebracht, dass verblendet scheint, wer irgend Kritik anbringen möchte, schon gar wenn dies im Namen der ›besiegten‹ marxistischen Theorie, sozusagen nach der Beerdigung geschieht. Zum hundertsten Geburtstag von Hannah Arendt 2006 konnten sich auch die möglichen Erben marxistischer Theorie, auch die Institutionen der Frauenforschung nicht enthalten, Konferenzen und Kongresse einzuberufen, auf denen Arendt als Demokratin, als scharfe Analytikerin von Herrschaft, kurz, im Grunde als Befreiungstheoretikerin rezipiert wurde. Sollte man protestieren, wenn die Zustimmung so breit ist?

Auf einer der vielen Arendt-Tagungen[134] fragte mich jemand nach meinem Arendt-kritischen Vortrag[135], was ich von der Auffassung halte, dass Arendt ganz ähnlich wie Rosa Luxemburg sei, zumindest im Politischen ihr vergleichbar. Ich war so verblüfft über die Gleichsetzung von zwei Frauen, die, was die politische Haltung und natürlich die politische Richtung anging, in einer Weise an entgegengesetzten Polen stritten, dass ich nur beiläufig mit Nein antwortete. In der Nacht aber suchte mich die Frage heim, und ich beschloss, der Sache ernsthaft nachzugehen.

Eine neuerliche Lektüre der arendtschen Werke offenbart, dass dieser Vergleich zuerst von Arendt selbst hergestellt wird, indem sie durch die Lektüre einer guten Luxemburgbiografie (Nettl 1966) eine Wahlverwandt-

134 Bad Herrenalb 2003.

135 Aus dem damaligen Vortrag wurde eine umfangreiche Auseinandersetzung, die zusammen mit Berichten und Rezensionen eine ganze Nummer der Zeitschrift *Das Argument* ausmacht (Heft 250, 2004).

schaft entdeckt. Um die Berechtigung einer solchen Nähe selbst beurteilen zu können, braucht es eine knappe Skizze der Hauptgedanken von Arendt, vor deren Hintergrund sie sich Luxemburgs politischem Denken zuordnet. Luxemburgs eigener politischer Anspruch, ihr politisches Engagement, ihr theoretischer Hintergrund sind in den übrigen Kapiteln in diesem Buch entfaltet; sie werden daher hier vorausgesetzt und nur Weniges knapp noch einmal in Erinnerung gerufen. Ich fasse im Anschluss an die vergleichende Arendtskizze die Hauptpunkte aus ihrem Luxemburgessay zusammen, in dem sie ein neues Luxemburgbild schafft.[136] Schließlich berichte ich von einem weiteren Versuch, Arendt und Luxemburg zusammenzuschließen (Kulla 1999).

Hannah Arendt – Umriss ihrer Gedanken

Begriffe wie Arbeit, Herstellen, Handeln und Sprechen, menschliche Angelegenheiten, Leben, Politik, Öffentlichkeit, Interesse – allesamt auch bei Luxemburg relevant – benutzt Arendt abweichend von der Umgangssprache. Jeder Versuch, sich das von ihr Gemeinte zurechtzulegen, läuft daher immer Gefahr, bei den einzelnen Bestimmungen eigene Bedeutungen zu ergänzen, die bei Arendt nicht gemeint sind, ja ihr widersprechen. Dies bringt jede Diskussion, auch die des Bezugs zu Rosa Luxemburg, in Schwierigkeiten und ist zugleich ein Teil des Geheimnisses der vielfältigen Arendtrezeption.

Handeln etwa muss nach Arendt völlig nutzlos für den Lebensprozess als solchen sein (*Vita*, 211f). Handeln gilt ihr als enthüllen, »wer man ist« (222), bezieht sich also weder nützlich-befriedigend noch verändernd-eingreifend auf menschliche Lebensbedingungen, sondern einzig auf das, was »zwischen« den Menschen ist. Wer einer ist, »entzieht sich jedem Versuch, es eindeutig in Worte zu fassen« (ebd.). Die Sprache »versagt sich«, wenn sie zur Beschreibung des »Wer« benutzt wird. Das »Wesen des Menschen« möchte Arendt zwar nicht wie Marx und ihm folgend Luxemburg »im Ensemble der gesellschaftlichen Verhältnisse« (6. *Feuerbachthese*) orten, es aber auch nicht dem Einzelnen als »innewohnendes Abstraktum« zuschreiben, wie Marx es Feuerbach vorwirft; sondern sie verlagert es in den »Zwischenraum«, in dem Menschen wie Sender und Empfänger einander begegnen. Sie behauptet, dass die

136 UTOPIEkreativ (192, 2006) hat diesen Arendt-Aufsatz anlässlich ihres 100. Geburtstages wieder abgedruckt (880–896) und einen Beitrag von Tanja Storløkken (897–908) beigefügt, in dem diese der Hoffnung Ausdruck verleiht, der Antimarxismus Arendts könne durch ihre Luxemburg-Begeisterung vielleicht kompensiert werden bis hin zu einer möglichen Annäherung an den Marxismus posthum. »Wahrscheinlich würde es zu einer Neubewertung von Arendts Verhältnis zum Marxismus führen, wenn sie vollständig akzeptiert hätte, dass Rosa Luxemburg zeitlebens Marxistin war.« (908)

> »differentia specifica des Menschseins gerade darin liegt, dass der Mensch ein Jemand ist und dass wir dies Jemand-Sein nicht definieren können, weil wir es mit nichts in Vergleich setzen und qua Wer-Sein gegen keine andere Art des Wer-Seins absetzen können« (223).

Sie nennt diese neue Bestimmung, welche die Metaphysik nur zur Hälfte abgestreift hat, »das lebendige Wesen der Person«.

Menschen definiert Arendt als eine Pluralität, in der jedes ihrer Glieder einzigartig ist. Es ist diese Einzigartigkeit, die sich im Handeln und Sprechen enthüllt (»entbirgt«). Handeln geschieht in »dem Zwischenraum, in dem Menschen sich bewegen, ihrem Interesse nachgehen« (224). Freilich meint *Interesse* nicht einfach das, was man alltäglich darunter versteht, sondern – zum sprachlichen Ursprung zurückkehrend – *inter-esse*, wiederum das Dazwischensein, das Miteinander, das kein Resultat und kein Endprodukt hat (225).

> »Handeln also besteht darin, den eigenen Faden in ein Gewebe zu schlagen, das man nicht selbst gemacht hat« (226), »wobei die Metapher des Gewebes versucht, der physischen Ungreifbarkeit des Phänomens gerecht zu werden« (225).

Es gehe darum, aus seinem Leben eine öffentlich erzählbare Geschichte zu machen, deren Held, nicht deren Autor man ist.

»Den eigenen Faden in ein Gewebe« schlagen, »das man nicht selbst gemacht hat« – der Satz klingt ganz ähnlich wie der, den Luxemburg von Lassalle und Marx, diesen umkehrend[137], wie einen Leitspruch übernahm: »Die Menschen machen ihre Geschichte nicht aus freien Stücken, aber sie machen sie selbst«, sodass vor der Weiterführung der Arendtskizze, das Gemeinte bei Luxemburg genauer erinnert werden soll.

Exkurs: Luxemburg

Der Satz umreißt in knappen Worten, wie ihrer Auffassung nach Politik zu machen ist. Fangen wir mit dem zweiten Satzteil an: Die »Menschen machen ihre Geschichte selbst«. Das ist eine Absage an alle Metaphysik, an Vorstellungen des Geworfenseins, der Ohnmacht, des Schicksals und spricht ganz materialistisch von den Taten der Vielen, die zu betrachten

137 Zu der »Sickingendebatte« zwischen Marx und Lassalle resümiert Luxemburg: »Was hier zwischen Lassalle und Marx ausgefochten wird, ist [...] nicht der Gegensatz der idealistischen und materialistischen Geschichtsauffassung, sondern vielmehr eine Differenz innerhalb der Letzteren, welche die beiden bei ihren verschiedenen Momenten packen. Die Menschen machen ihre eigne Geschichte, aber sie machen sie nicht aus freien Stückn – sagten Marx und Engels, indem sie ihr Lebenswerk, die gesetzmäßige materialistische Geschichtserklärung verfochten. Die Menschen machen die Geschichte nicht aus freien Stücken, aber sie machen sie selbst – betonte Lassalle, indem er sein Lebenswerk, den ›individuellen Entschluss‹, die ›kühne Tat‹ verfocht.« (1/2, 155)

und mit denen zu streiten wäre, wenn Politik gemacht wird. Der Satz steht explizit gegen Heldenverehrung, vor allem gegen eine Geschichtsschreibung, die nur die Oberen und diejenigen kennt, die gesiegt haben, und plädiert für eine »Geschichtsschreibung von unten«, wie die spätere Bewegung im Gefolge der 1968er Studentenrevolution hieß. Man erkennt, dass eine eingreifende Politik gegen Unterdrückung es in erster Linie mit den unterdrückten Menschen selbst zu tun hat, dass sie ihr Schicksal in die eignen Hände nehmen, sich einmischen. Es gilt also, um Bewusstsein, um Haltung, gegen Subalternität zu streiten.

Der Satzanfang – »sie machen die Geschichte nicht aus freien Stücken« – präsentiert das Problem, wenn auch nur als Andeutung. Die Einzelnen sind nicht frei, Gesellschaftsgestaltung, Geschichte in eigne Hände zu nehmen. In Ausbeutungsverhältnissen, ohne gesellschaftliche Macht sind sie zudem an Gewohnheiten, an die Enge häuslichen Lebens oder rigoroser Arbeitsteilung gefesselt. So stehen ihren gestaltenden Eingriffen nicht nur die Produktionsverhältnisse entgegen, erfahrbar als die äußeren strukturellen Bedingungen, sie stehen sich auch selbst im Wege; sie sind auch als Subalterne nicht untätig, sondern schmieden an den Fesseln mit, die sie halten. Das Problem des politischen Eingriffs, des Politikmachens stellt sich also für Luxemburg auf verschiedenen Ebenen:

Auf der der Produktionsverhältnisse – sie verfasst scharfe kapitalismuskritische Analysen und kommt zu dem Resultat, dass auch deshalb Einhalt geboten werden muss, weil der Kapitalismus in eine mörderische Zukunft hineinrast, mit Hunger, wachsender Armut auf der einen Seite, unermesslichem Reichtum auf der anderen, und immer weiter mit der Verelendung der vom Imperialismus eroberten Welten an der Peripherie und Krieg (eine Vision, deren Zeitzeugen wir sind), sodass es am Ende nur ein Entweder-oder gibt: »Sozialismus oder Barbarei«.

Aber dies denkt Luxemburg nicht als Gesetz oder gar historischen Automatismus, sondern sie begründet so die Notwendigkeit des proletarischen Eingriffs, um die Gesellschaft vor dem Untergang zu bewahren. Dieser bleibt historische Möglichkeit:

> »Der Sozialismus ist Notwendigkeit geworden nicht bloß deshalb, weil das Proletariat unter den Lebensbedingungen nicht mehr zu leben gewillt ist, die ihm die kapitalistische Klasse bereitet, sondern deshalb, weil, wenn das Proletariat nicht seine Klassenpflichten erfüllt und den Sozialismus verwirklicht, uns allen zusammen der Untergang bevorsteht.« (4, 494)

Trotz der sprachlichen Wendungen (wie etwa Klassenpflicht), die den Text als vergangenen zeichnen, bleibt gleichwohl aktuell verständlich, was gemeint ist. Das Politikmachen stellt sich auf der Ebene des »Volkes«, der »Masse«, der »Menge«, deren Aufgabe der Umsturz der Verhältnisse, das

Einhaltgebieten ist. Wir könnten diese Ebene heute die des Politisch-Kulturellen bis hin zum Eingreifen in die Frage von Persönlichkeiten, also auch des Psychischen, nennen. Luxemburgs Grundgedanke ist: Die sozialistische Umgestaltung kann nur ein Werk der Massen sein, die dafür allerdings geschult sein müssen.

Diese Auffassungen sind so weit von Arendts Philosophie entfernt, dass es angemessen scheint, Arendt zunächst in ihren eigenen Worten einfach weiter zu folgen, sie zu verstehen. An der zuletzt zitierten Stelle fährt Arendt fort:

> »Das ursprüngliche Produkt des Handelns ist nicht die Realisierung vorgefasster Ziele und Zwecke, sondern die von ihm ursprünglich gar nicht intendierten Geschichten, die sich ergeben, wenn bestimmte Ziele verfolgt werden, und die sich für den Handelnden selbst erst einmal wie nebensächliche Nebenprodukte seines Tuns darstellen mögen. Das, was von seinem Handeln schließlich in der Welt verbleibt, sind nicht die Impulse, die ihn selbst in Bewegung setzten, sondern die Geschichten, die er verursachte; nur diese können am Ende in Urkunden und Denkmälern verzeichnet werden, […] im Gedächtnis der Generationen wieder und wieder nacherzählt […] werden« (*Vita*, 226f).

Implizit geht es hier auch um Geschichtsschreibung. Das, was erzählt wird, was der Überlieferung bleibt, wird von Arendt nicht auf Interessen und Herrschaft hin geprüft, sondern jenseits davon vorausgesetzt, dass sich in der historischen Sammlung am Ende die ›besten Taten‹ als die Handlungen der ›Besten‹ vorfinden, ganz unabhängig von den Intentionen ihrer Urheber. Wir könnten in dieser Lesart die großen Baudenkmäler der Geschichte besichtigen, die Odyssee von Homer rezipieren, aber wir würden weit weg sein von den Beweggründen von Luxemburg, die sich gerade für das Nicht-Überlieferte, die fehlenden Denkmäler, kurz, die Taten der Unteren einsetzt, wenn sie etwa gegen die übliche Geschichtsschreibung polemisiert:

> »[Die Geschichte] wimmelt von Heldensagen, von Großtaten Einzelner, sie hallt vom Ruhme weiser Könige, kühner Feldherren, verwegener Entdeckungsreisender, genialer Erfinder, heldenhafter Befreier. […] Auf den ersten Blick ist alles Gute und Böse, das Glück wie die Not der Völker Werk einzelner Herrscher oder großer Männer. In Wirklichkeit sind es die Völker, die namenlosen Massen selbst, die ihr Schicksal, ihr Glück und ihr Wehe schaffen« (4, 206; vgl. die Ausführungen im ersten Kapitel).

Arendts zweckfreies Handeln und Sprechen als Kundtun von Einmaligkeit, dieser Olymp also geistig tätigen Lebens, ist nicht möglich ohne *Öffentlichkeit* – wer sollte ohne Öffentlichkeit von Ruhm künden und hören? *Öffentlichkeit* ist der wahrhaft politische Raum – eine Bestimmung, die sich, wie das meiste bei Arendt, aus der griechischen Polis herleitet.

Der *Mensch* als einzigartiges Glied der Pluralität der Menschen betätigt sich erst wahrhaft als Mensch, wo er sich öffentlich ein Gesicht gibt, eine Stimme, die von ihm als Helden kündet. Da diese Taten – Handeln und Sprechen – bei Arendt von keinen »niederen« Beweggründen wie Not, Arbeit, Vorteil, Verbrechen angekränkelt sind, künden sie vom menschlich Möglichen in Freiheit und unter Gleichen. Die in der Öffentlichkeit Sprechenden und Handelnden verfolgen im Idealfall keine Zwecke:

> »Der Handelnde handelt entweder in ein Netz sich feindlicher und widersprechender Intentionen [hinein] – und hat dann die Wahl, seine Intentionen aufzugeben, sich schleifen zu lassen oder gewaltsam zu werden und andere Intentionen zu vernichten. Oder: Er handelt ohne ›Intentionen‹, sodass, was sich ergibt, von vornherein niemandes alleinige Verantwortung ist und jeder sich wandelt, sobald er zu handeln beginnt. Das Zwischen entsteht.« (*Denktagebuch*, 471)

Dieser Mensch tritt auch nicht für andere Menschen ein, schreitet nicht ein gegen Hunger, schlechtes Leben, Krankheit, Herrschaft, Unterdrückung, Not. Dies wäre im Gegenteil eine Zerstörung des politischen Raumes, weil hier der einzelne Mensch als sterbliches Wesen in seinen »Nöten und Bedürfnissen« im Zentrum stünde statt in seiner Einmaligkeit als freies Wesen, der darum auch das eigene Leben weniger achtet als die Freiheit.

Grundlegend für Arendts Auffassung vom *Menschen* ist eine Dreiteilung seiner Tätigkeiten: Er arbeitet, er stellt her oder handelt und redet politisch. Arbeit – das Menschlichste für Marx und Luxemburg – gilt ihr als niederste Tätigkeit, weil ausschließlich an den Nöten und Bedürfnissen orientiert; sie sei diejenige Tätigkeit, die der Mensch mit den Tieren gemein habe. Deshalb hätten »die Griechen« alle solche Tätigkeiten, die unmittelbar mit dem Lebendigen verbunden sind, abgespalten und in den Großhaushalt verbannt, wo Sklaven und Frauen sie erledigten. Dies betreffe die Herstellung der Lebensmittel und die des Lebens, Arbeiten und Gebären. Wesentlich für diesen Bereich sei die »wiederkehrende kreisende Bewegung«: »alle natürlichen Dinge schwingen in unwandelbarer todloser Wiederkehr« (115). Demnach ist Arbeit für Arendt »niemals ›fertig‹, sondern dreht sich in unendlicher Wiederholung« (117), weil der Verzehr ihres Produktes die Taten spurlos vergehen lasse.

Natürlich denkt Arendt nicht, es solle die Einsperrung der Frauen, die Delegierung der lebensnotwendigen Taten an Sklaven und die Überwachung beider durch einen despotischen Hausherrn wieder eingeführt werden. Jedoch sieht sie in der politischen Praxis jenes »Hausherrn«, die sie sich idealisierend so vorstellt, dass er frei und unter seinesgleichen der Rede und dem zwecklosen freien Handeln huldigt, eine Perspektive für wahres Menschsein. Es geht ihr darum, sich, soweit irgend möglich, von animalischer Notdurft zu befreien, also auch die Arbeit abzuschaffen. Hier greift sie den frühen Marx auf, den sie in einen »grundsätzlichen Widerspruch« verstrickt sah:

»Arbeit schafft den Menschen – Arbeit versklavt den Menschen.« (*Denktagebuch*, 276)

Sie erarbeitet nicht, wie Marx mit diesem Widerspruch umgeht und wie sein Denken zur Arbeit seine Kritik der politischen Ökonomie entscheidend bestimmt[138], sondern sie schlussfolgert:

»Und beides wurde wahr: Die Maschinen machen so viel Zeit frei, dass alle Menschen von der Arbeit befreit sein könnten, wenn nicht *alles* zur Arbeit geworden wäre.« (Ebd.)

»Die moderne Gesellschaft [...] hat die Arbeit mühelos gemacht und das Gebären schmerzlos.« (428)

Wir stellen für den Augenblick zurück, dass diese Aussage davon zeugt, dass sie selbst die Philosophie offensichtlich so weit zu ihrer einzigen Praxis gemacht hat, dass beide Bereiche, »Arbeiten und Gebären«, ihr unbekannt sind.

Die Befreiung von Ausbeutung und Herrschaft ist kein Thema für Arendt. Dennoch widmet sie der Arbeiterbewegung ein kleines Kapitel (*Vita*, 270–278). Politische Würde erkennt sie dieser zu, wo sie, wie Arendt glaubt, von Forderungen nach gerechter Verteilung, nach ökonomischer Besserstellung usw. absah und für eine andere politische Staatsform, das Rätesystem, eintrat. Die Fragen nach Lohn und Brot ziehen in dieser Sichtweise die hohen Gedanken und Pläne nach unten, »bloße Geselligkeit« tritt an die Stelle des Wetteifers der Hervorragenden. Wie aber der menschliche Lebensprozess herrschaftsfrei politisch geregelt werden könnte, bleibt ausgeklammert. Da Arendt vom Kapital nicht spricht, kann sie 150 Jahre Arbeiterbewegung ebenso wie alle Errungenschaften, die diese Bewegung für die Arbeitenden erkämpfte, leichthändig streichen zugunsten des erzählbaren Moments der Rätebewegung. Die oberflächliche Rezeption sieht hier nur, dass Arendt auch positiv von den Arbeitern sprach, oder wähnt sie gar als Vertreterin des Rätegedankens.

Alles Bemühen, Arendt in die Nähe von sozialen Bewegungen zu ziehen oder Motive ihres Denkens für linkes Befreiungsdenken zu erben, muss daran scheitern, dass die Freiheit und Vortrefflichkeit, die ihr vorschweben, nur für eine Elite gedacht sind. Dies ist im Übrigen auch ihr Hochschulmodell. Mit einer gewissen Freude notiert sie die Verwandlung der Universitäten in Eliteforschungsstätten auf der einen und Fachhochschulen für die Massen auf der anderen Seite:

138 Dies kann an dieser Stelle nicht nachgeholt werden. Vgl. dazu das Stichwort »Arbeit« im HKWM 1, 1996, 401–421.

> »Dienstleistung für die Gesellschaft bei den Sozialwissenschaften, eine unter jedem Gesichtspunkt widerwärtige Disziplin, die Sozialingenieure ausbildet« (Brief an Mary McCarthy, New York, 21.12.1968),

statt der Suche nach Wahrheit und Wissen zu dienen. Die »Studentenkrawalle« zeigten, dass die Studenten nur »eine ›neue Gesellschaft‹« wollten, statt gegen die Ausbildung für den Dienst an Gesellschaft überhaupt zu streiten« (ebd.).

Arendts Denken ist in jeder Weise aristokratisch zu nennen. Das zeigt sich auch darin, dass sie über den Verdacht erhaben ist, unedle Motive in ihre Suche nach Wahrheit zu mischen. Ich erinnere, ihre Themen sind: Freiheit, Menschen als Pluralität, Wahrheit, Wissen, Sprechen, Handeln, Vortrefflichkeit, die menschlichen Angelegenheiten, das Dazwischen, Einmaligkeit, Leben, Macht gegen Gewalt und Herrschaft, Zivilgesellschaft. In ihrer Unbestechlichkeit ist Arendt eine hervorragende Gestalt in der Philosophenlandschaft, und so wirkt sie dort in der aufgelassenen Gegend, in der einst Kapitalismuskritik und sozialistische Projekte, auch christliche, gediehen, wie eine Art magnetischer Wunderbaum. Man schüttelt seine Äste, und aus den Zweigen fallen die mit Hoffnung besetzten Begriffe, an die die heimatlosen Projekte ihre Vorhaben heften, völlig unbeeindruckt vom Kontext, in dem diese bei Arendt stehen, von der Bedeutung, die sie dort haben.

Auf der Baustelle, die der Sozialismus hinterließ, sind zahlreiche Akteure auf dem Weg, die für ihre Projekte noch nach eigener Sprache und Aufnahme suchen. Aber dies finden sie sicher nicht bei Hannah Arendt. So sagt die Freundin Mary McCarthy zu ihr:

> »Nun habe ich mich immer gefragt, was eigentlich soll jemand auf der öffentlichen Bühne, im öffentlichen Raum noch tun, wenn er sich nicht mit dem Sozialen befasst? Soll heißen: Was bleibt da noch? [...] Wenn [...] alle Fragen der Wirtschaft, der menschlichen Wohlfahrt, [...] was immer die soziale Sphäre berührt, von der politischen Bühne ausgeschlossen sind, dann wird es für mich mysteriös. Es bleiben nur noch die Kriege und die Reden übrig. Aber (selbst) die Reden können nicht einfach Reden sein. Sie müssen Reden über etwas sein« (zit. nach Arendt, *Ich will verstehen*, 87f).

Und Arendt antwortet: »Sie haben vollkommen recht, und ich möchte zugeben, dass ich mir diese Frage selbst stelle.« (88)

Ich breche an dieser Stelle ab, da schon offensichtlich geworden sein dürfte, dass es keine substanzielle Verbindung zwischen Arendts Gedankenwelt und der von Luxemburg gibt[139], und wende mich nun Arendts eigener Weise zu, diese Beziehung zu Luxemburg dennoch herzustellen.

139 Auf einer Berliner Konferenz zum 100. Geburtstag 2006 zeigte Idith Zertal sehr klar, dass die Behauptung, Arendt habe sich substanziell auf Luxemburg bezogen, ein Mythos ist. Es gibt nur den einen Aufsatz, die Rezension zu Nettl, und ganz wenige Erwähnungen

Rosa Luxemburg im Spiegel Hannah Arendts

Arendts Verehrung des Hervorragenden und Einzigartigen geht einher mit der Verachtung von Geringem und Mittelmaß, erst recht, wenn kleine Geister an großen Kritik üben. Ihre Wendung gegen die Linke, gegen soziale Bewegungen, hindert sie nicht, dort große Menschen zu entdecken. In eindrücklichen Essays spürt sie diesen nach, ›erkennt‹ sie, entfernt, was an ihnen diese Größe, die allein dem »Handeln« und »Sprechen« zukommt, stören könnte, und kann sie so einreihen in das Pantheon der Polis, wo sie neben Größen wie Platon, Aristoteles bis hin zu Nietzsche und Heidegger stehen. Derart verfährt sie mit Rosa Luxemburg, Bertolt Brecht, Walther Benjamin (in *Menschen*, 1968). Vorauszuschicken ist, dass sie diese drei, deren Werk sie lobt, um es anzueignen, in ihren eigenen Arbeiten nicht ›operativ‹ vorkommen lässt – Luxemburg nicht einmal im Revolutionsbuch und nur in Fußnoten des Totalitarismusbuchs, Benjamin nur einmal beiläufig mit seinem »Engel der Geschichte«, Brecht nur mit einem Gedicht als Motto für *Vita activa.*

Was die drei zu Identifikationsgestalten der Linken macht, ihre Verbindung von Gerechtigkeit und Freiheit im politischen Handeln, die lustvolle Verbindung von Politik mit Kunst, die pathetische von Philosophie und Politik, von Religion und Revolution, wird von Arendt zu ihrem Zweck auseinandergerissen, umgedeutet und passend gemacht für einen Himmel, in dem Politik eben nicht mehr *für* Menschen gemacht wird, sondern nur *von* Menschen im Wettstreit um Vortrefflichkeit, wo also die sozialen Fragen aus dem »politischen Raum« evakuiert sind.

Arendt nähert sich Luxemburg auf persönlicher Ebene. Es ist müßig, gegen solch eine persönliche Annäherung an eine Person darauf zu beharren, dass die Erzählung auf einer Fehlwahrnehmung, auf Täuschung, gar auf Betrug beruhe, weil man sich so selbst als Besitzer der einfachen Wahrheit behaupten müsste. Verfolgen wir stattdessen, wie Arendt diese Nähe herstellt.[140]

Sie stiftet zunächst einen gemeinsamen Raum zwischen sich und der von ihr erzählten Person, ein Vorgang, der den Äußerungen eine schwer widersprechbare Intimität verleiht. Aus dem, was Arendt an Luxemburg wesentlich ist, tritt sie selbst hervor wie aus einem Spiegel[141]: Luxemburg ist Jüdin, ist Flüchtling, spricht, wie Arendt, viele Sprachen,

in ihrem Werk. Selbst da, wo Luxemburgs Arbeiten thematisch wichtig seien – Revolution, politisches Handeln und politische Freiheit, Macht und Demokratie –, fehlten sie bei Arendt.

140 Zu meiner Kritik an Arendts Luxemburgbild schrieb mir die Arendt-Herausgeberin und Übersetzerin Ursula Ludz, Arendt habe »nichts weiter gewollt, als deren Größe in finsteren Zeiten zu zeigen, weiter nichts«.

141 Dies hat vielleicht zu dem Gerücht der Ähnlichkeit der beiden Personen beigetragen.

> »Polnisch, Russisch, Deutsch und Französisch fließend und konnte sehr gut Englisch und Italienisch« (*Menschen*, 53); »[sie schrieb] eine hervorragende Dissertation [...], der die ungewöhnliche Auszeichnung der sofortigen Publikation in einem kommerziellen Verlag zuteil wurde und die heute noch zur Unterrichtung über die polnische Geschichte dient« (60)[142].

In dieser verwandtschaftlichen Verortung beginnt Arendt ein Luxemburgbild zu schaffen, das diese Frau als hervorragend, »keineswegs mittelmäßig« zeigt und sie zugleich sozialistischem Hoffen entreißt. Arendt nutzt, wie gesagt, für ihre Erzählung John Peter Nettls Biographie (1966), die sie in *The New York Review of Books* in einem 25-seitigen Essay rezensiert. Nur zwei Mal zitiert sie Luxemburg selbst, allerdings nicht aus dem Original, sondern eben auch nach Nettl.

Arendts Luxemburgbild verdankt sich zwei wesentlichen Verschiebungen. Sie löst Luxemburg aus dem Marxismus und aus der Arbeiterbewegung und erhebt sie stattdessen in eine Elite. Ihr zentraler Eingriff ist die Behauptung, Luxemburg sei »keine orthodoxe Marxistin« gewesen. Wer bei marxistischer »Orthodoxie« an Kautsky oder gar an spätere Handbücher des Marxismus-Leninismus denkt, könnte hier noch zustimmen, würde man nicht weitergeführt zum Zweifel, »ob sie überhaupt Marxistin war« (49). Der Zweifel beruft sich zum einen darauf, Luxemburg hätte sich nach eigenem Bekunden »genauso gut in Botanik oder Zoologie vertiefen können oder in Geschichte, Nationalökonomie, Mathematik« statt in Revolution und Marxismus (ebd.), zum anderen auf einen Brief, in dem Luxemburg schreibt, der erste Band des *Kapital* sei ihr wegen der »Überladung an Rokoko-Ornamenten im hegelschen Stil jetzt ein Gräuel« (ebd.; vgl. GB 5, 187). In diesem Brief kommentiert Luxemburg den Stil ihrer »Antikritik« zum Akkumulationsbuch, die sie »in höchster Einfachheit« verfasst habe, was ihre neue »Geschmacksrichtung« sei, »natürlich« nur für die wenigen Leser, die die »marxsche Nationalökonomie aus dem ff beherrschen« (ebd.).[143] Arendt lässt diese Grundlage der Kritik, die vorausgesetzte Kenntnis des marxschen Denkens bei den Lesern, weg und steigert sich zu der Behauptung, Luxemburg habe sich in Bezug auf Marx nicht die Mühe einer »ausführlichen Kri-

142 Ohne Weiteres schluckt man in dieser Auszeichnung die Unterstellung, es gebe eine Übereinstimmung zwischen Exzellenz, Qualität usw. und Anerkennung durch kommerzielle Interessen, mithin eine Harmonie zwischen gesellschaftlich herrschenden Werten und intellektuellem Scharfsinn, der dabei neutral und werturteilsfrei in der Luft schwebt.

143 Luxemburg schreibt wörtlich: »die Form zur höchsten Einfachheit gebracht, ohne jedes Beiwerk, ohne jede Koketterie und Blendwerk, schlicht, nur auf große Linien reduziert, ich möchte sagen, ›nackt‹ wie ein Marmorblock. Das ist jetzt überhaupt meine Geschmacksrichtung, die in der wissenschaftlichen Arbeit wie in der Kunst nur das Einfache, Ruhige und Großzügige schätzt.« (GB 5, 187)

tik« gemacht, weil seine »Irrtümer [...] augenscheinlich« waren. Aus der im Gegensatz zu dieser Behauptung vorhandenen Marxkritik im Akkumulationsbuch folgert sie, Luxemburg habe hier gegen Marx dargelegt,

> »dass der Kapitalismus kein in sich geschlossenes System ist, das seine eigenen Widersprüche hervorbringt und ›mit Revolutionen schwanger‹ geht; er lebt von äußeren Faktoren und sein *automatischer* Zusammenbruch kann, wenn überhaupt, erst dann erfolgen, wenn die gesamte Erdoberfläche von ihm erobert und verschlungen ist« (*Menschen*, 50).

Arendt untermauert ihre Antimarx-Diagnose mit einem selbstgefertigten Außenurteil: »Lenin begriff sofort, dass diese Darstellung [von Rosa Luxemburg] dem Wesen nach unmarxistisch ist« (ebd.). Wie es scheint, hat Arendt Luxemburgs Akkumulationsbuch selbst kaum gelesen.[144] Ihr hätte sonst auffallen müssen, dass Luxemburg in ihrer Kritik die Methode von Marx so ernst nimmt, dass sie diese auf ihn selbst anwendet[145]:

> »[...] seine allgemeine Auffassung von dem charakteristischen Gang der kapitalistischen Akkumulation [hat Marx] in seinem ganzen Werke, namentlich im dritten Bande, sehr ausführlich und deutlich niedergelegt [...] Prüft man das Schema der erweiterten Reproduktion, so muss man finden, dass sie sich mit ihr in mehreren Hinsichten im Widerspruch befindet.« (5, 285)

Wie im vierten Kapitel dieses Buches ausführlich dargelegt, überführt Luxemburg also Marx mit Marx eines Irrtums in der Bildung der Reproduktionsschemata im zweiten Band des *Kapital*, weil sie ohne den treibenden Widerspruch konzipiert seien, der die Kapitalisten zwinge, Absatz-

144 Tatsächlich findet dieselbe Stelle aus dem Akkumulationsbuch in Arendts Totalitarismusbuch wieder Erwähnung. Sie stellt kurz in eigenen Worten dar, dass der Kapitalismus zu seiner Reproduktion außerkapitalistischer »Territorien« bedürfe, zitiert dazu Luxemburg und urteilt in der Fußnote apodiktisch: »Unter den Büchern über den Imperialismus ist vielleicht keines von einem so außerordentlichen geschichtlichen Instinkt geleitet wie die Arbeit Rosa Luxemburgs.« (1951/2001, 334) Im gleichen Atemzug verurteilt sie, was sie im Luxemburgessay preist: »Da sie im Verfolg ihrer Studien zu Resultaten kam, die mit dem Marxismus weder in seiner orthodoxen noch in einer reformierten Form in Einklang zu bringen waren, und doch sich von dem mitgebrachten Rüstzeug nicht befreien konnte, ist ihr Werk Stückwerk geblieben; und da sie es weder den Marxisten noch deren Gegnern hatte recht machen können, ist es fast unbeachtet geblieben.« (Ebd.) Arendt stellt in die Fußnote noch drei weitere Luxemburgzitate aus dem gleichen Kontext und schließt, dass Luxemburg »gegen eigene Absicht« die Notwendigkeit des Politischen in der kapitalistischen Entwicklung beweise. Ansonsten spielen Luxemburgs Ausführungen für das Totalitarismusbuch keine Rolle. In *Macht und Gewalt* wird sie erst gar nicht erwähnt.

145 Lukács führt dagegen in seinem Kapitel *Rosa Luxemburg als Marxist* (1923) Stück um Stück vor, wie sie im Akkumulationsbuch keineswegs »außerhalb der marxistischen Traditon« arbeite, sondern im geraden Gegenteil »eine Rückkehr zum originellen, unverfälschten Marxismus: zur Darstellungsweise von Marx selbst« vollziehe (1923, 45).

märkte in nicht-kapitalistischen Umwelten zu suchen. Den Widerspruch bestimmt sie mit Marx folgendermaßen:

> »Indem das Kapital sich die beiden Urbildner des Reichtums, Arbeitskraft und Erde, einverleibt, erwirbt es eine Expansionskraft, die ihm erlaubt, die Elemente seiner Akkumulation auszudehnen jenseits der scheinbar durch seine eigene Größe gesteckten Grenzen, gesteckt durch den Wert und die Masse der produzierten Produktionsmittel, in denen es sein Dasein hat.« (*Kapital* I, MEW 23, 630f – zit. bei Luxemburg 5, 305).

Arendt (und spätere feministische Rezeption, vgl. dazu F. Haug 2003a, 112ff) behauptet als besondere Erfindung Luxemburgs, dass der Kapitalismus »vorkapitalistischer Wirtschaftssysteme« bedürfe, um funktionieren zu können (*Menschen*, 50). In Wirklichkeit folgt Luxemburg hierin genau Marx:

> »Doch bleibt es dabei, dass zu ihrem [der Produktionsmittel] Ersatz ihre Reproduktion nötig [ist], und insofern ist die kapitalistische Produktionsweise bedingt durch außerhalb ihrer Entwicklungsstufe liegende Produktionsweisen. Ihre Tendenz aber ist, alle Produktion möglichst in Warenproduktion umzuwandeln; ihr Hauptmittel hierzu ist gerade dies Hereinziehen derselben in ihren Zirkulationsprozess […] die Verwandlung aller unmittelbaren Produzenten in Lohnarbeiter.« (*Kapital* II, MEW 24, 114)

Schon im *Kommunistischen Manifest* heißt es:

> »Das Bedürfnis nach einem stets ausgedehnteren Absatz für ihre Produkte jagt die Bourgeoisie über die ganze Erdkugel. Überall muss sie sich einnisten, überall anbauen, überall Verbindungen herstellen.« (MEW 4, 465)

Arendt benutzt Namen und Aussagen aus der Arbeiterbewegung, die bei Nettl angeführt werden, als Spielmaterial. In dieser Weise darf Franz Mehring Luxemburgs Akkumulationsbuch als »einfach genial«, als »wahrhaft großartige hinreißende Leistung« beurteilen, was im Kontext Arendts Behauptung stützen muss, Luxemburg habe mit Marx gebrochen (*Menschen*, 49), während die genaue Formulierung Mehrings (1906/1907, 507), Luxemburg sei der »genialste Kopf unter den Erben von Marx und Engels«, welche also die Kontinuität betont, bei Arendt fehlt. Ebenso unerwähnt bleibt die Hochschätzung und Begeisterung von Lenin, Radek, Lukács aus den Zeiten vor Stalin (vgl. dazu das erste Kapitel). Arendt bezieht sich erst auf die Zeit nach Lenins Tod, als die Sozialdemokratie nach rechts ging und nur noch Luxemburgs wenige Schriften, die sich kritisch mit der Russischen Revolution befassten, veröffentlichte, während andererseits Stalin eine Reihe von Luxemburgs Thesen verdammte.[146]

146 Erst 40 Jahre nach Luxemburgs Tod wurde von kommunistischer Seite mit dem

Arendt ›rettet‹ Luxemburg doppelt, vor Marxismusverdacht und vor der Verunglimpfung in der Arbeiterbewegung. Zugleich baut ihre Rettung auf ebendie Vorurteile, die sie im Geist der sowjetisch bestimmten Arbeiterinternationale vorfindet:

> »[1925] hatten Lenins Nachfolger beschlossen, die deutsche Partei zu ›bolschewisieren‹, und infolgedessen einen ›ganz spezifischen Angriff auf Rosa Luxemburgs Erbe‹ angeordnet. Die Aufgabe wurde von einer jungen Genossin namens Ruth Fischer [...] freudig übernommen. Sie teilte den deutschen Genossen mit, dass Rosa Luxemburg und ihr Einfluss nichts anderes als ein ›Syphilisbazillus‹ seien. Die Gosse hatte sich geöffnet« (*Menschen*, 67).[147]

Man muss Luxemburg selbst lesen, um nachzuvollziehen, wie sehr sie marxsches Erbe antritt, als sei es ihr in Fleisch und Blut übergegangen. Das gilt für die größeren Texte, ihr *Akkumulationsbuch*, die Analyse der *Krise der Sozialdemokratie*, aber auch für ihre kleinen Schriften zu *Marx*, zur *Krise des Marxismus* usw. Dies ist in diesem Buch ausführlich herausgearbeitet, sodass ich mich hier darauf beschränke zu zeigen, dass und wie Arendt Luxemburg von marxschem Denken[148] reinigt, und zu prüfen, welches Positivum sie an dessen Stelle setzt, das also den Platz einnimmt, an dem Luxemburgs leidenschaftliches Engagement für die sozialistische Sache stand.

Wesentlicher Bezugspunkt von Arendts politischem Denken ist die Polis und in ihr der Wettstreit der Gleichen, durch den ein öffentlicher Raum geschaffen ist, der ohne Herrschaft menschliche Angelegenheiten regelt, die absehen ebenso von den Nöten des Lebens wie auch von der Herstellung unsterblicher Werke. Die menschliche Gestaltungskraft richtet sich einzig auf die interesselose Hervorbringung von Vortrefflichem. Wie kommt Rosa Luxemburg, Kämpferin für Sozialismus, also für die gemeinschaftliche Regelung gerade des Lebensnotwendigen, für Gerechtigkeit, für Abschaffung von Herrschaft, in diese Polis – und unter welche Gleichen?

Um dies zu bewerkstelligen, löst Arendt Luxemburg aus der Arbeiterbewegung, in der sie »eher eine Randfigur« (*Menschen*, 43) gewesen sei und keine Anerkennung erhalten habe, und denkt ihr eine andere Zugehörigkeit

Neudruck ihrer Schriften in Polen begonnen. In Westdeutschland erschien 1966 eine von Ossip Flechtheim herausgegebene Auswahl ihrer Schriften. Die DDR-Ausgabe wurde 1970 angefangen. Aber schon 1923 hatten Clara Zetkin und Adolf Warski mit der Herausgabe ihrer Schriften begonnen: Erschienen sind Band III, *Gegen den Reformismus* (1925); Bd. IV, *Gewerkschaftskampf und Massenstreik* (1928); Bd. VI, *Die Akkumulation des Kapitals* (1923). Luxemburgs Schriften wären für Arendt also großenteils zugänglich gewesen.

147 Vgl. dazu die Ausführungen im zweiten Kapitel in diesem Buch.

148 Mit Marx hat sich Arendt immer wieder auseinandergesetzt und ihn ebenfalls in die Galerie der Großen eingereiht, soweit er ein einmaliger Denker war, nicht Anstifter einer sozialen Bewegung. Vgl. dazu vor allem ihr *Denktagebuch*.

zu, deren Entdeckung sie als Nettls »größte und originellste Leistung« feiert: die

> »polnisch jüdische Gruppe von Ebenbürtigen (›peer group‹) [...] eine hochbedeutsame und gänzlich vernachlässigte Quelle, nicht so sehr für die Revolution als für den revolutionären Geist des zwanzigsten Jahrhunderts« (51).

Arendt skizziert ein »einzigartiges jüdisches Familienmilieu« (52), das eine ganze Gruppe polnischer Juden – bei Nettl heißt es übrigens »einige davon Juden, andere nicht« (1969, 572) – mit herausragenden ethischen Maßstäben versorgte.

> »Der verborgene Generalnenner für diese Menschen, die einander, aber kaum jemand anderen als ebenbürtig betrachteten, war das Erlebnis einer Kindheit, in der wechselseitige Achtung und uneingeschränktes Vertrauen, eine allumfassende Menschlichkeit und eine echte, fast naive Verachtung für alle sozialen und nationalen Unterschiede als selbstverständlich betrachtet wurden.« (52)

Die »Peergroup«, das sind ohne Zweifel die Gleichen der imaginären Polis, die trefflich streiten, deren »Kritik nichts Herabsetzendes« hat, die Gefühl und Verstand verbinden. Luxemburg habe gegen die Maßstäbe dieser Gruppe verstoßen, wo sie sich »in trügerischer Übereinstimmung mit den herrschenden Mächten der deutschen sozialistischen Bewegung befand« (59), so in der »Revisionismus-Debatte« (60; *Reform und Revolution*). Arendt behauptet auch, Luxemburg kritisiere Bernstein irrtümlich, da sie sich doch mit ihm in der »kritischen Betrachtung« von Marx einig gewesen sei (63). Ein weiteres Interpretationskunststück liefert Arendt hinsichtlich Luxemburgs Internationalismus. Sie zieht auch hier den Stachel, nämlich, dass es die Arbeiterinternationale sein könne, der sich Luxemburg verpflichtet fühlt. Sie schiebt ihren Internationalismus vielmehr der »jüdischen Intelligenz« zu, wodurch sie ihn zugleich adelt und als »doktrinären Irrtum« (53) der osteuropäischen Juden »ohne bestimmtes Vaterland« preisgibt.

Auch Luxemburgs Privatleben betrachtet Arendt vor dem Hintergrund der »Peergroup«. Die moralischen Standards der Gruppe hätten »solche Dinge wie Ehrgeiz, Karriere, Status und sogar den bloßen Erfolg unter ein striktes Tabu gesetzt« (56) – hier sieht man Arendt weiter den Weg in die Polis bahnen. Auch Leo Jogiches, der »Partner« Luxemburgs, habe zur Gruppe gehört; so ›versteht‹ Arendt, dass es niemals einen anderen für Luxemburg gab, weil ihr keiner sonst »ebenbürtig« war. Bei Nettl hingegen ist auch von Luxemburgs leidenschaftlicher Beziehung zu Clara Zetkins jungem Sohn Kostja zu lesen (297f u. ö.), ebenso von den Morddrohungen des eifersüchtigen Leo Jogiches. Erst recht können die späteren Leser des nach 1989 erschienenen Briefwechsels zwischen Rosa und Kostja diese »Ebenbürtigkeits«-Idee eher als Wahn Hannah Arendts denn als Richtschnur für Luxemburgs Leben entziffern.

Selbst wo Arendt Luxemburgs unbedingte Forderung nach Demokratie herausstellt, verfehlen ihre Worte Luxemburgs Intention.

> »Was die Frage der Organisation anging, so glaubte sie nicht an einen Sieg, an dem die Masse keinen Anteil und kein Mitspracherecht hatte, ja, sie hielt so wenig davon, um jeden Preis die Macht in den Händen zu halten, dass sie eine deformierte Revolution weit mehr als eine erfolglose fürchtete – im Grund der Hauptunterschied zwischen ihr und den Bolschewiken.« (*Menschen*, 66)

»Anteil« und »Mitspracherecht« der Massen in der Revolution, das wäre Luxemburg wohl nicht genug. Die Worte gehören so wenig zu Luxemburgs Auffassung und Sprache, wie es ihr in der Kritik an der Russischen Revolution um eine Verurteilung der Bolschewiken an sich ging. Sie arbeitet vielmehr fast fieberhaft heraus, dass die taktisch begründeten »Heilmittel« Lenins und insbesondere Trotzkis strategische Fehler waren,

> »die Beseitigung der Demokratie [ist] überhaupt, noch schlimmer als das Übel, dem es steuern soll. Es verschüttet nämlich den lebendigen Quell selbst, aus dem heraus alle angeborenen Unzulänglichkeiten der sozialen Institutionen allein korrigiert werden können: das aktive, ungehemmte, energische, politische Leben der breitesten Volksmassen« (1918, 4, 355f).

Und Luxemburg endet ihre Kritik mit einem eindeutigen Urteil:

> »Ich hab's gewagt! Dies ist das Wesentliche und *Bleibende* der Bolschewiki-Politik. In *diesem* Sinne bleibt ihnen das unsterbliche geschichtliche Verdienst, mit der Eroberung der politischen Gewalt [das Problem überhaupt gestellt zu haben]. Es konnte nicht in Russland gelöst werden, es kann nur international gelöst werden.« (365)

Aber Arendt scheint auch diese Schrift, über die sie spricht, nicht ernsthaft gelesen zu haben.

Arendt bleibt das Verdienst, Luxemburgs Eintreten für Demokratie, für freie Meinungsäußerung herausgestellt zu haben. Auch verbreitet sie mit großem Einverständnis Luxemburgs Absage an die Möglichkeit, »Revolutionen von oben zu machen«, wenn die Unteren sie nicht ergreifen, und stellt diese Dimensionen als Brennpunkte des politischen Denkens von Luxemburg heraus. Freilich verdeckt sie in der Heraushebung des üblichen Urteils, Luxemburg habe wesentlich an die Spontaneität der Massen geglaubt, dass die politische Agitation, die Arbeiterschulung, die Zeitungsartikel, kurz, die kontinuierlichen Eingriffe Luxemburgs in den Bewusstseinsprozess der gleichen »Massen«, die politische Arbeit, der sie ihr ganzes Leben verschrieb, unaufhörlich an jenen Grundlagen bauten, auf denen die Massen tätig werden konnten.

Was spricht dafür, Luxemburg mit Arendt zu verbinden?

Nach 1989 dienten die Schriften Arendts als Surrogat für verlorene politische Hoffnungen. Es gab einen Perspektivenwechsel

> »von der Kapitalismuskritik zur Kritik des Politischen, von der Gesellschaftstheorie zur demokratischen Frage, [...] von Karl Marx zu Hannah Arendt« (Peter Leusch, zit. nach Kulla 1999, 17).

Unter den Versuchen, marxsches und luxemburgisches Denken wieder bekannt zu machen, sticht das Buch von Ralf Kulla *Über die verdrängte Nähe von Hannah Arendt zu Rosa Luxemburg* hervor. Kulla sieht die Renaissance von Arendt nach 1989 und ihre eigene positive Einschätzung Luxemburgs und stellt die Behauptung auf, dass nur eine allgemeine Unkenntnis luxemburgischer Gedanken bisher verhindert habe, dass sie genauso stürmisch wie Arendt rezipiert werde. Nach der Durchsicht einer Menge von Sekundärliteratur zu beiden Autorinnen schließt er:

> »Allen genannten Arbeiten ist gemeinsam, dass Hannah Arendt mit größerer Kompetenz behandelt wird als Rosa Luxemburg« (16).

Kulla will Luxemburg im Erfolgswagen von Arendt mitreisen lassen. Er bezieht sich auf die Behauptung von Peter Leusch, dass Arendt die Stelle einnehme, die im akademischen Marxismus nach 1989 vakant geworden sei, und möchte sie mit Luxemburg zusätzlich besetzen. Dabei sieht er durchaus die Gegensätze und Unvereinbarkeiten zwischen Arendt und Luxemburg, überbrückt sie aber mit der Vorstellung, die beiden ergänzten einander wunderbar, gerade weil sie bei entgegengesetzten Konsequenzen angekommen seien,

> »der Verständnislosigkeit Arendts für soziale und wirtschaftliche Fragen steht die Kompetenz Luxemburgs auf diesem Gebiet gegenüber« (20)

oder:

> »Arendts Vorstellung, soziale, ökonomische und gesellschaftliche Probleme könnten durch eine sachgerechte Verwaltung technisch gelöst werden, steht Luxemburgs Auffassung von sozialer Gerechtigkeit und politischer Freiheit entgegen.« (21)

Kulla arbeitet heraus, dass Luxemburg den

> »inneren Zusammenhang von ökonomischer Entwicklung, sozialer Gerechtigkeit und politischer Freiheit darlegen will – was wiederum Arendt für ausgeschlossen bzw. für eine verhängnisvolle Entwicklung der Neuzeit hält« (30).

> »[Aber] Hannah Arendt und Rosa Luxemburg stimmen grundsätzlich darin überein, dass der interne Zusammenhang von Freiheit und öffentlichem Leben konstitutiv für politisches Handeln ist.« (43)

Kulla sieht auch, dass Arendt irrt, wenn sie Luxemburg unterstellt, keine Marxistin zu sein, gleichwohl scheinen ihm beider Konzentration auf die Themen Politik, Macht und Gewalt ein ausreichendes Kriterium zu sein, die Annäherung voranzutreiben.

Er löst das Problem der widerstreitenden Gedanken der von ihm zusammengefügten Autorinnen durch Anhebung der Abstraktionsstufe. So gelingt es ihm, die auffällige Disharmonie harmonisch zu einem Gemeinsamen zu verdichten.

Gegen den verbreiteten und verständlichen Wunsch nach Harmonie und Zusammenarbeit als Stärkung gerade linker Positionen plädiere ich dafür, die Sache, also die Auffassungen und Haltungen von Arendt und Luxemburg genau zu prüfen, nicht zuletzt, um in gegenwärtigen politischen Kämpfen handlungsfähig zu sein oder zu werden. Die Hauptanstrengung in der gegenwärtigen Konjunkturlage linker Theorien scheint dem Versuch gelten zu müssen, vom Himmel der Entwürfe humaner Ideen aus dem Bereich der Verteilung zurück auf den Boden eines Kampfes zu gelangen, der eine alternative Politik um die Arbeit, um die Ökonomie entwickelt.

* * *

Was wäre schließlich zu antworten auf die Frage der politischen Haltung der Rosa Luxemburg im Vergleich zu der von Hannah Arendt? Man kann das in kurzen Worten sagen: Luxemburg dachte und sprach von einem kommunistischen Standpunkt über die Veränderungsnotwendigkeit der bürgerlichen Gesellschaft, in der »die tiefste Unmoral: die Ausbeutung des Menschen durch den Menschen« das »innerste Lebensgesetz« ist (4, 361). Es war ihr unerlässlich, dass diese Veränderung von allen Menschen auszuhandeln ist. Löst man diesen zweiten Teil, also den demokratischen Impuls ab und betrachtet ihn allein, so verfehlt man zwar Rosa Luxemburg, aber immerhin treffen sich in dieser Fassung des politischen Prozedere Hannah Arendt und Rosa Luxemburg dann schließlich doch, wie eingangs zur Prüfungsfrage gemacht. Fürs Ganze jedoch gibt es eine fundamentale Differenz, die Luxemburg folgendermaßen spricht:

> »Wir unterschieden stets den sozialen Kern von der politischen Form der bürgerlichen Demokratie, wir enthüllten stets den herben Kern der sozialen Ungleichheit und Unfreiheit unter der süßen Schale der formalen Gleichheit und Freiheit – nicht um diese zu verwerfen, sondern um die Arbeiterklasse dazu anzustacheln, sich nicht mit der Schale zu begnügen, vielmehr die politische Macht zu erobern, um sie mit neuem sozialen Inhalt zu füllen.« (4, 363)

Anhang

Ein Denkmal für Rosa Luxemburg[149]

Vorbemerkung

Der folgende Text ist als ein Ratschlag an Künstler zu verstehen, geschrieben für einen Wettbewerb für ein Rosa-Luxemburg-Denkmal in Berlin. Er setzt voraus, dass Einigkeit besteht, dass ein solches Denkmal überhaupt nützlich, ja notwendig ist, eine Anstrengung, für die es sich einzusetzen lohnt.[150] Wie kann man das Bild einer sozialistischen Kämpferin für die Zukunft festhalten? Als Grundlage für die Diskussion hatte ich zunächst vor, eine Reihe von Luxemburg-Fotos über einen Diaprojektor in den Vortrag einzubeziehen und den herrschenden Urteilen[151] gegenüberzustellen, um so deren Haltlosigkeit zu dokumentieren und zugleich dem Publikum eigene Vorstellungen zu ermöglichen. Bei der Auswahl stellte ich schnell fest, dass das Unterfangen falsch wäre. Ich würde einfach ein Vorurteil durch ein anderes, ebenso fragwürdiges ersetzen, und nicht genug wäre gewonnen. Verfehlt wäre es, Bilder in den Köpfen durch Bilder auf der gleichen Ebene zu vertreiben. Ich versuche es daher mit Worten, die immerhin den Vorteil haben, dass sie eine Vielzahl von Gedanken und von diesen her dann auch andere Bilder freisetzen können, gewissermaßen gereinigte, solche, die durch Rede und Gegenrede sich der Analyse aussetzen müssten.

149 Der Text für diesen nicht gehaltenen Vortrag wurde für die Aufnahme in dieses Buch aktualisiert und um eine Reihe von Belegstellen und Gedanken, die schon in vorherigen Kapiteln vorkommen, stark gekürzt – in der Annahme, dass die Lesenden ohnehin das ganze Buch studieren. Das nimmt der Rede bedauerlicherweise einige Substanz. Wenige Doppelungen blieben notwendig; die Leser mögen sie verzeihen. Das Original der Rede wurde abgedruckt in UTOPIEkreativ, 113, 2000.

150 Über die Kämpfe im Vorfeld und vor allem über die Pressekampagne gegen ein Denkmal für Luxemburg in Berlin berichtet Evelin Wittich (2003), die dankenswerterweise die polemischen Äußerungen der Presse, allen voran der FAZ, zusammengestellt hat und so zeigt, welches Feuer noch in der Erinnerung an diese Frau steckt, dass so viel Energie freigesetzt wird, um das kollektive Gedächtnis zu blockieren.

151 Kaum jemand verzichtet darauf, mangelnde Schönheit zu erwähnen, so 2006 noch Jörn Schütrumpf – »Die Natur hatte Rosa Luxemburg nicht gerade verwöhnt« (17) – in seiner sonst positiven Anknüpfung.

Luxemburgbilder

Liest man sich durch die immer noch anwachsende Luxemburg-Literatur, sieht man die wohlwollenden Biografen ebenso wie die Kritiker geradezu energisch beschäftigt, ein Bild für sich und uns zusammenzufügen, das im Wesentlichen kaum mehr zeigt, als dass sie mit dieser Person nicht fertig geworden sind. Die Beschreibungen ihres Werkes und Lebens beginnen gewöhnlich mit dem äußeren Erscheinungsbild der Frau, urteilen, ob sie schön oder gar hässlich war, als wären dies feststehende und eindeutig bestimmbare Eigenschaften; sie sagen, dass sie ›klein‹ war, und verweilen bei dem Umstand, dass sie ein Hüftleiden hatte, also hinkte; dann geht es über zur Kleidung, zu den Hüten, um endlich, nach solch langen Exkursen eher negativer Art, über ihr Äußeres zur inneren Schönheit zu gelangen, die ihr kaum jemand abspricht und die sich in einer Liebe zu Blumen und Tieren, vor allem Vögeln und Katzen, und einer privaten Sanftheit geäußert haben soll. Man versuche, sich zu erinnern, ob man jemals eine solche Umgangsweise mit einem männlichen Theoretiker, sozialistischen Politiker oder Wissenschaftler aus dieser Zeit gefunden hat. Marx oder Engels zum Beispiel oder auch Liebknecht, Lenin, Trotzki? Man erfährt, wenn man Glück hat, was diese Personen dachten und sprachen, und von Fotos weiß man, ob diese Männer Bärte trugen, aber sonst? Ich schlussfolgere, dass die Versuche, Luxemburg zu greifen und zu begreifen, zumeist eher etwas über die schreibenden Autoren zeigen und wenig über Rosa Luxemburg, an die dauerhaft zu erinnern die Denkmaldiskussion sich vorgenommen hat.

Treten wir auf einem kleinen Umweg näher heran. Lesen wir ein Stück aus Brechts *Tui-Roman*-Fragment. Man kann wohl voraussetzen, dass Brecht von Rosa Luxemburg fasziniert war – er hat begonnen, ein Stück über sie zu schreiben, er hat Teile aus ihren Texten sich angeeignet und in eigne Worte überführt, die so anders als ihre nicht klingen (es wird im Buch an einigen Stellen vorgeführt). Hans Mayer erwähnt, dass Brechts Schreiben »luxemburgistisch« war (1961). Man könnte solchen Umgang mit Luxemburgs Texten als Diebstahl bezeichnen. Vom Standpunkt Brechts, der solche Urteile als kleinlich und bürgerlich bezeichnet hätte, bedeutete es höchste Anerkennung und war kennzeichnend für die Weise seines Arbeitens. Dieser Brecht also schreibt Rosa Luxemburg auch ein in seinen Tui-Entwurf (GW 12). Der Begriff Tui (eine Verformung des Wortes Intellektuelle) und dieser Roman sind eine Abrechnung mit unnützen bis schädlichen Intellektuellen vor allem auch in der Arbeiterbewegung. Dann geht er über zu Karl Liebknecht und Rosa Luxemburg und ihrer Rolle beim Versuch, gegen den Ersten Weltkrieg zu agitieren. Liebknecht wird eingeführt als einer, der studiert hatte, gar einen Doktortitel besaß, also eigentlich das Zeug zu einem Tui hatte, ohne dabei aber einer zu werden, der daher ins Gefängnis gesteckt wurde, sich nicht besserte und gar forderte, die Ungebildeten sollten die Leitung des Staates erhalten usw. (was eine Anspielung an das berühmte Lenin zugeschriebene Diktum ist, die Köchin solle den Staat regieren[152]).

Dann wirft er den Blick auf Luxemburg, welche hier Frau Ro genannt wird – wir wissen, dass auch sie studiert hatte, einen Doktortitel besaß und eine meisterhafte Rednerin war. Sie wird folgendermaßen von Brecht eingeführt:

> »[Ro,] die ihn unterstützte und die womöglich noch mehr Unruhe anstiftete als er, war eine Ausländerin, eine unschöne Erscheinung, die sich beim Schreiben einiger Bücher über Wirtschaft und Politik die Augen verdorben hatte, sodass sie einen Zwicker tragen musste. Ihre Freunde behaupteten, sie sei im Privatleben eine sanfte Person mit einer Liebe zu Blumen, jedoch wenn sie öffentlich redete, war sie wie der Teufel selbst und hetzte die unwissende Menge auf, den Besitzenden alles wegzunehmen, selbst die größten Besitztümer. Außerdem trug sie schreckliche Hüte.« (631)

Der Einschub wird abgeschlossen:

> »Einige Offiziere entführten Li-keh und Ro, erschossen den Mann in einem Gehölz und schrien, die Frau niedertretend und ihr mit dem Bajonettkolben das Gesicht zerschmetternd: ›Was Du dreckige Vettel, willst Unordnung stiften und die tausendjährige [...] Kultur vernichten?‹ Sie trampelten sie zu Tode und warfen die Leiche in einen Kanal.« (632)

Brecht führt hier meisterhaft Regie. Mit wenigen Worten schafft er es, die allgemeine Stimmung, das Volksvorurteil gegen Rosa Luxemburg durch scheinbar schlichte neutrale Wiedergabe des Eindrucks, wie er von Luxemburg verbreitet ist, als eine Stimmung einzufangen, auf der Mordlust gedeihen kann und legitimiert wird. Und er schafft es, uns dies Ganze auch als eine ungeheuerliche Konstruktion zum Durchdenken zu übergeben.

Die Schwierigkeiten, mit Rosa Luxemburg umzugehen, sich einen Reim auf sie zu machen, liegen nicht nur im allgemeinen Volkseinverständnis, sie gehen bis tief in die Reihen der Arbeiterbewegung. Sie betreffen sie als Polin, als Jüdin, als Frau, als Intellektuelle, als Marxistin. Sie umfassen also Rassismus/Ausländerhass, Frauenfeindlichkeit, Intellektuellenfeindlichkeit und Antimarxismus, je nachdem, wer spricht. Das heißt, man hat es nicht mit individuellen Macken in der Luxemburgrezeption zu tun, sondern mit herrschender Kultur, wie sie sich im Alltagsverständnis bis in alle Volksschichten festsetzt. Dies nicht zu bearbeiten und nicht für eine hochpolitische Angelegenheit zu halten, würde alle Versuche, sich wirklich an Luxemburg zu erinnern, ihr ein Denkmal zu setzen, vergeblich machen.

152 Vgl. das Stichwort »Köchin« im HKWM 7/II, 2008 (in Vorbereitung).

Wissenschaftliche Politik

Solche Bergwerksarbeiten im Kulturellen sind ein langer Prozess, in den alle verwickelt sein müssen. Das Kulturelle ist nicht durch einfache Mitteilungen zu verändern. Ich beschränke mich auf zwei, nicht nur für die Denkmal-Diskussion entscheidende Dimensionen – die wissenschaftliche und die politische.

Eine erste Frage lautet: Worin liegt eigentlich die Schwierigkeit, mit Luxemburg als *wissenschaftlicher Politikerin* umzugehen, und zwar mit beiden Aspekten, dem wissenschaftlichen wie dem politischen? Vielleicht liegt es daran, dass sie in beiden Punkten herausragend und also nicht leicht einzugemeinden ist. Wer kennt sie schon als *Wissenschaftlerin*? Und doch kann man ohne Übertreibung sagen, dass es keine derart gute Marxistin gab und auch keinen Marxisten nach ihr oder, besser, dass Marx keinen fand, der so gut verstand und kritisch weiterentwickelte, lebte und ins Politische zog, was er gedacht hatte, wie sie. Auch Engels nicht, der immer mit Marx zusammen genannt wird, der das Verdienst der Herausgabe vieler seiner Arbeiten hat, aber auch für Verbiegungen und politische Desorientierung sorgte.[153] Immerhin findet man in der Geschichte der Arbeiterbewegung neben einer großen Schar von Ignoranten einige wenige, die Luxemburgs theoretisches Wirken ähnlich einschätzen. So etwa Lenin, Franz Mehring, Georg Lukács, Karl Radek.[154] Ganz unbestechlich, lässt sie sich nicht vom bloßen Augenschein verführen, nicht von schönen Worten, nicht einmal von politischen Richtungen, die ihr nahe stehen, ohne den Sachverhalt genau zu überprüfen, historisch zu fundieren, in seiner Widersprüchlichkeit auseinanderzulegen und, selbst wenn es schmerzlich ist, eine Schlussfolgerung zu ziehen, die wiederum nicht auf Dauer und Rechthaben beharrt, sondern sich in den stets veränderbaren Fluss der Dinge einreiht, um die Veränderbarkeit weiß und sich ihr kritisch stellt.

Politisch ist sie nicht leicht zu verdauen, weil sie, anders als die meisten, die in der Nachfolge von Marx in der Arbeiterbewegung Politik machten, die Tagespolitik, den Alltag, das direkt Mögliche mit einer weitreichenden Perspektive verband. – Heute, so viele Jahrzehnte später, müssen wir feststellen, dass diese Weise, Politik im Großen mit Alltag im Kleinen zu verbinden, Theorie mit Erfahrung, immer noch nicht eingeholt ist. Diese Verknüpfung wurde zwar als spezifisch weibliche Weltaneignungsform beansprucht. In einer männlich dominierten Arbeiterbewegung und Politik konnte dies wohl nicht auf ein positives Echo, auf Nachahmung oder auch nur Verständnis stoßen.

153 Vgl. dazu u.a. die Debatte um den Nichts-als-Parlamentarismus im zweiten Kapitel in diesem Buch.

154 Vgl. dazu das erste Kapitel.

Luxemburgs Bezug zu Erfahrung und Alltag, zu historischen Ereignissen und politischen Taten ließ sie weniger zur Verkündung *richtiger* oder *falscher* Politik kommen oder überhaupt zu einem Diktat der einzuschlagenden Wege. Sie erarbeitete eher umgekehrt die machbaren kleinen Schritte aus den verschiedenen Kräftekonstellationen, alltäglichen Dringlichkeiten. Sie setzte sie politisch nicht so um, dass sie – wie dies etwa unter der späteren Linken üblich war – jeweils fragte, ob etwas direkt zum Sozialismus führe (»systemsprengend« war, wie das dann hieß) oder nicht und daher abzulehnen sei, sondern sie arbeitete so, dass mit jedem Schritt das Volk, die Menschen mehr in der Lage sein sollten, ihre Geschicke in die eigenen Hände zu nehmen, wissender, denkender, mutiger, kurz: handlungsfähiger.

Dass in dieser Weise Politik ein offener Prozess wurde, in den man sich jeweils einmischen konnte und musste, bedeutete auch, dass die widersprüchlichen Seiten der Vorgänge selbst zum Mittel von Politik gemacht wurden. So konnte Luxemburg gegen den Parlamentarismus wettern und doch für die Beteiligung im Parlament streiten. Sie beschimpfte die Friedenskongresse und ihre Repräsentanten, und doch wird kaum jemand bestreiten, dass sie unbedingt gegen den Krieg und für den Frieden war. Sie sah scharf, wie die Verkündung von Moral zu den Herrschaftstechniken gehört und dabei zur Einschüchterung der Menschen führt, und doch ist die Moral, das Verlangen nach Gerechtigkeit und die Empörung über das Unrecht eine der ganz wesentlichen Grundlagen ihrer politischen Agitation.

Sie nannte ihre Politik selbst »revolutionäre Realpolitik«. Ihr ging es darum, wie reale Politik, also das hier und heute Machbare, in revolutionärer Perspektive praktisch gelebt werden kann, eine Fähigkeit, die angesichts heutiger Realpolitik vielen so verrückt wie unabdingbar anmutet. Es muss darum gehen, im Bestehenden Politik zu machen, hier und heute politisch handlungsfähig zu sein in der Perspektive einer großen Veränderung. Grundlage dafür ist zunächst Rosa Luxemburgs Einschätzung der Widersprüche der kapitalistischen Produktionsweise. Die wissenschaftliche Entdeckung von Marx war für sie der Nachweis des Ineinanders von Ausbeutung und Vergesellschaftung im Sinne einer Weiterentwicklung zu immer mehr Möglichkeiten eröffnenden Formen des Produzierens und Zusammenlebens. – Sie arbeitet gegen die Hegemonie der Herrschenden, gegen die Zustimmung, die sie im Volke haben und erzeugen. Dabei geht es ihr darum, dem Volk die herrschende Politik so vorzulegen, als könne es mitberaten, säße selbst in der Regierung. Das richtet ihre Vorschläge auf der einen Seite gegen den Staat, der sich in den Widersprüchen konservativ den Entwicklungen entgegenstellt. Auf der anderen Seite muss sie in diesem Ringen auch stets mit den konservativen Momenten im Volk rechnen, die sich Veränderung widersetzen.

Die ausschließende Entgegensetzung von revolutionärer gegen sozialreformerische, gegen demokratische, gegen Realpolitik, so lässt sich von Rosa Luxemburg lernen, verdankt sich der falschen Einschätzung des Proletariats. Politik muss gemacht werden mit dem beherrschten Proletariat und nicht dem siegreichen (vgl. 1/2, 433). Das bedeutet allerdings, dass Politik für die Arbeiter zugleich gegen sie gemacht werden muss, mit ihnen um Veränderung gerungen werden muss, die ihre Selbstveränderung einschließt. Daher wird angesetzt beim beherrschten Volk und seinem Sinn für Gerechtigkeit und Moral, beim Alltagsverstand. Die Einsichten, die es gewinnt, sollen es befähigen, politisch zu denken, in der Perspektive, die Regierung zu übernehmen.

Die Massenromantikerin

Viele Menschen meinen, genug über Rosa Luxemburg zu wissen, wenn sie aus dem Kopf zitieren können: *Freiheit ist stets die Freiheit der Andersdenkenden.* Und dann ›weiß‹ man noch, dass sie ansonsten so ernst nicht zu nehmen war, weil sie romantisch illusionär »die Massen überschätzte«. Das leuchtet schnell ein: Wer die Massen überschätzt, taugt für wahre Politik nicht, und bequem kann man sich einrichten in der üblichen Verachtung der Massen. Es geht darum, die Haltung hinter solchem Urteil in Frage zu stellen, und auch um die Frage, ob die Aussage überhaupt stimmt. Man kann das leicht überprüfen, indem man ihre Äußerungen nachliest. Das vorweggenommene Resultat: Die Einschätzung entstammt einer dem luxemburgschen Denken fremden Statik über die Bedeutung des Wortes Masse selbst.[155]

Man findet nämlich bei Luxemburg nicht nur die Hoffnung auf die Massen, dass sie die drohende Katastrophe der Selbstzerstörung der kapitalistischen Produktionsweise mit ihrer Gewalt, ihren Kriegen, der Verelendung großer Teile der Bevölkerung so überwinden, dass eine andere Gesellschaft möglich wird und von ihnen aufgebaut werden kann. Man findet zugleich die schärfste Verurteilung des Stumpfsinns, der Dummheit, der Verrohung der gleichen Massen. Zwischen dem einen und dem anderen steht ein Lernprozess ebendieser Massen, eine Bewegung der Selbstveränderung, die notwendig ist, aber nicht gewiss. Auch »Masse« ist für Luxemburg – wie andere Begriffe – also kein feststehender Begriff. Die Massen sind immer in Bewegung. Sie sind nicht jetzt schon, aber als Menschen prinzipiell in der Lage, ihr Schicksal in die eigenen Hände zu nehmen. Dies ist für Luxemburg der Inbegriff von Sozialismus und warum es für ihn zu streiten lohnt. Es ist zugleich ihre Vorstellung vom Menschsein. Die Masse, das ist die Menschheit selbst, als Opfer und Täter der eignen Geschichte.

155 Ausgeführt im ersten Kapitel.

Weil die Massen zugleich unmündig und unreif in den Verhältnissen stecken, hängen Verwirklichung des Sozialismus und Revolution davon ab, dass sie ihren Reifungsprozess selber bewirken. Sie können dies nur durch Erfahrung, die gleichzeitig die Schranke ist gegen das Voranschreiten, weil sie zum Verharren und Bleiben auffordert. Diese Haltung zu überwinden, macht wissenschaftlichen Umgang mit Erfahrung wichtig. Die besondere Weise, in der Luxemburg agitatorisch mit dem Volk spricht und es praktisch zum Dialog auffordert, lässt nur bei sehr oberflächlicher Lektüre den Eindruck der Überschätzung aufkommen: Die Menschen werden angerufen als Zukünftige, als Menschen, die sie sein können und vielleicht werden wollen.

Die Denkmalform

Kann man solch wissenschaftliche und politische Haltung überhaupt in ein Bild, in ein Denkmal fassen? Damit frage ich umgekehrt, ob solche Überlegungen zu ihrer Arbeit den Vorstellungen über ein Eingedenken überhaupt nützen können? Nach meinem Dafürhalten schließt das im Alltagsverstand vorherrschende Luxemburgbild eine irgendwie realistische Annäherung an ihre Erscheinung, übersetzt in Denkmalform, aus. Es wird nicht möglich sein, die Vorurteile aufzugreifen, der Kritik auszusetzen und zugleich eine andere Sicht vor- und darzustellen – Rosa Luxemburg bleibt Frau, polnische Jüdin mit bestimmten Gesichtszügen, Intellektuelle, Marxistin. Aus dem Rezeptionskreis ist so einfach nicht auszubrechen. Man kann sich das anhand der Mengen der existierenden Denkmalversuche und Abbildungen leicht vergegenwärtigen. Wäre ich Bildhauerin, ich würde stattdessen den Stier bei den Hörnern packen und umgekehrt ansetzen, beim Volksvorurteil. *Ich würde die Täter abbilden, die Auftraggeber in Staat, Partei, Wirtschaft, das Volk, soweit es in dumpfen Vorurteilen Taten wie die Erschlagung der Rosa Luxemburg ermöglicht – immer wieder.*

Nachtrag

Inzwischen ist der künstlerische Wettbewerb »zur Gestaltung eines Denkzeichens für Rosa Luxemburg« entschieden. Am 12. Januar 2005 gab es folgende Pressemitteilung:

> »Die Jury unter Vorsitz von Prof. Dr. Hans-Ernst Mittig hat eine von Hans Haacke, New York, eingereichte Arbeit auf den 1. Rang platziert. Haackes Entwurf gestaltet den gesamten Rosa-Luxemburg-Platz mit seinen angrenzenden Bereichen als Denkzeichen. Er sieht vor, den Platz sowie Fahrbahnen und Gehwege der Rosa-Luxemburg- und Weydinger-Straße mit 100 Betonstreifen zu versehen, die Bürgersteige, Bordsteine und Straßen gleicher-

> maßen ›überqueren und durchkreuzen‹. In diese bis zu 7 m langen Streifen sind in Messingbuchstaben Zitate von Rosa Luxemburg aus Artikeln, privaten Briefen und anderen Schriften eingelassen. Auf diese Weise entsteht ein Nebeneinander politischer und persönlicher Äußerungen, das die Vielschichtigkeit und Widersprüchlichkeit Rosa Luxemburgs deutlich macht.
>
> Für die Realisierung dieses Denkzeichens stehen bis zu 260000€ aus dem Budget ›künstlerische Gestaltung im Stadtraum‹ zur Verfügung.
>
> Insgesamt wurden im Rahmen des Wettbewerbes 26 Arbeiten eingereicht, von denen nach einem mehrstufigen Auswahlverfahren zwei in die engere Wahl der Jury kamen.
>
> Neben Haackes Entwurf war dies eine Arbeit von Miguel Rothschild & Dr. Maria C. Barbetta aus Berlin, die vorschlugen, anstelle des Denkzeichens am Rosa-Luxemburg-Platz ein Label mit dem Namen RosadeLuxe als Marke zu entwickeln und die Lizenz an Modefirmen zu verkaufen. Zielgruppe sollen vor allem junge Leute sein.«

Das »Denkzeichen«, dessen Realisierung Bestandteil der Koalitionsvereinbarung zwischen der Berliner SPD und der Linkspartei war, wurde am 15. September 2006 öffentlich übergeben. 60 Zitate – je bis zu 7 Meter lang in Messingbuchstaben – schmücken den Rosa-Luxemburg-Platz.

Wir befinden uns nicht mehr im Wettbewerb. Wir wurden nicht mehr gefragt. Es wird niemanden stören, auf Luxemburgsätzen herumzutreten. Immerhin ist es kein neues Standbild mit den zuvor befürchteten Zügen. Dafür wurde rechtzeitig sprachlich korrigiert: kein Mal, ein Zeichen. Aber wie können 60 Sätze, nur mühsam zu lesen, unzusammenhängend und ohne Kontext, die nämlichen Massen erreichen, deren Lynchstimmung zu wenden wäre, deren historische Möglichkeiten erst noch wachzurütteln sind? Wie also geht dieses »Denkzeichen« mit der herrschenden Hegemonie im Volksvorurteil um?

Aber auch diese Geschichte steht nicht still. Die Buchstabenreihen mögen unerkannt in den Steinen schlummern. Nicht so das Luxemburgbild. Dafür sorgt die herrschende Presse. So hatte die FAZ ihre Leser schon rechtzeitig beschieden:

> »Dieses positive Bild beruht im besten Fall auf Unkenntnis. Luxemburg wird für ihren Antimilitarismus, für ihre Kritik an Lenin und für ihre humanistischen Ideale geehrt, ohne dass geprüft wird, warum sie gegen den Ersten Weltkrieg war, was sie an Lenin kritisierte und welches Humanismusverständnis ihrem Denken zugrunde lag. [...] Rosa Luxemburg mit einem Denkmal zu ehren, bedeutet im besten Fall, ihren ideologischen und totalitären Antrieb zu unterschätzen.« (10.2.2002)[156]

156 Hendrik Hansen: *Die Gluthitze der Revolution, PDS und SPD wollen ein Rosa-Luxemburg-Denkmal in Berlin. Damit würde eine totalitäre Denkerin geehrt.*

Nehmen wir den Ball auf, prüfen ihre Schriften und überliefern ein Luxemburgbild, das die zwei ineinander verwobenen Motive ihrer Arbeit und ihres Lebens erhellt: scharfe Kritik und mutiger Widerstand. Sie sind Auftrag an die Nachgeborenen, dies zu verstehen und in diesem Sinne weiterzumachen, indem sie sich verändern.

Vorwort zur deutschen Ausgabe von Raya Dunayevskaya: Rosa Luxemburg und die Revolution

Im Jahre 1982, kurz nach seinem Erscheinen in den USA, las ich Raya Dunayevskayas Buch über *Rosa Luxemburg, Frauenbefreiung und Marx' Revolutionstheorie.* Es waren vier Momente, die mich faszinierten, mich dazu brachten, das Ganze in einem Zug zu lesen.

Da war zunächst die Autorin selbst. 1910 als Jüdin in der Ukraine geboren, wanderte sie mit ihrer Familie früh in die USA aus und schloss sich – 13-jährig – einer revolutionären Bewegung an. Ihr Hauptinteresse galt den Schwarzen. Wegen Abweichung wurde sie als Achtzehnjährige aus der Kommunistischen Partei ausgeschlossen und ging zu den Trotzkisten. Sie wurde Trotzkis Sekretärin während seines Exils in Mexiko (1937–1938).

Dann die Verbindung zu Rosa Luxemburg, über die damals in Deutschland zwar noch weitgehend geschwiegen wurde, von der man jedoch wusste, dass sie stark war, ungebärdig, kämpferisch. Sie wird hier von Raya Dunayevskaya ins Zentrum gerückt, in Verbindung gebracht mit den beiden anderen für mein damaliges Leben wichtigen Bewegungen: Frauenbewegung und Veränderungsdenken bei Marx.

Ich las das Buch mit großem Gewinn, gerade weil es viele Denkformen, für richtig Gehaltenes verrückte. Das beginnt mit ihrem Blick auf Rosa Luxemburg. Anders als üblich prüft sie weder, wie Luxemburg aussah, noch, was sie in Sachen Frauenpolitik geleistet hat, wo sie sich einmischte, wie ihre parlamentarischen Eingaben bezüglich Frauen aussahen, sondern umgekehrt rückt sie von vornherein Luxemburg als Mensch und als Politikerin in den Vordergrund und schlägt den Feministinnen vor, von Luxemburgs Haltung, von ihrer Weise, sich Probleme zurechtzulegen, von ihrer Politik für die eigene Politik zu lernen. Luxemburg beerben – dies ist die Botschaft eines größeren Teils ihres Buches, in dem sie sorgfältig die Problematik von Masse und Führung, von direkter Demokratie, das Verhältnis von Rationalität und Intuition, von Vernunft und Spontaneität herausarbeitet und darstellt. Sie zeigt einen Zusammenhang auf zwischen Fragen von Rassismus und den Kämpfen dagegen und früh schon den Zusammenhang und das Gegeneinander von Kämpfen um Frauenbefreiung, Arbeiterbewegung und Migration in aller Welt.

Sie schlägt neue Maßstäbe für die politische Analyse vor, so die Frage der Hegemonie (die sie freilich so nicht nennt) und, als Verbindungslinie zwischen Gruppen, den Ausschluss aus dem Politischen, der die jeweils am meisten Unterdrückten vereine.

Auch für die Marxlektüre und die Fragen der Frauenbefreiung schlägt sie eine anti-ökonomistische Lesart vor, eine, die nicht nach Unterdrückung und vormaliger Herrschaft sucht, sondern die Geschlechterverhältnisse und Familienformen ins Zentrum historisch-kritischer Arbeit rückt. Dringlich legt sie die Lektüre der *Ethnologischen Exzerpte* von Marx ans Herz. Sie setzt sich mit der Frauenbewegung der späten siebziger Jahre auseinander und versucht in dem oben beschriebenen Sinn politisch auf sie Einfluss zu nehmen. Dabei führt sie auf geglückte Weise die Frage von Gesellschaftsveränderung, Frauenbefreiung und permanenter Revolution zusammen. Schließlich gehe es nicht allein um Abbau des Alten, sondern vor allem auch um Aufbau von Neuem. In dieser Weise bringt sie die Problematik von Betroffenheit in politischen und kulturellen Kämpfen früh in die Diskussion.

Mich faszinierte die Verbindung von Marx und Luxemburg mit aktuellen Kämpfen in der Dritten Welt und mit Fragen von Frauenbefreiung, die ebenso aktuell diskutiert wurden. Einzig mit dem größeren Schlusskapitel, in dem eine Rückbindung von Marx an Hegel versucht wird, um von daher einen neuen humanistischen Marxismus zu begründen, konnte ich wenig anfangen.

Damals wusste ich nicht, dass aus dieser neuerlichen, wenn auch veränderten Verbindung von Hegel und Marx eine eigene Schule mit diesem Namen *humanistischer Marxismus* erwuchs, eine engagierte Gruppe, die bis heute rings um das als Archiv verwaltete Haus Dunayevskayas in Chicago arbeitet, eine Zeitung herausgibt, auf Kongressen auftritt und in der ganzen Welt versucht, ihre Gedanken zu verankern, und also auch an mich geriet, die ich das Luxemburg-Buch Dunayevskayas rezensiert hatte.

Der zähen Energie dieser Gruppe ist es zu verdanken, dass das Buch 15 Jahre nach Erscheinen in den USA in deutscher Sprache vorgelegt wurde.

Die Thematiken – Luxemburg, Revolution, Marx, Lenin, ja selbst Frauenbewegung – scheinen seltsam veraltet, einzig Hegel scheint die Umbrüche von 1989 und danach unbeschadet überstanden zu haben. Was also oder wen kann dieses Buch heute noch interessieren?

Ich las die Arbeit also ein zweites Mal und zwar in der Ausgabe, die 1991 als »Herausforderung an die Post-Marx-Marxisten« in den USA erschien, mit einem Vorwort von Adrienne Rich, jener kämpferischen Gestalt aus der neuen Frauenbewegung, die gewiss niemand als antiquiert kennzeichnen würde. Adrienne Rich wendet das gleiche Verfahren, das Dunayevskaya für ihre Luxemburg-Relektüre nutzte, auf Dunayevskaya selbst an. Sie prüft ihre *Arbeitsweise* auf den möglichen Nutzen für uns Späterlebende. Hier entdeckt sie die Verbindung von Erfahrung und revolutionärem Denken und damit einhergehend eine Aktualisierung des Philosophischen in der Teilhabe an politischen Kämpfen. Rich rückt Dunayevskaya als eine politische Theoretikerin ins Bild, die zugleich eine Wissenschaftlerin und kenntnisreiche Gelehrte war und gleichwohl niemals den tagespolitischen Kämpfen in den Ghettos der Welt, insbesondere der Schwarzen in den USA, fernblieb. Kurz: Sie beschreibt Dunayevskaya als organische Intellektuelle im Sinne Gramscis, die für diese Aufgabe zudem keiner Parteilinie, keinem Marxismus-Leninismus folgen konnte, sondern wieder und wieder das Lebendige im marxschen Denken selbst herauszuarbeiten versuchte.

Adrienne Rich kommt aus der neuen Frauenbewegung und beschreibt ihr Misstrauen gegen marxsche Kategorien, ihre Erfahrung, dass in der Linken Frauen geradezu systematisch verloren gehen und daher die neue Frauenbewegung zunächst als linke Kritik gegen links begann, eine Art Schockerfahrung. Sie lässt sich von Dunayevskaya überzeugen, dass die Frauenbewegung nicht nur eine Veränderungskraft sei, sondern vor allem auch die feministischen Theoretikerinnen beitrügen zur Schaffung von neuem Denken, neuen Perspektiven.

> »Das Erste, das einer beim Lesen von Rayas Buch auffällt, ist die Lebendigkeit, das Kämpferische, der Reiz und die Ungeduld ihrer Stimme. Das ist keine Prosa einer körperlosen Intellektuellen. Sie argumentiert, sie fordert heraus, sie drängt auf, sie weist zurecht, ihre Essays haben die Spontaneität einer extemporierten Rede oder einer Notiz – man kann sie laut denken hören. Sie denkt Ideen überwiegend als Fleisch und Blut, als zusammengehörig mit den individuellen Denkern, begrenzt durch ihre oder seine Persönlichkeit, aber doch in steter Auseinandersetzung mit der Welt.« (xiii)

Wie würde es sich anfühlen, frei zu sein und wahrhaft menschlich? Diese Frage – gestellt von Adrienne Rich, von Raya Dunayevskaya, von Rosa Luxemburg, aber sicher auch von allen, die noch lebendig sind – ist es, die das Buch weiter lesenswert macht, über die Mode, die seinen Gegenstand als vergangen bezeichnen würde, weit hinaus.

Literaturverzeichnis

Abendroth, Wolfgang, *Ein Leben in der Arbeiterbewegung,* Frankfurt/M. 1976

Arendt, Hannah, *Vita activa oder Vom tätigen Leben*, München 1967/2002 (amerikanische Originalausgabe, *The Human Condition,* Chicago 1958)

dies., *Macht und Gewalt,* München 1970/2000

dies., *Elemente und Ursprünge totaler Herrschaft. Antisemitismus, Imperialismus, totale Herrschaft* (1951), München 1986

dies., *Menschen in finsteren Zeiten*, München 2001

dies., *Denktagebuch*, hg. von Ursula Ludz u. Ingeborg Nordmann, 2 Bde., 1950–1973, München 2002, 2. Aufl. 2003

Badia, Gilbert, »Rosa-Luxemburg-Rezeption im 20. Jahrhundert«, in: Ito u.a. (Hg.), Berlin 2002, 174–190

Basso, Lelio, *Rosa Luxemburgs Dialektik der Revolution*, Frankfurt/M. 1969

Benhabib, Seyla, *Hannah Arendt. Die melancholische Denkerin der Moderne,* Hamburg 1996/1998

Berliner Institut für kritische Theorie (InkriT), *Unterhaltungen über den Sozialismus nach seinem Verschwinden*, hg. von Wolfgang Fritz Haug und Frigga Haug, Berlin 2002

Bonacchi, Gabriella, »Autoritarisme et anti-autoritarisme dans la pensée de Rosa Luxemburg«, in: Weill und Badia (ed.), *Rosa Luxemburg aujourd'hui,* 1986, 101–107

Brecht, Bertolt, *Gesammelte Werke in 20 Bänden*, Frankfurt/M. 1967, zit. GW

ders., *Fragen eines lesenden Arbeiters*, GW 9, 656f

ders., Gedichte aus dem Messingkauf, GW 4, 171

ders., *Die Mutter. Leben der Revolutionärin Pelagea Wlassowa aus Twer* (nach dem Roman Maxim Gorkis), Stücke, Band V, Berlin 1957

ders., *Me-ti. Buch der Wendungen*, GW 12

ders., *Flüchtlingsgespräche,* GW 14

ders., *Der TUI-Roman*, GW 12

ders., »Kinderhymne«, 1950; GW 10, 977f

Croce, Benedetto, *Philosophie der Praxis. Ökonomie und Ethik;* dt. Tübingen 1929

Das Argument 266, *Migrantinnen, Grenzen überschreitend,* H3 2006

Das Argument 268, *Großer Widerspruch China*, H 5/6 2006

DGB-Bildungswerk (Hg.), *Rosa Luxemburg im Widerstreit.* Hattinger Forum. Hattingen 1990

Demirovi´c, Alex, und Peter Jehle, »Intellektuelle«, in: *Historisch-kritisches Wörterbuch des Marxismus* (zit. HKWM) 6/II, Hamburg 2004, 1267–1286

Deppe, Frank, »Zur Aktualität der politischen Theorie von Luxemburg«, in: *Die Linie Luxemburg-Gramsci. Zur Aktualität und Historizität marxistischen Denkens,* Hamburg 1989, 14–32

Dölling, Irene, »Zum Luxemburgfilm der Margarate von Trotta«, in: *Weimarer Beiträge* 4, 1987

Drabkin, Jakov, »Rosa Luxemburg zwischen Russland und Deutschland«, in: Ito u.a. (Hg.) 2002, 201–209

Dunayevskaya, Raya, *Rosa Luxemburg, Women's Liberation and Marx's Philosophy of Revolution,* Chicago 1982; dt.: Rosa Luxemburg. Frauenbefreiung und Marx' Philosophie der Revolution, Hamburg 1998

Elfferding, Wieland, »Rosa Luxemburgs Dialektik der Massenpartei«, in: *Die Linie Gramsci-Luxemburg,* 1989, 147–160

Engels, Friedrich, *Briefe*, MEW 37

ders., »Die Lage der arbeitenden Klasse in England«, in: MEW 2

ders., »Der Ursprung der Familie, des Privateigentums und des Staats« (1884), MEW 21, 25–173
Ettinger, Elzbieta, *Rosa Luxemburg: A Life*, Pandora Press, 1988
Fischer, Ruth, *Der Funke*, Nr. 4/5, April 1924, Berlin
de Freitas-Branco, Joáo Maria, und Wolfgang Fritz Haug, »Irrtum«, in HKWM 6/II, Hamburg 2004, 1555–1567
Flechtheim, Ossip K., *Rosa Luxemburg zur Einführung*, Hamburg 1985
Frölich, Paul, *Rosa Luxemburg. Gedanke und Tat*, Hamburg 1949/1967
Geras, Norman, »Rosa Luxemburg and Democracy«, in: *New Left Review*, 203, 1994, 92–106
Giarini, Orio, und Patrick M. Liedtke, *Wie wir arbeiten werden. Der neue Bericht an den Club of Rome*, Hamburg 1998
Görg, Christoph, »Inwertsetzung«, in HKWM 6/II, Hamburg 2004, 1501–1506
Gorman, A., »Rosa Luxemburg«, in: Meyer, Th. (Hg.), *Lexikon des Sozialismus*, Köln 1986
Gramsci, Antonio, *Gefängnishefte*. Kritische Ausgabe in 10 Bänden, hg. von Klaus Bochmann und Wolfgang Fitz Haug, ab Band 7 auch Peter Jehle, Berlin/Hamburg 1991–2001
ders., *Erziehung und Bildung*, Gramsci-Reader, Hamburg 2004
Gruszka, Regina, und Anja Weberling, »Was sich von Rosa Luxemburg zur Frage der Volkszählung lernen lässt«, in: *Das Argument* 162, 1987
Gupta, Sobahanlai Datta, »Rosa Luxemburg über die Revolution von 1917 und die Einschätzung der Oktoberrevolution durch die russischen Marxisten – eine Konvergenz«, in: Ito u.a. (Hg.), Berlin 2002, 75–84
Haffner, Sebastian, *Der Verrat*, Berlin 1994
Hall, Stuart, *Ausgewählte Schriften* in 4 Bänden, Berlin/Hamburg 1989ff
Haug, Frigga, »Dialektische Theorie und empirische Methodik«, in: *Das Argument* 111, 1978
dies., »Verelendungsdiskurs oder Logik der Krisen und Brüche. Marx neu gelesen vom Standpunkt heutiger Arbeitsforschung«, in: *Aktualisierung Marx*, Argument-Sonderband 100, Berlin 1983
dies., »Eingreifende Sozialforschung«, in: HKWM 3, Hamburg 1997, 161–65
dies., »Empirie/Theorie«, in: HKWM 3, Hamburg 1997, 297–321
dies., »Gramsci und die Produktion des Begehrens«, in: *Psychologie & Gesellschaft*, 22. Jg., 1998, Nr. 86/87, 75–91
dies., »Ein Denkmal für Rosa Luxemburg«, in: *UTOPIEkreativ* 113, 41. Jg., H 1, 1999, 63–70
dies., »Hausfrauisierung«, in: HKWM 5, Berlin 1999, 1209–1214
dies., »Geschlechterverhältnisse«, in : HKWM 5, Hamburg 2001, 493–530
dies., »Im Banne der Polis. Versuch, zu ergründen, was Linke und Feministinnen an Hannah Arendt fasziniert«, in: *Das Argument* 250, 45. Jg., H 2, 2003, 253–281
dies., Familienarbeit/Hausarbeit, in: dies. (Hg.), *Historisch-kritisches Wörterbuch des Feminismus* (HKWF), Hamburg 2003a, 112 ff
dies., »Brechts Flüchtlingsgespräche als Lernanordnung«, in: dies., *Lernverhältnisse*, Hamburg 2003b, 71–103
dies., »Merkel«, in: *Das Argument* 263, 2005
dies., »Für einen Augenblick«, in: *Das Argument* 264, 2006
dies., »Köchin«, in: HKWM 7/II, Hamburg 2008 (in Vorbereitung)
Haug, Wolfgang Fritz, »Die Bedeutung von Standpunkt und sozialistischer Perspektive für die Kritik der politischen Ökonomie« (1972), neu in: ders., *Neue Vorlesungen zur Einführung ins Kapital*, Hamburg 2006, 235–259
ders., »Notizen über Peter Weiss und die ›Linie Luxemburg-Gramsci‹ in einer ›Epoche der Ambivalenz‹«, in: *Die Linie Luxemburg-Gramsci*, Hamburg 1989, 6–13
ders. (Hg.), HKWM, Bde. 1–7/II (1995–2008)

ders., *High-Tech-Kapitalismus. Analysen zu Produktionsweise, Arbeit, Sexualität, Krieg und Hegemonie*, Hamburg 2003

ders., »Luxemburgs Dialektik«, in: ders., *Dreizehn Versuche marxistisches Denken zu erneuern. Gefolgt von Sondierungen zu Marx/Lenin/Luxemburg*, Hamburg 2005, 236–251

ders., »Untergang der deutschen Linksregierung – Aufstieg der Linkspartei«, in: *Das Argument* 262, H 4, 2005, 451–459

ders., »Politik an den Grenzen des transnationalen High-Tech-Kapitalismus«, in: *Rote Revue – Zeitschrift für Politik, Wirtschaft und Kultur*, 84. Jg., 2005, hg. von der Sozialdemokratischen Partei der Schweiz

ders., »Lenins Revolution«, in: ders., *Dreizehn Versuche marxistisches Denken zu erneuern. Gefolgt von Sondierungen zu Marx/Lenin/Luxemburg*, Hamburg 2005, 252–289

ders., *Philosophieren mit Brecht und Gramsci*, 2., erweiterte Auflage, Hamburg 2006

Heintz, Bettina, und Claudia Honegger (Hg.), *Listen der Ohnmacht. Zur Sozialgeschichte weiblicher Widerstandsformen*, Frankfurt/M. 1984

Hennessy, Rosemary, »Feminismus«, in: HKWM 4, Hamburg 2003, 289–299

Hensel, Horst, *Die Sehnsucht der Rosa Luxemburg*. Roman. Köln 1988

Hirsch, Joachim, »Vom fordistischen Sicherheitsstaat zum nationalen Wettbewerbsstaat«, in: *Das Argument* 203, 1994 Leusch, Peter, »Was ist eine gute Gesellschaft? – oder die Zukunft der Demokratie«, in: Ingeborg Breuer, Peter Leusch, Dieter Mersch, *Welten im Kopf. Profile der Gegenwartsphilosophie*, Bd. 1: Deutschland, Hamburg 1996

Die Linie Luxemburg-Gramsci. Zur Aktualität und Historizität marxistischen Denkens, Berlin/Hamburg 1989

Ito, Narihiko, »Rosa Luxemburg an der Jahrhundertwende – was können wir aus ihren Gedanken für das 21. Jahrhundert lernen?«, in: Ito u. a. (Hg.), Berlin 2002

ders., Annelies Laschitza u. Ottokar Luban (Hg.), *Rosa Luxemburg im internationalen Diskurs*, Berlin 2002

Khanya College and Rosa Luxemburg Foundation, *Left Movements and Participation in Bourgeois Institutions*, 2006

Kautsky, Karl, *Patriotismus und Sozialdemokratie*, Leipzig 1907

Keller, Fritz, u. Stefan Kraft (Hg.), *Rosa Luxemburg. Denken und Leben einer Revolutionärin*, Wien 2005

Kinner, Klaus, »Die Luxemburg-Rezeption in KPD und Komintern«, in: Ito u. a. (Hg.), Berlin 2002, 191–200

Kulla, Ralf, *Revolutionärer Geist und republikanische Freiheit. Über die verdrängte Nähe von Hannah Arendt zu Rosa Luxemburg*, Hannover 1999

Laschitza, Annelies, *Im Lebensrausch, trotz alledem. Rosa Luxemburg. Eine Biographie*, Berlin 1996

Lenin, Wladimir Iljitsch, *Gesammelte Werke*, Berlin/DDR 1953ff (zit. LW)

Lourero, Isabel, »Rosa Luxemburg und die Bewegung der Landlosen in Brasilien«, in: *UTOPIEkreativ* 185, 2006, 229–236

Ludz, Ursula, »Hannah Arendt: Unabhängig weiblich«, in: *du. Die Zeitschrift der Kultur*, 11, 1993, 48–52

Lukács, Georg, *Geschichte und Klassenbewusstsein*, Berlin 1923

ders., *Lenin. Studie über den Zusammenhang seiner Gedanken* (hier zit. nach der Luchterhand-Ausgabe), Neuwied und Berlin 1967

Luxemburg, Rosa, *Gesammelte Briefe*, Bd. 1–5, hg. vom Institut für Marxismus-Leninismus beim ZK der SED, Berlin/DDR 1982–84, Bd. 6, hgg. von A. Laschitza, Berlin 1993

dies., *Brief an Hans Diefenbach am 8. März 1917*, in: *Luxemburgbriefe*, Bd. 5, Berlin 1984, 117

dies., *Gesammelte Werke*, 5 Bde. Berlin/DDR 1970–75

Mandel, Ernest, u. Karl Radek, *Rosa Luxemburg. Leben – Kampf – Tod*, Frankfurt/M. 1986
Marx, Karl, »Manifest der kommunistischen Partei«, MEW 4, 459–493
ders., und Friedrich Engels, »Die deutsche Ideologie«, MEW 3
ders., »Thesen gegen Feuerbach«, MEW 3
ders., *Der Bürgerkrieg in Frankreich*, MEW 17
ders., *Grundrisse der Kritik der politischen Ökonomie*, MEW 42
ders., »Fragebogen für Arbeiter«, MEW 19, 230–237
ders., »Brief an Wilhelm Bracke«, 5. Mai 1875, MEW 19, 13
ders., *Das Kapital*, Bd. 1, MEW 23
ders., *Das Kapital*, Bd. 2, MEW 24
ders., *Das Kapital*, Bd. 3, *Theorien über den Mehrwert*, MEW 25
Mayer, Hans, *Bertolt Brecht und die Tradition*, Pfullingen 1961
Mehring, Franz, »Historisch-materialistische Literatur«, in: *Neue Zeit*, XXV (1906–1907), Nr. 41
Merkens, Andreas, »Erziehung und Bildung im Denken Antonio Gramscis. Eckpunkte einer intellektuellen und politischen Praxis«, in: Gramsci, Antonio, *Erziehung und Bildung*, Gramsci-Reader, Hamburg 2004, 15–46
Meyer, Thomas (Hg.), *Lexikon des Sozialismus*, Köln 1986
Mies, Maria, »Subsistenzproduktion, Hausfrauisierung, Kolonisierung«, in: *Beiträge zur feministischen Theorie und Praxis*, 6. Jg., 1983, H 3, 61–78
dies., *Patriarchat und Kapital*, Zürich 1996
Morgner, Irmtraud, *Amanda. Ein Hexenroman*, Berlin 1984
Negt, Oskar, *Keine Demokratie ohne Sozialismus. Über den Zusammenhang von Politik, Geschichte und Moral*, Frankfurt 1976
Nettl, John Peter, *Rosa Luxemburg*, London 1966
Neusüß, Christel, *Die Kopfgeburten der Arbeiterbewegung oder: Die Genossin Luxemburg bringt alles durcheinander*, Osnabrück 1985
Orozco, Teresa, *Platonische Gewalt. Gadamers politische Hermeneutik der NS-Zeit*, Hamburg 1995, 2. Aufl. 2004
Ota, Yoshiki, »Rosa Luxemburg und Sakae Osugi. Zwei Haltungen zur ›bolschewistischen Revolution‹«, in: Ito u. a. (Hg.), Berlin 2002, 85–90
Projekt Ideologietheorie, *Faschismus und Ideologie* (2 Bde.) 1980; neu aufgelegt 2007
dass., *Der innere Staat des Bürgertums. Studien zur Entstehung bürgerlicher Hegemonialapparate im 17. und 18. Jahrhundert*, Berlin 1986
Projekt Automation und Qualifikation, *Automation in der BRD*, Berlin 1975, 3. Aufl. 1979
dass., *Widersprüche der Automationsarbeit*, Hamburg 1987
Radek, Karl, *Rosa Luxemburg, Karl Liebknecht, Leo Jogiches*, Hamburg 1921
Röttger, Bernd, »Integraler Staat«, in: HKWM 6/II, Hamburg 2004, 1254–1266
Scharrer, Manfred, *»Freiheit ist immer« … Die Legende von Rosa und Karl*, Berlin 2002
Schmidt, Giselher, *Rosa Luxemburg. Sozialistin zwischen Ost und West. Persönlichkeit und Geschichte*, Göttingen 1988
Schütrumpf, Jörn (Hg.), *Rosa Luxemburg oder Der Preis der Freiheit*, Berlin 2006
Schumann, Michael, »Fehler«, in: HKWM 3, Hamburg 1999, 252–261
Senghaas-Knobloch, Eva, »Gesellschaftliche Reproduktion und weibliche Arbeitskraft«, in: *Leviathan* 4, 4. Jg., 1976, 543–558
Sohn, Manfred, »Marx, Luxemburg und die Unentbehrlichkeit des Feminismus. Eine kurze Replik zu Evelin Wittich«, in: *UTOPIEkreativ* 189/90, H 7/8 2006
Storløkken, Tanja, »Reform und Revolution zwischen Erfurt und Spartakus«, Vortrag auf dem Sozialforum, Erfurt 2005, unveröff. MS

dies., »Rosa Luxemburg – Revolution and Experience«, in: Khanya College and Rosa Luxemburg Foundation: *Left Movements and Participation in Bourgeois Institutions*, 2006, 3–22

dies., »Frauen in finsteren Zeiten. Rosa Luxemburg und Hannah Arendt«, in: *UTOPIEkreativ* 192, 2006, 897–909

Weiss, Peter, *Ästhetik des Widerstands.* 3 Bde., Frankfurt 1975, 1978, 1981

ders., *Notizbücher* 1971–1980. 2 Bde., Frankfurt/M. 1981

Weissmann, Annabella, »Arbeiterumfrage, in: HKWM 1, Hamburg 1994, 496f

von Werlhof, Claudia, »Der Proletarier ist tot. Es lebe die Hausfrau«, in: Sozialwissenschaftliche Forschung und Praxis für Frauen (Hg.), *Autonome Frauenbewegung und Organisationsfrage*, Köln 1982

Wittich, Evelin, »Die Diskussion um ein Denkmal. Der Kampf um die Deutung von Geschichte – Das Beispiel Rosa Luxemburg«, in: *UTOPIEkreativ* 162, 2004, 301–311

dies., »Rosa Luxemburg und die Diskussionen der sozialistischen Linken der ›Gegenwart‹, in: *UTOPIEkreativ* 185, 2006, 237–246

Wolfstein, Rosi, »Die Lehrerin«, zit. nach Schütrumpf 2006, 34

Zertal, Idith, »Between the Rebel and the Revolutionary – Hannah Arendt and Rosa Luxemburg«, Vortrag auf der Berliner Arendt-Konferenz zum 100. Geburtstag, Veranstalter: Heinrich-Böll-Stiftung, Hannah Arendt-Zentrum der Carl von Ossietzky Universität Oldenburg und Zentrum für Philosophie der Justus-Liebig-Universität Gießen, 5.–7. Oktober 2006

Sachregister

Personenregister

Veröffentlichungen von Frigga Haug bei Argument

Erinnerungsarbeit
ISBN 978-3-88619-383-7

Frauen-Politiken
ISBN 978-3-88619-316-5

Lernverhältnisse
ISBN 978-3-88619-324-0

Kritik der Rollentheorie
Argument Sonderband 222; ISBN 978-3-88619-222-9

Rosa Luxemburg und die Kunst der Politik
Berliner Beiträge zur Kritischen Theorie Band 4
Argument Sonderband 300; ISBN 978-3-88619-350-9

Vorlesungen zur Einführung in die Erinnerungsarbeit
ISBN 978-3-88619-321-9

Gemeinsam mit anderen

Der Widerspenstigen Lähmung
Argument Sonderband 130; ISBN 978-3-88619-130-7

Die andere Angst
Argument Sonderband 184; ISBN 978-3-88619-184-0

Frauen – Männer – Computer
Herausgegeben mit Gerhard Brosius
Argument Sonderband 151; ISBN 978-3-88619-151-2

Hat die Leistung ein Geschlecht?
Herausgegeben mit Eva Wollmann
Argument Sonderband 219; ISBN 978-3-88619-219-9 (vergriffen)

Küche und Staat
Argument Sonderband 180; ISBN 978-3-88619-180-2

Lustmolche und Köderfrauen – Politik um sexuelle Belästigung
Herausgegeben mit Silke Wittich-Neven
Argument Sonderband 252; ISBN 978-3-88619-252-6

Materialien zum Historisch-kritischen Wörterbuch des Marxismus
Herausgegeben mit Michael Krätke
ISBN 978-3-88619-396-7

Politik ums Kopftuch
Herausgegeben mit Katrin Reimer
ISBN 978-3-88619-468-1

Sternschnuppen – Zukunftserwartungen von Schuljugend
Herausgegeben mit Ulrike Gschwandtner
ISBN 978-3-88619-471-1

Subjekt Frau
Herausgegeben mit Kornelia Hauser
Argument Sonderband 117; ISBN 978-3-88619-117-8

Sündiger Genuß? – Filmerfahrungen von Frauen
Herausgegeben mit Brigitte Hipfl
Argument Sonderband 236; ISBN 978-3-88619-236-6 (vergriffen)

Als Herausgeberin

Erziehung zur Weiblichkeit
Argument Sonderband 45; ISBN 978-3-920037-22-6

Historisch-kritisches Wörterbuch des Feminismus: Abtreibung – Hexen
Hg. im Auftrag des Instituts für Kritische Theorie
Argument Sonderband 295; ISBN 978-3-88619-295-3

Nachrichten aus dem Patriarchat
ISBN 978-3-88619-469-8

Sexualisierung der Körper
Argument Sonderband 90; ISBN 978-3-88619-090-4

Berliner Beiträge zur kritischen Theorie

Veröffentlicht vom Institut für kritische Theorie

Bereits erschienen

Band 1
Institut für kritische Theorie
Brecht – Eisler – Marcuse 100
Fragen kritischer Theorie heute
Argument Sonderband Neue Folge AS 266
ISBN 978-3-88619-266-3 (vergriffen)

Band 2
Jan Rehmann
Postmoderner Links-Nietzscheanismus
Argument Sonderband Neue Folge AS 298
ISBN 978-3-88619-298-4

Band 3
Wolfgang Fritz Haug
Dreizehn Versuche marxistisches Denken zu erneuern
gefolgt von Sondierungen zu Marx / Lenin / Luxemburg
ISBN 978-3-88619-329-5

Band 4
Frigga Haug
Rosa Luxemburg und die Kunst der Politik
Argument Sonderband Neue Folge AS 300
ISBN 978-3-88619-350-9

Band 5
Bob Jessop
Kapitalismus, Regulation und Staat
Ausgewählte Schriften Band 1
Argument Sonderband Neue Folge AS 302
ISBN 978-3-88619-332-5

Band 6
Richard Heigl
Oppositionspolitik
Wolfgang Abendroth und die Bildung der Neuen Linken
Argument Sonderband Neue Folge AS 303
ISBN 978-3-88619-333-2

Band 7
Mario Candeias
Neoliberalismus – Hochtechnologie – Hegemonie
Grundrisse einer transnationalen kapitalistischen Produktions- und Lebensweise
Eine Kritik
Argument Sonderband Neue Folge AS 299
ISBN 978-3-88619-299-1

In Vorbereitung

Band 8
(2. Auflage)
Jan Rehmann
Max Weber: Modernisierung als passive Revolution
Kontextstudien zu Politik, Philosophie und Religion im Übergang zum Fordismus
Argument Sonderband Neue Folge AS 253
ISBN 978-3-88619-253-9

Band 9
Domenico Losurdo
Nietzsche, der aristokratische Rebell
Intellektuelle Biographie und kritische Bilanz
Argument Sonderband Neue Folge AS 304
ISBN 978-3-86754-304-0